B급 광고 인문학

이지행 저

B Grade Advertising Humanities

광고인의 시선으로 떠나는 유쾌한 인문 여행기

J & jj
제이 앤 제이제이

| 만든 사람들 |

기획 인문·예술 기획부 | 진행 박정연 | 집필 이지행
표지 디자인 원은영 | 편집 디자인 이기숙

| 책 내용 문의 |

도서 내용에 대해 궁금한 사항이 있으시면,
저자의 이메일이나 J&jj 홈페이지의 게시판을 통해서 해결하실 수 있습니다.

디지털북스 홈페이지 : www.digitalbooks.co.kr
디지털북스 페이스북 : www.facebook.com/ithinkbook
디지털북스 인스타그램 : instagram.com/digitalbooks1999
디지털북스 카페 : cafe.naver.com/digitalbooks1999
디지털북스 이메일 : djibooks@naver.com
저자 이메일 : box@funch.jp

| 각종 문의 |

영업관련 digital1999@naver.com
기획관련 djibooks@naver.com
전화번호 (02) 447-3157~8

※ 잘못된 책은 구입하신 서점에서 교환해 드립니다.
※ 이 책의 일부 혹은 전체 내용에 대한 무단 복사, 복제, 전재는 저작권법에 저촉됩니다.
※ 유튜브 [디지털북스] 채널에 오시면 저자 인터뷰 및 도서 소개 영상을 감상하실 수 있습니다.

※ J&jj 는 DIGITAL BOOKS 의 인문·예술 분야의 새로운 브랜드입니다.

Manual

1. 참을 수 없이 가볍고 시시껄렁한 마음으로 책 열기

너무 진지하게 읽지 마세요. 한없이 가볍고 관대하게 페이지를 넘기세요. 이 책은 스낵을 먹듯, 다리를 까딱까딱, 발가락을 꼼지락꼼지락거리며 읽어야 제 맛인 스낵 인문입니다.

2. OTT처럼 마음 가는 대로 아무 데나 읽기

마음 가는 대로 아무 데나 펼치세요. 이 책은 앞에서부터 순서대로 읽지 않아도 됩니다. 넷플릭스나 쿠팡플레이 OTT 랜덤재생 모드로 읽어도 충분히 즐겁습니다.

3. 마음껏 상상하고 마음껏 의심하기

이런 발칙한 생각도 있구나! 이 책은 광고처럼 삐딱하게, 유쾌하게, 광고와 사람과 인문을 연결합니다. 그러니, 마음껏 상상하고 의심하세요.

4. B급 감성에 몸을 맡기기

이 책은 거칠고 솔직한 B컷의 연속입니다. 마음을 열고 B급 감성에 몸을 맡기세요. A급만 원한다면 이 책을 덮으셔도 됩니다. 냄비받침, 불쏘시개, 스트레스 풀이 책 찢기로 사용하면 끝까지 본전은 뽑습니다.

들어가며

망할 놈의 '광고', 그게 대체 뭔데?

대체 이런 빌. 어 .먹. 을 광고를 누가 만들었을까?

7UP 음료 광고

평생 경박하기 짝이 없는 광고인으로 살아온 나에게, 이건 아주 진짜 진짜 진지한 인문서다. 광고는 공기와 같다고 한다. 그래! 멋진 말이다. 그만큼 현대를 살아가는 데 필요한 필수불가결의 요소! 인지하지 못하지만, 늘 생활권에 있는 중요한 생활인자. 없어서도 안 되고 없을 수도 없는 산소 같은 것이다. 광고인으로 아주 그럴듯한 말이라 기분이 제법 우쭐해진다. 이 직업 참 잘 선택했네. 내 후대의 자손들은 '아! 옛날 우리 조상님은 참 멋진 광고인이셨어. 널리 인류를 복되게 했지. 위대한 직업을 가진 위인이셨어.' 이럴 거란 상상을 해본다. 얼마나 뿌듯한가?

　그런데 한번 물어보자. 광고 따. 위. 가 보고 싶은가? TV 프로그램과 프로그램 사이 흘러나올 광고를 애타게 기다리며 '아! 이번 광고는 뭘까?', '이 광고 너무나 기대돼!', '너무 사랑스러운 광고군! 바로 2편이 나왔으면', '다음 S/S 시즌엔 또 어떤 놀라운 경험을 내게 선사해 줄까?', '이 드라마 끝나고 나올 광고 정말 보고 싶어….' 이런 생각을 해본 적이 있는가? 요즘은 프로그램 중간에 아무런 맥락도 없고 예의도 없이 중간광고가 훅 들어오기도 하고 유튜브라도 보려 하면 광고가 미칠 듯이 쏟아져 나온다. 게다가 관심 없고 촌스러운 광고는 또 왜 이리 많은가? 광고가 널리 세상을 이롭게 한다는 생각은 나 같은 광고인과 앞으로 내 광고 유전자를 갖고 태어날 내 후손들만의 생각일까?

　광고는 구. 라. 다. 광고는 도덕적이지 않다. 광고인은 물건의 이미지를 파는 사람이다. 상인은 천국에 가기 어렵다고 한다. 그런데 상인의 물건을 팔아주는, 그것도 온갖 구라, (*"구라' 이것은 광고인의 업계 표준용어며 국립국어원 표준국어대사전에 등재된 단어다.) 이 구라로 더 잘 팔리게 해야 하는 나팔수라면 천국이 있다고 한들 입장이나 가능할까? 주술처럼 광고계에 떠도는 말이 있다. 죽일 만큼 싫어하는 사람이 있다면 광고회사에 취업시켜라. 극심한 스트레스, 술과 담배는 일상이고 출근 시간, 퇴근 시간, 주말도 없고 새벽에도 수시로 불려 가는 직업 그러면서 평생 클라이언트를 받들어야 하는 '을' 중에 '을'이라는 직업이니 멋지게 포장해서 취업시키면 곧 명을 다한다는 것이다. 그런데 왜 우리 광고인은 불나방처럼 이 죽을 만큼 힘든 일을 할까?

　광고는 간. 지. 다. 폼나기 때문이다. 그렇다! 업계 용어로 '간지'난다. 광고인은 간지로 먹고 사는 사람들이다. 평생을 을로 살아도 내가 만든 광고가 세상에 나올 때 모든 설움과 고통이 사라진다. 진정 내가 너를 창조했구나! 이럴 때 광고인은 예술가가, 크리에이터가, 창조주가 되는 거다.

광고는 사람을 향. 한. 다. 좀 근사하게 말해보면 광고는 인간을 향한다. 사람에게 진심이다. 그래야 팔린다. 밥벌이할 수 있다. 그리고 사람을 향한다는 것은 인간을 관찰하고 연구한다는 것, 인간에 대한 관심에서 출발한다.

즉, 광고의 출발은 인. 문. 이다. 인류의 시작은 광고와 함께 했다. 사실이다. 인문에 대해 학문적으로 전문가이거나 연구를 한 사람은 아니지만 광고인으로 강과 산이 두 번 변할 동안 일을 해왔다. 대한민국에서 20년은 빅뱅이 백만 번은 족히 일어난 시간이다. 그래서 광고인의 시선으로 인문을 이야기하려 한다. 광고인은 연구가가 아니다. 실용가다. 그래서 쉽고 거칠고 이해하기 쉬운 언어로 이야기할 것이다. 너그러운 독자 여러분께서는 광고적 시각의 이야기임을 염두에 두고, 슬그머니 넘어가 주시기를 바란다. 이제 B급 인문의 세계로 함께 떠나보자. 함께 하다 보면 수많은 역사적인 광고인을 마주하게 되고 그들이 탁월한 퍼스널 브랜딩과 마케팅의 대가라는 사실을 알게 될 것이다. 다시 말해, 이것은 광고와 사람과 인간성에 관한 B급 보고서다.

목 차

Manual • 06
들어가며   망할 놈의 '광고', 그게 대체 뭔데? • 07

1부 | 태초에 광고가 있었다.

1장	인류 최초의 광고를 찾아서 : 라스코 동굴 벽화	17
2장	거짓 광고 말라! 손모가지 날아간다. : 함무라비	24
3장	여기 미친 사람들이 있습니다. : 아케나톤과 네페르티티	30
4장	최고의 이야기꾼, 최고의 광고 프레젠터 : 호메로스	36
5장	영험한 광고 컨설팅 : 델포이 신탁	43
6장	철학이요? 60초 후 공개합니다. : 소크라테스, 플라톤	48

2부 | 광고는 역사를 낳는다.

1장	크리에이티브를 찾아 세상 끝까지 정복한 광고인 : 알렉산드로스, 디오게네스	61
2장	그리스의 위대한 광고인들 : 그리스 비극	69
3장	역사상 최고의 카피라이터 : 카이사르	77
4장	공포 마케팅, 세상을 지배하다. : 흑사병, 데카메론	85
5장	지옥의 맛을 보여주마 : 단테 알리기에리	92
6장	상상의 끝에는 대체 뭐가 있는데? : 히에로니무스 보스	103

3부 | 지금까지 이런 브랜드는 없었다.

1장	르네상스 최고 광고 모델, 거 누구요? : 산드로 보티첼리	115
2장	메디치 광고주님을 아시나요? : 로렌초 데 메디치, 르네상스	123
3장	미친 예술가, 미친 광고인, 미친 닌자 터틀 : 레오나르도 다 빈치, 미켈란젤로 부오나로티	132
4장	망할 놈의 광고를 한답시고 : 알브레히트 뒤러, 미켈란젤로 다 카라바조	147
5장	트민남 태양왕, 트렌드 리더가 되다. : 루이 14세	160

4부 | 치열하다. 광고 혁명

1장	프랑스 혁명과 광고쟁이들 : 로베스피에르, 장 폴 마라	175
2장	광고회사 made in 나폴레옹 : 나폴레옹 보나파르트, 자크 루이 다비드	187
3장	후방주의! 논란과 파격의 광고인들 : 프란시스코 고야, 귀스타브 쿠르베	200
4장	광고 스토리보드, 콘티의 명인 : 윌리엄 호가스	209

5부 | 비로소 낯섦이 밥 먹여 주다.

1장 벨 에포크 광고 종합 학교 : 몽마르트르, 물랭루주, 파리의 카페들   223
2장 B급의 전성시대 : 에두아르 마네, 클로드 모네   241
3장 아를 별 밝은 밤에 압생트 옆에 차고 : 빈센트 반 고흐   255
4장 광고 지옥을 조각하다. : 오귀스트 로댕   266
5장 미술 보조 나부랭이, 광고 스타가 되다. : 알폰스 무하   279

6부 | 퍼스널 브랜드의 아이콘들

1장 시대를 앞서간 모난 돌 : 오스카 와일드   291
2장 발상의 오픈런 : 코코 샤넬   300
3장 너 참 나쁜 놈이이구나! : 아돌프 히틀러   310
4장 20세기 가장 완전한 광고인 : 체 게바라   319
5장 패배를 거부한다. : 어니스트 헤밍웨이   325

나가며 망. 할. 놈. 의 광고, 빌. 어. 먹. 을 인문학 • 335
참고 문헌 • 338   **이미지 출처** • 341

일러두기

- 저자의 친밀하고 유쾌한 글맛을 위해 구어를 살려 적었음을 알려드립니다.
- 미술 작품 · 영화 · 전시는 〈 〉로, 정기간행물 · 단행본은 ≪ ≫로 표기했습니다.
- 본문에 수록된 외래어 표기 및 외국의 지명, 인명 등은 국립국어원의 규정용례를 따랐으나, 그외의 표기로 굳어져 사용된 경우에는 대중에 익숙한 표현을 따르기도 하였습니다.

1부

태초에
광고가
있었다.

In The Beginning

1장
인류 최초의 광고를 찾아서 :
라스코 동굴 벽화

'태초에 광고주가 광고를 창조하시나니, 광고가 있으라 하니 광고가 있었고, 그 광고가 보기 좋았더라.'

광고주란 광고를 세상에 내는 사람이다. 광고주는 직접 광고를 만들 수도 있고 광고회사를 통해 광고 제작을 의뢰할 수도 있다. 차차 이야기하도록 하자. 아무튼 세상의 모든 광고는 광고주가 광고를 만들겠다는 '말씀'에서 출발한다. '말씀'은 인간의 '의지'다. '의지'는 곧 광고의 '목적'이 되고, 또다시 '목적'은 광고주의 의지를 널리 세상에 알리는 '목표'가 된다. 복잡할 거 없다. 광고는 '말씀'을 세상에 널리 알리는 것으로 그만이다. 이제 광고인의 시각으로 세상을 바라보자. 광고는 태초의 '말씀'과 함께 그 역사가 시작됐다. 생각보다 아주 오래전 일이다. 시간을 거슬러 17,000년 전으로 가보자.

라스코 동굴 벽화(Lascaux Cave)

아무리 관심이 없어도 한 번쯤 들어봤을 이름이다. 1940년 프랑스 중부 도르도뉴 지방 몽티냑^{Montinac}, 여기 한창 말 안 듣는 네 명의 중2병 소년들이 있었다. 이들은 잃어버린 강아지를 찾아 좁고 어두운 동굴 속으로 들어간다. 소년들이 발견한 벽화는 바로 어제 그려진 것처럼 생생하다. 모험심 강한 소년들이 없었다면 세상에 알려지지 않았을 벽화였다. 어느 누가 수십 미터의 좁은 땅 속을 기어 들어갈 용기가 있겠는가? 석회암으로 이뤄진 라스코 동굴의 길이는 대략 250m다. 이 중 황소의 방$^{Hall\ of\ the\ Bulls}$은 동굴에서 가장 넓은 장소다. 17,000년 이상 유통기한을 한참 넘겼음에도, 벽화의 색채는 여전히 인스타그램 필터처럼 총천연색이다. 벽에는 황소, 말, 사슴 등 다양한 동물들의 그림으로 가득하다. 지금은 멸종된 오록스라는 황소의 그림은 무려 5m가 넘는다.

구석기 원시인들은 어떤 방식으로 그림을 그렸을까? 물감도 붓도 없었다. 추정하기로 흙과 돌을 갈아서 만든 천연재료로 색을 내고, 목탄이나 나뭇가지 등

〈라스코 동굴 벽화〉, 작자 미상, 기원전 17000년경, 어떤가? 스펙터클한 광고 속 한 장면 같지 않은가?

을 붓으로 사용했을 것이다. 또 입안에 물감을 넣고 품어서 스프레이처럼 분사해 그림을 채색하기도 했다. 빛도 들어오지 않는 어두운 동굴에서 이거 정말 대단한 열정 아닌가? 황소의 방을 지나 앞으로 가면 성인 한 명이 겨우 지날 수 있는 엑시알 갤러리$^{Axial\ Gallery}$가 나온다. 이 좁은 통로를 따라 벽화 속 동물들은 마치 영화 〈아바타〉처럼, 입체적이면서 역동적으로 꿈틀거린다. 좀 더 들어가 보자. 이제 샤프트에 도착한다. 이곳 벽화에 최초로 사람이 등장한다. 사람과 창, 내장이 드러난 황소. 원시의 사냥 행위로 보인다.

그런데 왜 구석기인들은 이런 벽화를 그렸을까? 지금처럼 인터넷 클릭 한 번으로 미술도구를 왕창 주문할 수도 없고, 어두운 동굴을 밝힐 전기도 없다. 사람 한 명이 겨우 지나갈 좁은 통로, 3-4m 절벽 아래 무슨 부귀영화를 누리겠다고 이런 그림을 그렸을까? 그것도 17,000년 전에 말이다. 흔해빠진 가설이지만, 다산과 풍요를 기원했다는 거다. 교과서에 나와 있으니 다 아는 이야기다. 동물을 많이 그려 넣으면 현실에서도 동물이 많아지고 사냥이 잘될 거라는 거다. 이게 다 배곯지 않기 위함이다. 즉, 생존의 수단인 사냥감을 동굴에 그려 넣고 창으로 찌르거나 상처를 입히면 사냥을 수월하게 할 수 있다는 믿음에서 온 일종의 주술행위라는 거다. 그렇다면 이 벽화는 대체 누가 그렸을까? 주술행위니 주술사가 그렸겠지! 당연하다. 아무나 이런 그림을 그리지는 못했을 거다. 그래서 동굴의 신성함과 원시 사회의 신성함을 다루는 일종의 주술사가 그림을 그렸을 거라는 학설이 지배적이다. 그렇지만, 구석기 주술사들이 모두 다 그림을 잘 그렸을 리 없다. 물감을 구하기도, 아름답게 구도를 잡고, 실제와 같은 현장감을 불어넣기도 쉽지 않았을 거다. 하지만 지금도 벽화는 마치 피카소의 그림처럼 아주 현대적으로 보인다. 그렇기 때문에 최소한 이 집단의 최고 그림 실력자가 벽화를 그렸을 것이다.

광고인의 시각으로 보자. 주술사 또는 부족장의 '말씀'이 있었다. 우리 부족이 배고픔을 이기게 해 달라는 기원과 바람, 간절한 소망의 '의지'는 사냥이 잘 되게 해 달라는 '목적'이 되고 이를 세상에 널리 알리는 집단의 광고가 된다. 광고주인 이들은 그림을 잘 그리는 누군가에게 분명 이 '광고'를 의뢰했다. 그래서 17,000년이 지난 이후 우리에게 생생한 광고의 현장이 남게 된 것이다. 라스코 동굴에 거대한 황소를 그린 이! 그가 바로 인류 최초의 광고인이다.

그 광고가 보기 좋았더라

이름만 들어도 심장의 좌심방, 우심방이 요동친다. 샤넬, 루이비통, 구찌, 프라다. 세상이 다 아는 명품 브랜드다. 브랜드란 말은 일상에서도 많이 사용한다. 브랜드Brand란 고대 게르만족의 Brandaz에서 출발해 고대 노르웨이어인 Brandr를 거쳐 나온 단어다. 이 단어는 태우다To burn, 불Fire, 검Sword을 뜻한다. 과거 가축의 소유주가 자신의 소유임을 알리기 위해 불에 달군 쇠나 칼로 가축에게 낙인을 찍는 행위에서 유래된 말이다. 그러니 브랜딩이란 자신의 이름을 낙인찍는 행위다. 죽었다 깨어나도 영원히 지워지지 않게 각인시키는 것, 대중의 머릿속에 영원토록 내 이름을 남기는 것, 이것이 광고인의 지상 최대 목표다. 그런데 가끔은 머릿속에 각인된 브랜드 이미지와 현실의 이미지가 달라 혼란스러울 때가 있다. 인지부조화다.

빌렌도르프의 비너스(Venus of Willendorf), 뭐야? 이게 비너스라고? 장난해?

오른쪽의 조각상은 〈빌렌도르프의 비너스〉라고 부른다. 가만있어 보자! 이름을 듣고 조각상을 보는 순간 인지부조화를 일으키게 된다. 비너스, 아프로디테가 누구인가? 고대 그리스, 로마 시대부터 현재에 이르기까지 신화 속 미의 여신, 미인 중 미인 아니던가? 그런데 이것은 대체 무엇이란 말인가? 왜 비너스라는 브랜드 이름을 붙였을까? 앞서 라스코 동굴에서 벌어진 구석기 시대 한 광고인의 이야기를 전했다.

이제 다른 선사 시대 광고인을 만나보자. 이는 라스코 동굴보다 약 1만 년 전의 광고다. 라스코 동굴의 원시인들처럼 이들도 동굴 깊숙한 곳에서 거주했다. 거주지인 동굴은 아마도 한겨울에는 북반구의 추위를 피하고 여름에는 더위, 굶주린 짐승들을 피하는 아늑한 보금자리였을 거다. 누구나 어려운 단어를 좋아하지 않지만, 동굴에서 생활했다고 하여 이들을 혈거인^{穴居人}이라고 한다. 이들은 거주지에 그림을 그리는 광고 활동을 했고, 돌이나 동물 뼈 등을 깎아 동물이나 인물상을 조각했다. 추측하건대 이는 자신들의 소망을 이루기 위한 주술적인 행위, 이들 집단에 널리 알리려는 일종의 광고 행위였을 것이다.

〈빌렌도르프의 비너스〉,
작자 미상, 기원전 25000년경,
비너스라고?

1909년 오스트리아 빌렌도르프에서 못생긴 조각상이 하나 발견된다. 가슴과 복부, 생식기가 두드러지게 표현된 모습이다. 크기 12cm의 이 조각은 원추형으로 생겼다. 독립적으로 서 있을 수 없어 부적처럼 몸에 지니고 다녔을 가능성이 크다. 학자들은 이 조각이 출산과 육아와 관련되어 다산의 축복을 기원했을 것으로 추측한다. 광고인의 시선으로 보면, 아마 그 시대 다산을 위한 피규어, 원시사회에서 벌어진 주술 파티의 굿즈^{Goods} 중 하나가 아니었을까 생각한다. 현대 미의 기준에는 부합하지 않지만 그 당시에는 아름다움의 다른 정의가 있었을 것이다.

통하였느냐?

광고에는 기호^{Sign}와 상징^{Symbol}이 존재한다. 기호와 상징은 누군가에게 내 생각을 이해시키는 아주 좋은 수단이다. 여기 인스타그램 피드가 올라와 있다. 성수동의 어느 핫플이다. 멋진 라운지 바에서 술을 마시는 성난 엉덩이와 떡 벌어진 어깨의 키 크고 잘생긴 남자, 케이팝 걸그룹 같은 베이글 여자 그리고 폼 나는 배경의 술집. 이럴 땐 무조건 좋아요 ♥(하트)를 누른다. 구구절절 댓글을 달 필요도 없다. 간단히 ♥(하트)만으로도 서로 간의 커뮤니케이션이 되는 거다. 뜻이 통하고 대화가 된다. 최초의 작업이 되는 거다. 그래서 고대부터 이러한 기호와 상징을 찾는 것이 광고인에게 무엇보다도 중요한 과제였다. 문자 이전의 시대에는 그런대로 쓸만한 기호와 상징이 많았다. 그만큼 사람이 많지도 않았고 이것저것 팔 대상과 물건도 없었다. 그러다 기호와 상징만으로 벅찬 사람들이 나타난다. 이제 그들에 관한 이야기를 해보자.

페니키아인과 알파벳

페니키아, 페니키아인 많이 들어본 이름이다. 이들은 아주 강력한 해상 무역 문명으로 뼛속까지 장사꾼이자 상인, 기업인, 마케터였던 사람들이다. 기원전 약 3200년에서 2900년에 이르러 지중해라는 역세권에 최대 사업자다. 지금으로 보면 세계 경제를 좌우하고 조정하는 경제 대국인 셈이다. 무역을 통해 경제 대국으로 성장하면서 페니키아는 동지중해 연안, 북부 아프리카, 이탈리아 남중부, 스페인, 포르투갈의 이베리아반도 일대 등 지중해 전역을 지배하게 된다. 지역마다 무역소가 설치되고 내륙까지 각기 다른 지역의 특산물이 교류되었다. 자연스럽게 사람들이 몰려든다. 사람들이 많아지면 볼거리, 먹거리, 놀거리, 즐길 거리 등 문화와 상업이 발달하게 된다. 즉, 광고 시장이 형성된다.

다른 나라, 다른 지역, 다른 민족과 무역을 하다 보면 가장 큰 문제가 커뮤니케이션 즉, 의사소통의 문제가 생긴다. 광고에서는 무엇보다 이 커뮤니케이션이 중요하다. 통하였느냐? 자기 생각과 의도를 상대방에게 정확히 이해시키는 것이 중요하기 때문이다. 서로 통하지 않으면 기업이 망하기도, 국가 간 전쟁이 나기도 한다. ≪성서≫에 바벨탑이 무너진 이유도 바로 이 커뮤니케이션이 제대로 안 됐기 때문이다. 말귀를 못 알아먹으면 사고가 난다. 이제 과거의 기호와 상징으로는 거대한 무역을 감당할 수 없게 되었다. 단지 좋아요, ♥(하트)만으로는 마음을 전달하기 어려워진 것이다. 그러다 보니 자연스럽게 국제 표준이 필요했다. 물론 문자는 이집트나 바빌로니아 문명에도 있었다. 슬프지만 예나 지금이나 힘 있는 나라가 세상의 중심이 된다. 이즈음 페니키아의 도시 비블로스^{Byblos}에서는 알파벳의 원조라고 할 수 있는 표음 문자가 나타났다. 페니키아 문자는 교역과 탐험, 약탈 등의 과정에서 지중해 전역으로 퍼져 나갔다. 미국과 교역하면 팝과 맥도날드, 코카콜라가 퍼져나가고 K-팝을 들으면 K-문화가 전 세계 구석구석으로 퍼져나가듯 말이다.

2장
거짓 광고 말라! 손모가지 날아간다.:
함무라비

종종 광고 제작을 위해 모델과 계약하게 된다. 광고주가 직접 계약할 수도 있고 광고회사가 대신하기도 한다. 계약서에는 광고 모델로 활동하는 기간이 명시된다. 대략 3개월, 6개월, 1년 단위가 기본이다. 모델의 긍정적 이미지에 따라, 오랜 기간 광고 모델이 되기도 한다. 배우 이나영이나 원빈, 공유가 맥심, 카누의 커피 모델로 오래갈 수 있었던 이유다. 앞뒤가 똑같이 대리로 운전해 주는 이수근도 마찬가지다. 당연히 계약서에는 가장 중요한 모델료가 들어간다. 모델료는 시가^{市價}다. 모든 계약이 다 그렇듯 개런티^{Guarantee}는 특급 비밀이다.

광고 브랜드와 모델 간의 좋은 관계를 위해 계약서는 매우 신중하게 작성된다. 모든 계약이 다 그렇다. 그러다 아주 드물게 문제가 생기기도 하는데 바로 '거마비' 등이 발생할 때다. 거마비? 이게 뭐지? 생소한 단어다. 원래 뜻은 이동을 위한 교통비다. 광고 모델로 브랜드를 위한 팬 사인회나 이벤트에 참석하게 되면 모델료 이외에 이 거마비를 따로 책정하게 된다. 그런데 이 부분을 서로 놓치고 계약서에 제대로 써 놓지 않아 '내가 잘했네. 네가 잘했네.' 서로 얼굴을 붉히는 경우가 종종 있다. 그래서 계약 규칙을 사전에 정하는 것이 무엇보다 아주 중요하다. 도장 찍기 전에 명심하자! 아무튼, 기원전 1750년경에도 이런 분쟁들이 얼마나 많았는지 칼 같은 규칙을 만든 아주 무서운 광고인이 있었다.

바빌론의 광고인, 함무라비(Hammurabi)

유프라테스강, 티그리스강. 그렇다. 어디에 있나 잘 몰라도 귀에 피딱지가 앉도록 들어봤다. 이 두 '강물 사이의 나라'라는 고대 그리스어가 있다. 바로 메소포타미아, 지금의 이라크 지역이다. 이곳에는 여러 민족이 공존했다. 바로 수메르인, 바빌로니아인, 아시리아인이다. 이런 도시 중 하나가 바로 바빌론이다. 바빌론? 맞다! 그 바벨탑의 출생지가 바로 이곳이다. 한때 세상에서 가장 큰 도시였던 이곳에는 세계 각지에서 모여든 상인들로 들끓었다. 이 지역 무덤에서 발견된 점토판에는 이들이 남긴 문자의 기록이 남아 있다. 이들 문자를 설형 문자, 쐐기 문자^{Cuneiform}라고 한다. 좀 어렵게 들리지만 뭐 별거 아니다. 쐐기 모양으로 생겨서 붙은 말이다. 끝이 길쭉한 삼각형의 못처럼 생긴 쐐기 모양의 글자다. 마동석이 맡은 마블 히어로 길가메시^{Gilgamesh}의 이야기도 이런 수많은 점토판에 기록으로 내려온다. 전 세계 상인들이 몰려오다 보니 자연스럽게 그들의 보고서나 계약서, 보증서, 물품 목록 등도 발견되었다.

광고인의 시각으로 상상해 보자. 사람들이 많아졌다. 상업이 발달했다. 판매할 사람도 구매할 사람도 많아졌는데 저절로 팔리진 않으니 광고를 해야 한다. '여기 바빌론 최고 럭셔리 모피 코트 있어요! 폭탄세일, 3만 9천 9백 원!' 그러면서 자연스레 광고를 하고 계약을 맺었다. 잘못된 계약에서 오는 분쟁, 사람들 간의 법적 문제, 나라와 개인 간의 지켜야 할 법 등이 생기게 된다. 규칙이 없으면 엉망일 테니 말이다. 이것이 우리가 참 많이도 들어봤을 이름, 바로 ≪함무라비 법전The Code of Hammurabi≫이다. 기원전 1750년경에 만들어졌으니, 지금부터 무려 3,771년 전의 법전이다. 물개박수 반응이 나올만하다. 대단하다. 그 내용이 참 스펙터클하다.

≪함무라비 법전≫ 속 내용

1조   살인죄로 남을 고발한 사람이 죄를 밝혀내지 못하면 고발한 자를 죽인다.
죄 없이 함부로 고발하면 그냥 죽겠다. 무고죄가 이 정도로 무서운 거다. 끝장이다. 당신의 거짓말!

8조   물건을 훔쳤다가 걸려서 30배, 10배로 갚지 못하면 죽인다.
도둑질? 어디 해봐라. 걸리면 끝이다. 꼭 기억하자.

14조   다른 사람의 미성년자 자녀를 훔쳤으면, 그 자를 죽인다.
이건 뭐 죽어 마땅하다. 이런 쳐죽일 일.

22조   강도질을 계획하다가 발각되면 사형에 처한다.
어때? 어디 한번 해보시던가?

33조   전쟁의 출정명령을 받고 다른 사람을 고용해서 대신 보낸 자는 사형에 처한다.
어떤가? 병역비리.

108조   술을 속여 팔거나 비싸게 팔면 강물에 던져 버린다.
술에 물 타지 마라.

128조　아내를 얻고도 계약서를 쓰지 않으면 아내가 아니다.

권태기 유부남들은 생각이 복잡해지겠다.

142조　남편이 바람 폈다면 묻지도 따지지도 않고 갈라설 수 있다.

질척거리지 마라. 쿨하게 헤어지자! 쿨하게.

143조　아내가 바람 폈다면 강물에 던져버린다.

남편도 던져야 하는 거 아닌가? 어디 말해 보시지. 사랑하는 게 죄는 아니잖아!

154조　아버지가 딸을 취했을 경우 도시에서 추방한다.

뉴스에나 나오는 패륜이다. 절대 용서 못한다. 당시 도시 추방은 사형과 같았다.

155조　며느리를 취한 시아버지는 사지를 묶어 물속에 빠뜨려 죽인다.

좋다! 얼씨구.

192조　입양해서 길러 준 자식이 양부모에게 '당신은 내 부모가 아니다'라고 말하면, 혀를 뽑아 버린다

왠지 통쾌하다.

194조　보모가 위탁된 아이를 죽게 하면, 그녀의 가슴을 잘라 버린다.

각종 아동학대, 새겨들을 소리 아닌가?

195조　아들이 그의 아버지를 때렸을 때는 그 손을 자른다.

손모가지 정도로 되겠는가?

196조 자유인의 눈을 뺀 자는 그 눈을 뺀다.
오호~ 이것이 바로 눈에는 눈이다.

197조 자유인의 뼈를 부러뜨린 자는 그 뼈를 부러뜨린다.
이에는 이다!

215조 의사가 수술 칼로 중대한 상처를 만들어 사람을 죽게 했거나 수술 칼로 각막을 절개해 눈을 못 쓰게 했으면 그 의사의 손모가지를 자른다!
절대 의료 과실은 없겠다. 이래야 하지 않겠는가?

229조 건축업자가 지은 집이 무너져 집주인이 죽었다면 그 건축업자를 죽인다.
부실공사? 꿈도 꾸지 마라!

230조 무너진 집의 아들이 죽었으면 그 건축업자의 아들을 죽인다.
내 자식 소중하면 남의 자식도 소중하다. 집 똑바로 짓자.

253조 사람을 고용해 농사를 지었는데, 곡식을 훔쳤다면 손모가지를 자른다!
횡령은 당신의 손목 값이다.

  함무라비 법전은 이 같이 다양한 판례, 형법, 군법, 상법, 의료법 등으로 구성되어 있다. 법문의 형벌이 잔인할 법도 하지만 어쩐지 통쾌하기도 하다.

최고의 광고쟁이, 함무라비

1901년 프랑스. 이란 합동 발굴단은 이란의 고대도시 수사^{Susa}에서 높이 2.25m의 검은 현무암 돌기둥을 발견한다. 이 돌기둥의 1/3 윗부분에는 고대 메소포타미아의 태양과 법과 정의의 신인 샤마쉬 ^{Shamash}가 바빌론의 왕에게 법전을 하사하는 모습이 조각되어 있다. 바로 함무라비다.

부조 조각 아래에 새겨진 법전의 프롤로그는 함무라비 왕가의 연혁과 그의 치적이 기록되어 있다. '강자가 약자를 억압하는 것을 막기 위해' 신들이 그에게 통치를 맡겼다고 한다. 법전의 마지막은 '정의를 펼치고 악인을 구분하기 위해' 후손들이 법전을 따르고 법을 바꾸거나 폐기하지 말라 당부하는 말로 끝을 맺는다. 무섭도록 잔인하고 칼 같은 규칙을 만든 왕이지만, 분명 현명하고 정의로운 고대의 광고인이라는 것은 틀림없는 사실이다. '강자가 약자를 억압하는 것을 막기 위해', '정의를 펼치고 악인을 구분하기 위해' 정말 캬~ 멋진 광고 카피 아닌가?

≪함무라비 법전≫, 함무라비, 1750년경, 이것이 바로 함무라비 법전이다.

3장
여기 미친 사람들이 있습니다. :
아케나톤과 네페르티티

1997년 전설적인 광고가 세상에 나온다. 애플에서 쫓겨난 스티브 잡스$^{Steve\ Jobs}$가 13년 만에 복귀하며 추진한 씽크 디러펀트$^{Think\ Different}$란 광고 캠페인이다. 광고 카피를 보자.

여기 미친 사람들이 있습니다. 부적응자, 반항아, 문제아들.
네모난 구멍에 끼워진 동그란 마개처럼 사물을 다르게 보는 사람들. 그들은 규칙을 좋아하지도 현재에 안주하지도 않습니다.
여러분은 그들의 말을 인용하거나, 그들에 동의하지 않을 수 있고, 찬양하거나 비방할 수도 있습니다.
여러분이 할 수 없는 유일한 것은 그들을 무시하는 것입니다.
왜냐하면, 그들이 세상을 바꾸기 때문입니다. 그들은 인류를 앞으로 나아가게 합니다.
어떤 이들은 그들을 미친 사람들로 보겠지만, 우리는 그들의 천재성을 봅니다.
세상을 바꿀 수 있다고 생각할 만큼 미친 사람들이 결국 세상을 바꾸는 이들이기 때문입니다.

세상을 바꿔보겠다는 미치고 허황된 꿈을 꾸는 이들이 결국 세상을 바꾼다. 과거 이집트에도 이처럼 세상을 바꾸려는 미친 광고인과 그의 미친 아내가 있었다.

이집트, 아케나톤(Akhnaton)

광고에는 브랜드 연상$^{Brand\ Association}$이라는 것이 있다. 특정 브랜드나 상품 등을 접하는 소비자들이 그와 연관시켜 떠오르는 이미지나 상징 또는 감정을 말한다. 이 브랜드 연상이 즉각적이고 긍정적으로 나타날 때 성공한 광고를 만들 수 있다.

붉은색 하면 코카콜라가 즉각적으로 떠오르는 이유는 수십 년간 코카콜라가 "붉은색 = 코카콜라"라는 브랜드 연상에 엄청난 광고비를 미칠 듯 쏟아부었기 때문이다. 돈에는 장사 없다. 돈이 참 좋긴 좋다. 물론 돈이 없더라도 긴 시간을 통해 브랜드 연상을 가능하게 하기도 한다. 이집트 하면 무엇이 떠오르는가? 당연히 피라미드와 스핑크스다. 아주 자연스럽게 연상된다. 수십 년간 책과 잡지, 영화나 뮤직비디오, 다큐멘터리 등 수많은 미디어로부터 접했기 때문이다. 이런 시간이 켜켜이 쌓여 수천 년이 된다면 과연 어떨까?

이집트의 마블 히어로즈

이집트인들은 여러 신을 믿었다. 다신교^{多神敎}라는 의미다. 이집트의 신들은 마블 유니버스의 히어로만큼이나 각자의 세계관이 다양하다. 그중 가장 중요한 신은 태양신 라^{Ra}, 죽은 자의 신 오시리스^{Osiris}와 그의 아내 이시스^{Isis}다. 지하세계를

〈아누비스, 호렘헤브 무덤 벽화〉 작자 미상, 기원전 1290년경, 헤어스타일이 제법 폼난다.

다스리며 죽은 자를 인도하는 신도 있는데 바로 자칼 머리 헤어스타일의 아누비스Anubis다. 아누비스는 죽은 자의 심장을 한쪽 저울에, 맞은편에는 깃털을 올려 놓고 죄의 무게를 저울질한다. 만일 깃털보다 심장이 가벼우면 죄가 없는 것으로 판단 저승으로 프리패스, 그렇지 않으면 갈갈이 영혼을 찢어 죽인다. 무섭다. 과연 우리의 심장도, 당신의 심장도 깃털보다 가벼울지 모르겠다.

이집트인들은 파라오도 태양신의 아들로 여겼다. '여기 풍경 참 좋구먼. 그래 이쪽에다가 피라미드를 세우거라.' 신의 명령이니 누가 감히 거역할까? 수천 년 동안 백성들이 따를 수밖에 없었던 이유다. 그렇게 약 3,000년간 왕국이 유지된다. 그럼 왜 이렇게 피라미드를 허구한 날 만들었을까? 영혼과 몸에 관한 이집트인들만의 믿음이 있다. 영혼은 죽지 않는다. 사후세계에서도 죽지 않은 영혼은 다시 자신의 몸을 찾아 돌아온다. 한데 몸이 없다면 어쩌겠나? 따라서 죽은 사람의 몸이 썩지 않도록 장기와 몸을 따로 잘 보관해야 했다. 우리가 잘 아는 미라다. 이들에게 피라미드는 영혼이 다시 육체를 찾아올 때를 대비해 지은 집이다. 그것도 아주 큰 집이다. 영혼이 헷갈리지 않도록 살아있을 때부터 잘 준비

했다. 이집트 왕국이 역사상 어느 나라보다도 오랫동안 유지될 수 있었던 것은 강력한 권력의 사제들에 의해 엄격하고 보수적으로 이집트의 이러한 관습이 지켜져 왔기 때문이다.

세상을 바꾸려는 미친 파라오

그러던 중 세상을 바꾸려는 미친 파라오가 나타났다. 이집트 3,000년 역사에서 유일한 씽크 디퍼런트 광고인이 나타난 거다. 원래 이름은 아멘호테프 4세. 그는 여러 신을 믿는 이집트의 종교와 신비한 풍습에 의심을 품고, 사물을 다르게 본 이집트의 혁명가이자 광고인이다. 그는 백성들에게 이런 광고 메시지를 말했다. '신은 오직 하나. 태양신이다. 고로 태양신만 경배하라.' 옛 사원들은 폐쇄되고 왕과 왕비는 새로 지은 도시로 궁전을 옮겨 갔다. 자신의 이

〈**아멘호테프 4세**〉, 작자 미상, 기원전 1360년경. 얼굴도 참 자유분방하다.

름도 '태양의 신 아톤을 섬기는, 아톤 신의 마음에 드는 자.'라는 의미인 아케나톤Akhenaton으로 개명한다. 왕실의 칭호도 바꾼다. 아케나톤은 이집트의 옛것이라면 모두 반대하고 혁명적인 새로운 발상을 옹호한다. 과거 궁전의 엄격하고 부자연스럽던 양식에서 새롭고 자유로운 양식으로 혁신했다. 이집트의 여러 신을 숭상하며 수천 년간 권력을 장악한 구세력을 몰아내고 왕국을 개혁한 것이다.

자극적인 남편의 자극적인 그 아내

네페르티티^{Nefertiti}는 아케나톤의 주요한 왕비 중 한 명이다. 권력에서도 파라오와 거의 맞먹는 수준이었다. 아케나톤의 확실한 광고 파트너였다. 이집트를 함께 다스렸고 아케나톤 사후 투탕카멘과도 권력을 나눈다. 네페르티티의 이름은 '미녀가 왔다.'라는 뜻이다. 그만큼 그녀의 미모가 출중했다는 거다. 1912년 그녀의 흉상이 독일 고고학자 루트비히 보르하르트에 의해 이집트 텔 엘 아마르나 유적지에서 발굴된다. 전형적인 미인을 찬양하는 광고 조형물이다.

네페르티티 왕비를 진짜 닮았는지 혹은 이상적인 미인의 모습으로 묘사했는지 학자들 사이 여러 의견이 있지만 광고인의 시각으로는 분명 이상적인 미인의 모습으로 마사지했을 것이라 상상해 본다. 광고는 대규모 자본이 투입되어 단시간에 그 결과물을 가장 효과적으로 만들어 내야 하는 일이다. 극도로 짧은 시간 안에 대중을 사로잡아야 하므로 자극적일 수밖에 없다.

〈네페르티티 흉상〉, 투트모세 추정, 기원전 1345년경, 그녀는 참 자극적이다.네페르티티 흉상

실제보다 더 실제적으로, 현실보다 더 현실적으로, 이상보다 더 이상적으로 보여야만 한다. 그래서 업계의 공공연한 비밀이지만 많은 모델을 이상화시킨다. 이를 광고 제작에서는 현장 언어로 '문댄다. 마사지한다.'라고 표현한다. 가끔은 8등신으로, 9등신으로, 우유빛깔 피부로, 스파르타 전사의 몸으로 만들어 내기도 한다.

물론 이게 다 기본이 되어 있어야 가능하다. 네페르티티의 조각처럼 광고란 현실 속에서 이데아를 꿈꾸는 것이다. 이것이 광고의 본질이다. 아케나톤과 네페르티티의 꿈도 새로운 이집트, 혁신적인 이데아의 왕국이 아니었을까?

기껏해야 15초, 영원한 광고란 없다.

모든 광고 캠페인이 다 성공만 할 수 없듯 아케나톤 사후 그의 궁전과 도시, 동상이 모두 파괴된다. 그의 이름 역시 파라오 통치 역사에서 철저히 삭제되었다. 이집트 전통이 유지되기를 바랐던 사제들과 기득권층들은 아케나톤이 죽자마자 다신교로, 과거의 풍습과 예술 양식으로 빠르게 회귀시켰다. 그들은 아케나톤과 그의 후손들을 '적' 또는 '그 범죄자'라고 불렀다. 어린 투탕카멘은 아쉽게도 아버지의 광고 캠페인을 이을만한 힘도 권력도 없었던 거다. 이래서 씽크 디퍼런트가 참 어렵다.

4장
최고의 이야기꾼, 최고의 광고 프레젠터 :
호메로스

　광고 프레젠테이션은 광고주, 즉 클라이언트의 의뢰를 받아 아이디어를 제안하고 발표하는 과정이다. 이때 발표를 맡은 사람이 바로 프레젠터^{Presenter}다. 흔히 예능 프로그램에서 MC인 유재석이나 강호동이 프로그램의 재미에 주는 영향력이 막대하듯, 프레젠터 역시 프레젠테이션의 흐름과 성패를 결정짓는 핵심 인물이다. 그의 말 한마디, 제스처 하나가 수개월간 노력의 결실을 결정짓는다. 그래서인지 광고회사의 꽃이라고 한다. 오랜 시간 고민하고 공들여 완성한 광고 아이디어를 단 한 번의 발표로 승부를 보는 자리인 만큼, 프레젠터가 어떤 태도와 형식으로 광고주를 설득하느냐가 무엇보다 중요하다. 수개월의 노력이 단 한 시간 안에 결판나는 거다. 그 발표 하나에 회사의 명운이 좌우되기도 한다. 모두가 오직, 그의 입만 바라본다.

　뛰어난 빅 아이디어 이상으로, 프레젠터의 발표가 광고회사를 먹여 살리는 경우가 종종 있다. 그만큼 발표자는 광고주의 시선을 끌고 매력적인 모습으로, 호감 가는 모습으로 군중을 사로잡을 수 있도록, 자신의 영혼까지 탈탈 털어 팔아야 하는 직종이다. 그래서 발표 전에 어떤 방식으로 설득할지 발표 전략을 세우는 것도 아주 중요하다. 처음에 호기심을 유발하고 나중에 빵 하고 터트릴 것인가? 시종 재치 있는 분위기로 청중을 압도해 가며 아이디어를 전달할 것인가? 최대한 이성적이고 논리적인 방법으로? 혹은 감성적인 접근으로 아이디어를 전달할 것인가?

광고는 수많은 기획자와 제작자의 시간이 결집된 결과물이지만, 그 모든 노력을 광고주에게 전달하는 역할은 오직 한 사람, 프레젠터에게 달려 있다. 그러니 얼마나 멋진 이야기꾼이어야겠는가? 여기 인류의 문화와 예술에 가장 큰 영향력을 미친 최고의 이야기꾼, 광고 프레젠터가 있다. 이제 그가 창조하고 들려준 세계로 한번 들어가 보자.

최고의 이야기꾼, 호메로스(Homeros)

인문에 관심조차 없는 사람이라도 한 번쯤 들어봤을 이름이다. 미술 전공자라면 더욱 어렸을 때부터 신물 나도록 헛구역질하며 그려봤을 사람. 호머^{Homer}, 바로 호메로스다. 기원전 8세기 전후의 인물로 그리스 여러 지역을 돌아다니던 음유시인이다. 호메로스는 장님이었다. 태어나고 죽은 일시가 정확히 기록되어 있지 않다. 당시로 보면 기록할 문자나, 종이, 녹음기, AV 따위가 없었으니, 당연하게도 그는 시로 이야기를 만들고 플롯을 입히고 우리의 창唱과 같은 구전 형태로 영웅들의 이야기를 노래했다. 즉, 대중들에게 자신의 아이디어를 판 광고인이며 구라로 먹고 산 인물이다. 그것도 대단한 구라쟁이, 인류 최고의 예능인이었다.

인류 최고의 예능인이 들려주는 서사 OTT

광고적 상상력을 좀 더해 보자. 읽지는 않았어도 역시 다들 한 번쯤은 들어봤다. ≪일리아스≫와 ≪오디세이아≫는 서사시다. 시가 노래였고 연극이고 영화이자 OTT 드라마였던 그리스 시대, 최고의 이야기꾼이자 래퍼, 프레젠터인 호메로스다.

그 인기로 인해 이 마을 저 마을을 돌아다니며 사람들을 불러 모으고 노래를 불렀을 것이다. '멀리 소아시아 투어를 방금 마치고 돌아온 시인 호메로스가 오늘 밤 우리 마을에 들릅니다. 광란의 파티와 공연에 관심 있는 여러분의 많은 시청 바랍니다.' 사람들은 시인이 들려 주는 수 세기 전 신화와 역사가 뒤섞인 영웅들의 이야기를 들으며 때로 비극에 슬퍼하고 무용담에 환호했다. 아마도 서사시의 내용이 방대하다 보니 당연히 한 번에 다 부르진 못했을 거다. 3장을 부르다 '여기서 잠깐! 광고 듣고 오겠습니다.'라거나 '4장부터는 내일 같은 장소에서 아침 닭이 세 번 울 때 다시 시작합니다.' 이랬을 거다. 그가 들려 주는 사가가 얼마나 설득력 있고 재미있었

〈호메로스와 그의 안내자〉, 윌리엄 아돌프 부그로, 1874, 절찬상영! 방금 소아시아 순회 공연을 마치고 돌아온 래퍼 호메로스, 기대하시라, 커밍순

으면 2,800년이 지난 지금도 인문인, 교양인, 광고인이라면 반드시 알아야 할 이야기가 되었을까? 자 이제 그가 엄청난 구라로 청중을 홀렸던 두 편의 서사시를 간단히 짚어 보자. 이쯤은 알아야 어디서 침이라도 뱉는다.

≪일리아스(Ilias)≫, 액션 스펙터클 막장 복수 치정극

 ≪일리아스≫를 간단히 요약하면, 한 유부녀가 젊디 젊은 남자와 바람나 도망가고, 배신당한 남편이 복수를 하기 위해 싸우는 내용이다. 쉽게 말해 '막장 복수 치정극'이다. 천하의 구라쟁이 호메로스는 이 간단한 내용에 온갖 흥행요소를 버무렸다. 광고로 말해 소구 포인트$^{Appeal\ Point}$를 잔뜩 양념 쳤다.
 주인공 아킬레우스는 바람나 도망간 유부녀 남편의 부탁으로 하기 싫은 전쟁에 억지로 참전한다. 사실 남편과도 사이가 나쁘다. 또 다른 주인공 헥토르는 유부녀와 도망친 남자의 형이다. 혈연이 뭐라고 원치 않는 전쟁에 참전한다. 아킬레우스의 그리스 연합군과 헥토르의 트로이는 10년간의 지리한 대치와 처절한

〈아킬레우스의 승리〉, 프란츠 마슈, 1892, 액션 스펙터클 막장 복수 치정극의 두 주인공

전쟁을 벌인다. 불륜의 결과다. 이게 다 바람난 유부녀와 철없는 젊은 한 망나니 탓이다. 그러던 중 아킬레우스의 BL(동성 애인)이 헥토르에게 죽고 만다. 눈이 뒤집힌 아킬레우스가 헥토르를 죽이고 시신을 능멸한다. 죽은 자식을 돌려달라 트로이의 왕 프리아모스가 아킬레우스를 찾아와 무릎을 꿇는다. 전쟁은 장례기간 잠시 휴전한다.

이 간단한 이야기는 호메로스의 재담으로 올림포스 신들의 대리전이 되고 총 24권의 거대한 서사시가 되었다. 광고로 보면 핵심 키워드가 #치정 #불륜 #막장 #스펙터클 #판타지 #BL #동성애 #분노다. 이러니 잘 될 수밖에 없다. 드라마 중에 최고 드라마는 막장드라마니까! 이제 ≪일리아스≫의 후편이라 할 수 있는 ≪오디세이아≫를 보자.

≪오디세이아(Odysseia)≫, 어드벤처 잔혹 로드 활극

잔머리가 비상한 군인이 전쟁 참전 후 집으로 돌아간다. 그동안 남편을 기다리는 아내에게 남자들이 껄떡거렸다. 고향에 돌아와 추근댔던 남자들을 잔인하게 복수하는 내용이다. 쉽게 말해 '잔혹 로드 활극'이다.

주인공 오디세우스는 트로이 전쟁을 끝내고 고향 집에 돌아간다. 지지리 복도 없다 보니 가는 도중 외눈박이 거인, 요정, 세이렌, 칼립소, 폭풍과 풍랑 등을 만나고 저승도 잠시 들른다. 온갖 고생을 한다. 포세이돈이 저주를 퍼부은 탓이다. 고향 한번 가기 참 힘들다. 10년간, 이 고생 저 고생 돌고 돌아 고향 가는 이야기다. 그래서인지, 오디세우스 이름의 뜻은 '증오받는 자'이다. 아내 페넬로페는 전쟁에 나간 남편을 기다린다. 미인이다. 108명의 남자가 치근덕거리지만 잘 참아낸다. 고향으로 돌아온 오디세우스가 108명의 남자를 모두 죽인다. 전쟁 10년,

고향길로 10년, 도합 20년 만에 부부는 재회한다.

≪오디세이아≫는 주인공 오디세우스의 귀거래사歸去來辭, 즉 고향으로 돌아가는 로드무비다. 존 덴버의 'Take Me Home, Country Roads' 노래처럼 줄곧 고향 가는 길의 별 볼 일 없는 여정이 호메로스의 구라로 24권의 서사시가 되었다. 광고로 보면 핵심 키워드가 #여행 #모험 #잔혹 #하드코어 #스펙터클 #판타지다. 최고의 프레젠터가 들려 주는 일종의 여행기인 셈이다.

〈오디세우스의 학살〉, 토머스 드조지, 1812, 함부로 희롱하면 그 끝은 언제나 죽음이라고 오디세우스는 말한다.

인문학의 근원으로 붙는 랩배틀

호메로스는 '장밋빛 손가락을 가진 새벽', '검은 포도주 빛 바다'와 같은 표현으로 대중의 마음을 사로잡았다. 이는 당시 그 누구도 쓰지 않던 아주 과감한 문학적이고 극적인, 꿀 떨어지는 프레젠테이션이었다. ≪일리아스≫와 ≪오디세이아≫ 이 두 서사시의 작가가 호메로스가 맞느냐 에 대한 논쟁이 수세기에 걸쳐왔다. ≪일리아스≫와 ≪오디세이아≫의 어휘나 미묘한 뉘앙스, 화법과 스토리텔링이 서로 다르다는 것이 이유다. 일설에는 기원전 5세기경부터 고대 그리스 철학자들 또한 같은 논쟁을 벌였다고 한다. 지금부터 2,800년 전의 원작자를 아는 것이 뭐 그리 중요할까? 실용적인 우리 광고인에게는 그보다는 이 두 서사시가 수천 년에 걸쳐 전하는 인문학의 근원, 철학, 예술, 문학이 지금 우리에게 전하는 인간을 향한 광고와 맥이 닿아 있다는 것. 이것이 원작자 논쟁보다 더 큰 의미가 아닐까 싶다.

맹인이었던 그가 대중을 상대로 오디세우스의 방랑을 이야기할 때를 광고인의 시점에서 상상해 보자. 사람들은 이 이야기꾼에게 감탄을 하며, 지금의 넷플릭스에서 극강의 몰입되는 드라마나 아이맥스 영화관에서 마블 시리즈를 보는 듯한 몰입감을 느꼈을 거다. 이야기꾼 호메로스의 한마디 한마디가 그들에게는 서사였고 판타지 그 자체였다. 또한 당시 그리스 지식인은 ≪일리아스≫와 ≪오디세이아≫를 암송하는 것이 흔한 일이었다. 생각해 보자. 그리스의 한 아고라^{Agora}에서 랩배틀이 붙는다. 펠리우스 vs 디오메네스. 누가 더 폼날까? ≪일리아스≫의 명장면, 아킬레우스와 헥토르의 결투 씬을 멋지게 노래하는지 쇼미더머니는 그때나 지금이나 계속된다.

> **TIP** 알아놓으면 떡이 되고 밥이 되는 ≪일리아스≫, ≪오디세이아≫가 남긴 유산들
> #파리스의_심판 #아킬레스건 #카산드라의_예언 #트로이의_목마 #엘렉트라_콤플렉스 #사이렌 #멘토

5장
영험한 광고 컨설팅 :
델포이 신탁

　한 번도 거래한 적이 없던 회사로부터 갑자기 전화가 온다. 기존에 계획된 마케팅 전략에 문제가 생겨 광고회사를 한번 바꾸고 싶다는 거다. 광고회사를 교체할 때는 여러 회사에 의뢰해 경쟁 프레젠테이션을 할 수도, 혹은 광고주와 광고회사 간 개별적인 사전 미팅을 통해 회사의 능력을 파악하고 프로젝트를 의뢰하기도 한다.

　사전 미팅에서는 광고회사의 역량을 확인할 수 있도록 기존에 집행한 광고의 성과나 포트폴리오를 보여 준다. 한마디로 '나 이만큼 잘해, 그러니 내가 광고 잘 만들어 줄게.' 뽐내는 거다. 광고는 뽐내기다. 그 자리에서 광고주가 '세상사 뜻대로 안 되네! 뭐 이리 안 풀려! 대체 뭐가 문제지? 답답하네! 막막해! 갑갑해!' 한탄할 때, 간지러운 곳을 살포시 긁어 주며 고민의 정확한 문제점을 파악하고 해결점을 찾아 컨설팅을 해주는 것도 광고회사 선정에 매우 중요한 요소가 된다. 컨설팅한 전략이 운 좋게 제대로 먹혀, 성공적으로 광고 캠페인이 잘 실행된다면 뭐 더할 나위가 없다. 아주 영험한 광고 능력자로 인정받게 되는 거다.

　사실 이런 컨설팅은 고대 그리스의 광고인들로부터 시작되었다. 그리스인들이 스스로 해결할 없는 수많은 고민에 빠져 있을 때 영험한 컨설팅으로 그들의 문제를 단박에 풀어 준 광고인들이 있었다.

델포이 신탁(Delphi Oracle), 전적으로 저를 믿으셔야 합니다.

　코린토스의 왕자 오이디푸스[Oedipus]는 경악하며 멘붕에 빠진다. 델포이 신탁[神託]의 '너는 아버지를 죽이고 어머니를 범할 것이다.'라는 내용 때문이었다. 9시 뉴스에나 나올법한 패륜아가 될 거라니. 이 무슨 날벼락 같은 소리인가? 결국 그는 신탁이 자신에게 내린 운명을 피해 고향을 떠나 테베로 가던 중 시비가 붙은 한 노인을 죽이고, 스핑크스 괴물을 죽여 테베의 영웅이 된다. 그곳 여왕과 결혼해서 두 명의 아들과 딸까지 낳는다. 아! 그런데 이게 웬일인가? 그 죽인 노인이 실은 자신의 친부이며 결혼한 여왕은 자신의 어머니라니…. 신탁의 운명을 피해 도망치고 또 도망쳤건만 가혹한 운명의 굴레를 벗어나지 못한 거다. 죄책감에 스스로 두 눈을 뽑고 여동생이자 딸인 안티고네[Antigone]와 함께 방랑의 길을 떠난다. 오이디푸스의 신화는 대략 이렇다.

　그런데 여기 자꾸만 신탁, 신탁하는데 대체 신탁, 오라클[Oracle]이 뭘까? 영화나 드라마, 소설 등을 보면 '신탁을 받았다.' 이런 이야기가 많이 나온다. 알듯 말듯 하면서도 신탁이 대체 뭔지 도통 모르겠다. 쉽게 말해 점치고 컨설팅을 해주는 것이다. 예나 지금이나 아주 전문적이고 보편적인 꽤나 잘 나가고 괜찮은 비즈니스다. 광고회사 '오라클'의 CEO는 아폴론[Apollon]이다. 그리스 신화에서 아폴론은 태양과 예술, 궁술, 의술, 음악, 이성 그리고 예언의 신이다. 그래서 그리스인들은 자신의 미래와 운명을 알고 싶을 때, 해결책을 찾고 싶을 때 아폴론 신에게 의지하게 됐다. 신전을 짓고 신을 기리며 신탁을 받게 된다. 보이오티아의 테베, 포키스의 아바이, 테살리의 코로페, 아폴론의 탄생지인 델로스 등 곳곳에 신전이 많다. 고대 그리스인들은 자신들이 정복하고 거주한 지역에 제일 먼저 신전을 짓고, 극장을 세웠기 때문이다.

점집 중에 점집, 용하디 용한 신탁 맛집, 델포이 신탁

애기보살, 처녀보살, 총각보살이 쌀점, 화투점 등 다양한 형태로 점을 쳐주듯 최초의 신탁도 여러 형태로 내려졌다고 한다. 제비를 뽑거나 소리로 점을 쳐주기도 했지만 점차 시스템화되어 영발 좋은 영매가 신의 대답을 전달해 주는 형태로 발달한다. 그중에 용하디 용하다고 소문난 집이 있었는데 그게 바로 코린트만에 있는 파르나소스산의 델포이 점집, 바로 델포이 신탁인 거다. 점집 중 점집, 신탁계의 핫플이다.

그리스인들은 델포이를 세상의 중심으로 생각했다. 왜냐? 제우스의 호기심 때문이다. 어느 날 세상의 중심이 어딘지 쓸데없이 궁금했던 제우스가 자신의 상징인 독수리 두 마리를 세상 끝으로 날려 보낸다. '넌 이쪽으로!', '너는 저쪽~' 돌고 돌아 서로 딱! 마주친 곳이 바로 이곳 델포이다. 그래서 '요기가 바로 세상의 중심, 네가 바로 센터다.'하며 옴파로스^{Omphalos}, 즉 세상의 배꼽이라 칭하게 된다. 굉장히 심플하다. 인간들에게 12신이 사는 올림포스는 가까이하기엔 너무나 먼 세계였다. 대신 파르나소스산은 인간계의 세상이니 좀 더 만만하게, 쉽게, 편리하게 신성시될 수 있었다. 델포이를 지키는 괴물이 있는데 바로 퓌톤^{Python}이다.

스페인 바르셀로나는 건축가 가우디가 유명하다. 그가 건축한 구엘공원의 분수에는 도마뱀이 한 마리 있는데, 우리가 알고 있는 가우디의 그 알록달록 도마뱀이 사실 이 퓌톤이다. 아폴론은 괴물 퓌톤을 물리치고 델포이를 지배하게 된다. 아무튼, 예언의 신 아폴론의 땅이란 이유로 영발이 아주 탁월했다. '이번 협상은 잘 되려나?', '떼돈을 좀 벌 수 있나?', '대입시험을 잘 보려나?', '저 돈 많은 남자와 결혼을 할 수 있을까?'

워낙 영험한 탓에 국가의 운명이 걸린 중요한 결정이나 개인의 운명에 대한 신탁을 받기 위해 그리스 전역에서 수많은 사람들이 몰려들었다. 신탁을 받으려면 우선 목욕재계를 하고 몸을 정화했으며 복채는 선불로 순금을 받쳤다. 순금 박치기였던 거다. 청원자는 제물을 바친 뒤 궁금한 것을 퓌티아^{Pythia}라는 여사제에게 묻게 된다. 사실 직접 묻는 게 아니라 신관이라는 기록관에게 묻고 신관이 퓌티아에게 묻고, 퓌티아가 환각 상태에서 아폴론의 신탁을 받아 신관에게 알려 주면 신관은 이를 다시 청원자에게 전달하는 아주 복잡한 다단계 방식이었다.

〈델포이 신탁의 여사제 퓌티아〉, 존 콜리어, 1819, 신탁 광고 컨설팅은 역시 맨정신으로는 무리다.

신탁은 원래 두루뭉술, 애매모호하다.

대부분의 신탁은 애매모호했다. 퓌티아가 환각 상태이니 발음도 좋지 않았을 테고 몇 단계를 거쳐 전달에 전달이 되었을 테니 정확한 질문과 답이 오가기 어려웠을 거다. 이래서 커뮤니케이션은 심플해야 한다. 광고의 기본이다. 이런 이유로 신탁은 뭐 하나 똑 부러지게 시원치 않고 늘 애매모호했던 것이다. '애매모호한', '이해하기 어려운', '수수께끼 같은'이란 뜻의 단어 델픽^{Delphic}이 여기에서 유래되었다.

광고인답게 당시 델포이를 상상해 보자. 자신과 국가에 대한 조언, 컨설팅을 받고자, 신탁을 받으러 전국에서 사람이 개떼처럼 몰려든다. 돈도 몰린다. 보물 창고가 생긴다. 보물을 지켜야 하니 캡스, 세콤 같은 지킴이가 생긴다. 예약제가 아니라면 줄 서기 힘들 테니 대신 차례를 기다려 주는 대리인이나 암표상이 생긴다. '신탁 해석 1타 강사'와 같이 애매모호한 신탁을 해석해 줄 해설사들이 신전 주변에서 영업을 하고 광고를 했을 거다. 이처럼 고대 델포이는 신탁을 중심으로 대행 서비스와 광고 활동이 이루어지는 활기찬 공간이었을 것이다. 소크라테스의 명언으로 알려진 '너 자신을 알라.'는 사실 델포이의 아폴론 신전에 쓰여져 있던 경구^{警句}다. 이 또한 광고회사 '오라클'이 만든 인류 최고의 광고 카피라 하겠다.

> **TIP** 알아놓으면 떡이 되고 밥이 되는 '델포이', '신탁'의 유산들
> #오이디푸스_콤플렉스 #스핑크스 #가우디 #구엘공원 #가이아 #플루타르코스_영웅전 #영화_매트릭스

6장
철학이요? 60초 후에 공개됩니다.:
소크라테스, 플라톤

광고인 시점에서 한번 보자. 인간에 대해 가장 많은 관심을 갖는 현대인은 누굴까? 종교인? 교육자? 의사? 철학자? 점쟁이? 바로 기업의 마케터, 광고쟁이들이다. 어떻게 하면 많은 물건을 팔고 고객을 끌어들이고 시장을 넓히고 내부의 조직을 효율적으로 관리할 것인가? 이 모두가 인간에 대한 관심에서 시작된다.

광고 이거 참 근사하다.

광고는 인간에 대한 질문과 관찰에서 나온다. 사람을 향한다. 좀 근사하다. 좋은 광고는 인간을, 소비자를 오랫동안 지켜보고, 숨은 이야기를 돋보기 든 탐정처럼 연구하고 알아내며 소비자의 생각에 맞춰 행동할 수 있는 광고 메시지를 제시한다. 인간을 중심에 두지 않는 광고를 소비자들은 귀신같이 알아낸다. 당연히 소비자가 광고를 믿지 않게 되고 팔려는 제품이나 메시지는 휴지통으로 처박힌다. 나름 광고에도 권선징악勸善懲惡이 있다. 고대 그리스에도 인간이 무엇인가

1부 태초에 광고가 있었다.

에 대한 깊은 고민, 인간과 세계를 파악하고 발견하려는 위대한 광고인들이 있었다. 그들의 이야기를 해보자.

소크라테스(Socrates)

여기 정말 말 많은 사람이 있다. 한 사람을 붙잡고 말을 시작하면 끊임없이 질문을 쏟아 붓고 제대로 된 답을 내놓을 때까지 놓아주지 않는 사람이다. 상대가 누구든 상관없었다. 결국 그는 너무 질문을 많이 하고 말이 많다는 이유로 사형을 당한다. 아고라의 긴 아케이드 사이로 물건을 팔기 위해 가판대를 펼친 상인들은 고개를 돌렸다. 시장에 들러 축제에 쓸 물건들을 쇼핑하려던 사람들도 서둘러 자리를 피했다. 자신의 몸을 단련 중인 올림픽의 영웅들도 슬금슬금 뒤로 물러나기 시작한다. '일주일 만에 말로 성공하는 법'을 영업 중인 1타 강사 소피스트들은 인상을 찌푸린다.

그가 나타난 것이다. 아고라는 도시 국가 아테네의 공공의 공간이다. 사람들은 이곳 아고라를 모임과 집회를 여는 정치적 장소로, 때론 물건을 사고파는 시장으로, 호메로스 같은 떠돌이 예술가들이 영웅의 모험담을 떠벌리는 예술적 공간으로 사용했다. 그리스인에게 이곳은 운동, 예술, 상업, 종교, 정치 생활의 중심지였다. 그렇다. 강남 코엑스다. 컨벤션 센터이자 복합 쇼핑몰이었던 거다.

너무 말이 많아 죽은 최초의 광고인

이 지겹도록 말 많고 못생긴 남자는 아테네에서 석공으로 일하는 아버지와 산파인 출산 도우미 어머니 사이에서 태어났다. 맞벌이 부모 덕에 상대적으로 부유한 아테네 시민으로 자라며 석공 기술 이외에 체조, 시, 음악, 기하학, 천문학 등을 공부한다. 전쟁에도 세 번이나 참전해 꽤 유능한 군인이라는 평을 받는다. 전쟁에서 돌아온 그는 제대로 씻지도, 입지도 않고 맨발로 돌아다니기 시작한다. 날마다 거리로 나가 거리에서 사람들을 붙잡고 대화를 나누고 상대방의 오류와 모순을 드러내며 그 무지를 스스로 깨닫도록 도와줬다.

대화법, 우리가 익히 알고 있는 산파법이 그것이다. '옳거니! 땡큐! 테스형!' 사람들이 자신의 무지를 깨달았다고 좋아했을까? 광고인의 시각으로 상상해 보자. '대화를 나눴다.'는 소크라테스의 일방적인 생각이다. 아테네인들에게 생각도 하기 싫은 아주 귀찮고 성가신 존재였다. '도를 아십니까? 도를 아십니까?' 졸졸 쫓아다니며 질문만 하는데 누가 상대하려 했겠는가? 그래서 소크라테스 스스로 자신을 말 등 위에 앉아 귀찮게 물어대는 말파리. 즉, 등에라고 생각했다. 볼품없이 못생긴 데다가 제대로 씻지 않아 냄새나는 몸으로 아고라 근처를 어슬렁어슬렁거리니 오죽했을까? 아주 골치 거리였을 거다. 진상이다.

외모지상주의, 말발지상주의의 시대

그리스 사상의 핵심은 이상화된 아름다움 추구다. 한마디로 외모지상주의다. 신들의 아름다운 권능에 대한 추구, 조각 같은 얼굴, 우유빛깔 피부, 식스팩 복근, 애플힙 등 이상화된 아름다움에 대한 동경이 수많은 예술과 축제를 낳는다. 그리스의 올림픽 영웅은 신이 인간의 몸에 들어와 결합된 반인반신^{半人半神}인 거다. 그래서 피겨스케이팅 선수 김연아가 최고의 광고 모델이 된 거다. 여신이니까. 신보다 더한 광고 모델은 지상에는 없으니까. 그런데 참 이상하다. 다들 좋다 좋다 하면 싫고, 싫다 싫다 하면 좋다 하는 게 젊음의 습성이다. 당시 아테네 젊은이들에게 그의 기이한 모습이 힙^{Hip}하게 느껴졌다. 소크라테스를 따르는 무리들이 생겨난다. 왜일까?

정치인들은 말을 아주 잘한다. 말발이 좋다. 고대 그리스에서도 정치가, 세력가가 되기 위해서는 말을 잘해야 했다. 레토리카^{Rhetorica}, 수사학이 발달한 이유다. 수사학은 설득의 수단으로 문장과 언어의 사용, 그중 특히 대중 연설의 기술을 연구하는 학문이었다. 말발 좋으면 출세하는 때다. 유튜버들을 보자! 뭐 지금과 크게 다르지 않다. 당시 아테네 부유층들은 소피스트에게 자식을 보내 교육시켰다. 소피스트는 연설을 가르치는 최고의 대치동 1타 강사였다. 당연히 수업료 또한 아주 비쌌다. 그런데 소크라테스는 자신을 찾아온 학생들을 무료로 가르친다. 시장 질서를 흐렸다. 생태계 교란종인 거다.

광고인이여! 이러다 다 죽어! 아무튼 젊은이들은 열광하고 기득권 세력에겐 눈엣가시가 된다. 그렇다면 소크라테스가 왜 수업료를 땡전 한 푼 받지 않았을까? 간단하다. 아무것도 가르칠 것이 없다는 거다. 자신은 실재 지식이 없으며, 만일 자신이 다른 소피스트나 사람들보다 현명하다면 그것은 소크라테스 스스로 그가 아무것도 모른다는 것을 알기 때문이라는 것이다. 내가 아는 게 없으니 가르칠 게 없고 가르칠 게 없으니 수업료를 받을 일 없다는 거다. 다만 나는 내가 모르는 것을 알고 너는 네가 모른다는 것을 모르는 게 문제라는 거였다. 그래서 소크라테스의 명언이라고 알려진 '너 자신을 알라'는 사실 '너 자신이 아무것도 모른다는 것을 알라'가 옳은 뜻이다.

내가 다 해봐서 아는데.

소크라테스를 대신해 친구 카이로폰이 델포이의 아폴론 신전에서 신탁을 받는다. 좋은 친구다. '소크라테스보다 지혜로운 자 누구인가?', '없다. 아테네에서

〈소크라테스의 죽음〉, 자크 루이 다비드, 1787, 실제로 독배를 마시고도 한참을 이야기했다. 참 말 많은 광고인이다.

그 누구도 소크라테스보다 지혜롭지 않다.' 이 말을 전해 들은 소크라테스는 믿을 수 없었다. 내가 아무것도 모르는데 가장 지혜롭다고? 원티어라고? 그래서 수년간 아테네 전역을 돌아다니며 유명한 철학자, 정치가, 소피스트들을 찾아가 도장깨기 토론 배틀을 붙는다. 대화를 해보니 자신이 모른다는 것을 아는 사람들이 없었다. 그러니 '내가 다 해봐서 아는데' 같은 꼰대는 되지 말자. '아! 그래서 내가 제일 지혜롭구나. 나는 내가 무지하다는 것을 아는데' 그러면서 계속 아고라에서 광고를 했고 소크라테스를 따르는 제자들이 생겨난다. 그의 가르침에 영향을 받은 젊은이들이 늘어나자, 자신들에 대한 영업 방해를 달갑지 않게 여긴 소피스트들과 보수주의자들이 소크라테스를 고발한다. 결국 아테네 젊은이들을 타락시키고 국가의 여러 신을 믿지 않는 자라는 죄명으로 사형을 선고받는다.

소크라테스는 인간과 삶을 이해하기 위해 귀에 피딱지가 앉을 만큼 끊임없이 질문하고 대화했다. 그런데 단 한 권의 책도 쓰지 않았다. 사실 우리가 아는 소크라테스의 철학 대부분은 그의 어린 제자가 써놓은 내용에서 얻은 거다. 즉, 소크라테스의 이야기는 다 남들이 써준 이야기란 거다. 그 이야기를 쓴 제자는 누구일까?

플라톤(Plato)

플라톤은 스승인 소크라테스와는 달리 부유한 아테네 명문 귀족 가문의 자제였다. 소위 이것저것 다 갖고 태어난 금수저다. 당시 잘 나가는 아테네 청년이라면 누구나 그렇듯 정치인을 꿈꾸는 정치 지망생이었다. 20세에 소크라테스의 제자가 되어 그가 사형을 당할 때까지 그의 곁을 떠나지 않았다. 의리남이다. 스승의 죽음이라는 비극을 겪고 28세에 정치인이 되겠다는 꿈을 접는다. 기원전 387년 아테네 서쪽 아카데모스에 플라톤 아카데미아라는 학원을 차리고 학원 사업에 전념한다. 플라톤의 저서 ≪대화편≫은 스승인 소크라테스가 대화를 통해 인간의 무지함을 깨닫게 한다는 내용이다. 앞서 말했듯, 소크라테스는 책을 한 권도 쓰지 않았기에 플라톤이 없었다면 소크라테스는 역사적 인물이 되지 못했을 수도 있다. ≪대화편≫이 소크라테스를 알려 주는 거의 유일한 기록이기 때문이다. 제자 참 잘 뒀다.

내가 테스형만 만나지 않았어도….

광고 전략 중 스토리텔링 Storytelling 기법이라는 게 있다. 대중 또는 소비자에게 알리고자 하는 광고 메시지 혹은 브랜드를 공감할 수 있게 사실적이고 생생한 이야기로 만들어 설득하는 광고 전략을 말한다. 한마디로 구라 치는 거다. 광고적 상상을 해보자! '내가 그때 디오니소스 극장 앞에서 테스형만 만나지 않았더라면…' 이 잘생기고 넓은 어깨를 가진 남자가 지난날을 회상한다. 올림픽에 참가해 레슬링 영웅이 되거나 유명한 정치인이 될 수도 있었다. 스무 살에 그를 만나지만 않았다면 말이다. 전도 유망했던 그리스 명문가 출신 플라톤은 나이 마흔을 넘기고 있었다. 젠장! 정계 진출도 물 건너갔다.

플라톤에겐 이제 선택의 여지가 없었다. 개업한 지 얼마 안된 학원 사업만큼은 반드시 성공시켜야 했다. 하지만 아직 그의 명성은 높지 않았고 학원업에서는 풋내기였다. 어떻게 하면 대박을 칠 수 있을까? 빙고! 아이디어가 하나 떠오른다. 사형당했지만 엄청난 카리스마와 뛰어난 지성의 소유자, 모든 아테네 사람들이 이전에도 결코 없었고 앞으로도 다시는 없을 거라 동의했던 문제적 인물, 브랜드 인지도가 높은 소크라테스를 ≪대화편≫의 주인공, 광고 모델로 삼아 내 철학 사상을 이야기하면 어떨까? 그래서인지 실제로 소크라테스의 철학이 소크라테스의 것인지 혹은 스승을 스토리텔링하여 플라톤이 자신의 철학을 이야기한 것인지에 대한 논란이 여전히 존재한다. 많은 학자들은 ≪대화편≫의 앞부분은 소크라테스가, 후반부는 플라톤 자신이 하고 싶은 이야기를 양념처럼, MSG를 첨가했다고 추정한다.

이데아? 가가 가가?

이데아^{Idea}, 귀에 못이 박히게 들어봤다. 그런데도 아직 잘 모르겠다. 대체 뭘까? 한마디로 시공을 초월한 절대 불변의 원형이라는 거다. 남녀가 서로 꽁냥꽁냥 사랑을 한다. '자기야~ 우리 사랑은 완전한 사랑이야.' 막 이런다. 그런데 완전한 사랑이 있을까? 있을 리 없다. 사랑은 어떻게든 변하니까! 슬프지만 우리는 현실에 없는 '완전한 사랑'의 의미를 머릿속으로는 잘 이해한다. 그럼 '완전한 사랑'이란 뭘까? 플라톤은 우리가 서로 이해한 '완전한 사랑의 관념'이 사랑의 '이데아'라는 거다. '기분이 참 거시기 하네', '가가 가가가?'라 말한다. 여기서 '거시기'와 '가'를 알아들었다고? 이해했다면 다행이다. '거시기'나 '가'가 광고인에게는 이데아인 거다.

플라톤은 자신의 철학 《이데아론》을 설명하는 방법으로 '동굴의 비유' 광고를 선택했다. 동굴에 벽만 바라보게 사람들이 묶여 있다. 이해할 수는 없지만

〈아테네 학당〉, 라파엘로 산치오, 1509-1511, 중앙에 플라톤(왼쪽), 아리스토텔레스(오른쪽) 두 사람이 학당의 센터다.

아무튼 고개도 좌우로 돌릴 수 없고 등 뒤에 비춰지는 불로 벽에 그림자가 맺힌다. 사람들은 그 그림자를 보며 이게 진짜, 찐이야라고 믿으며 평생을 살아간다. 한데 한 사람이 묶인 사슬을 풀고 동굴 밖으로 나오면서 '어라! 그림자 이거 다 구라구나.' 깨닫고 다시 동굴로 들어가 사람들에게 외친다. '여러분 이거 다 거짓인 거 아시죠?' 그 한 사람이 철학자라는 거다. 마찬가지로 광고인도 남들이 보지 못하는 것을 찾아야 한다. 이렇게 깨어 있는 사람, 즉 철학자가 국가를 운영하고 다스려야 한다는 것이다. 그것이 바로 철인 정치고 플라톤의 ≪국가론≫이다.

맞다! ≪국가론≫은 바로 철학자 취업 광고다. 플라톤에게는 아주 똑똑한 제자가 한 명 있었다. 바로 아리스토텔레스다. 알렉산드로스^{Alexander} 대왕의 스승 말이다. 그렇다. 소크라테스의 제자 플라톤, 플라톤의 제자 아리스토텔레스, 아리스토텔레스의 제자 알렉산드로스. 원숭이 엉덩이는 빨개 빨간 건 사과 사과는 맛있으면 기차는 빠르면 비행기…. 그 스승의 그 제자, 그 제자의 그 스승들이다. 마침내 그리스의 사상은 알렉산드로스를 통해 말장난처럼 전 세계로 쭉쭉 퍼져 나갔다. 그래서 철학은 어떻게 됐는데요? 60초 후에 공개합니다.

TIP 알아놓으면 떡이 되고 밥이 되는 '소크라테스', '플라톤'의 유산들
#나훈아_테스형 #서태지_교실이데아 #아리스토텔레스 #알렉산드로스_대왕 #스파르타 #플라토닉_러브 #칸트 #결혼하라_좋은처를_얻으면_행복할_거고_악처를_얻으면_철학자가_될_거다

〈소크라테스와 그의 두 아내, 그리고 알키비아데스〉, 레이어 반 브로멘달, 1660.
크산티페는 악처로 유명하다. 소크라테스의 머리에 소변을 쏟아붓는 중이다. 말만 많고 평생 돈 한 푼 벌지 못했으니 당해도 싸다.

2부

광고는
역사를
낳는다.

Give Birth

1장
크리에이티브를 찾아 세상 끝까지 정복한 광고인:
알렉산드로스, 디오게네스

광고인은 색안경을 껴야 한다. 생각을 편협하게 가지라는 건가? 아니다. 모두가 같은 생각을 하고 같은 곳을 바라볼 때 삐딱하게 세상을 바라보고 생각하라는 거다. 크리에이티브한 아이디어는 삐딱한 시선에서 나온다. 그런데 삐딱이가 되기가 쉽지 않다. 수십만 년 내려온 우리의 유전자 탓이다. 인간은 집단의 이익과 생존을 위해 같은 생각과 행동 양식을 하도록 프로그래밍되어 왔다. 홀로 엉뚱한 생각과 다른 행동을 하면 살아남지 못한다. 추위와 굶주림, 맹수에게 딱 죽기 십상이었다. 그런 이유로 우리는 삐딱이 유전자가 부족하다. 그러니 아무리 아랫사람이라도 발상을 전환해 보라 쉽게 내뱉지 말자. 안 되는 건 안 되는 거다.

삐딱해야 세상이 보인다.

광고의 생명은 낯설게 보여 주는 것이다. 그래야 대중의 시선을 사로잡고, 서비스와 제품을 팔 수 있다. 어렵지만 광고인이 삐딱해야 하는 이유다. 개인의 퍼스널 브랜드도 마찬가지다. 남들과 같은 옷을 입고 같은 생각을 하고 같은 말과 행동을 한다면 어느 누가 나를 기억해 주겠는가? 우리는 정우성, 차은우, 전지현, 제니가 아니다. 치열하게 자신을 세상에 알리기 위해서는 다르게 생각하고 다르게 행동해야만 한다. 그렇다! 그래서 순리대로 밋밋하게 생각하고 살라는 말은 그저 팔자 좋은 말이다. 여기 '크리에이티브 뭐 별건가?'라며 다른 생각과 말과 행동으로 세상 끝까지 달려간 젊은 광고인이 있다. 그의 여정을 따라가 보자.

알렉산드로스 대왕(Alexandros the Great)

'이 문제를 해결만 하면 아시아 전체의 주인이 될 수 있다.' 스물세 살의 알렉산드로스는 프리기아 궁전 기둥에 묶여 있는 우마차의 매듭을 바라봤다. 도저히 사

〈알렉산드로스가 고르디우스의 매듭을 자르다〉, 장 시몽 베르텔레미, 1767,
왜 아무도 이런 생각을 못했을까? 매듭! 그냥 풀기만 하면 되는 거 아니었어?

람이 만들었다고 믿기지 않을 만큼 복잡하기 짝이 없다고 생각했다. 이제 어쩌나?

매듭? 까짓 것 뭐 별건가?

프리기아, 지금의 튀르키예인 이곳에 얽힌 전설을 들어 보자. 왕이 없었던 프리기아에 '우마차를 몰고 도시로 들어오는 자가 왕이 되리라.'라는 신탁이 내려진다. 아는지 모르는지 고르디우스라는 농부가 어린 아들과 함께 우마차로 도시를 방문하며 즉시 왕이 된다. 왕되기 참 쉽다. 그의 아들 미다스는 신탁에 감사하며 우마차를 궁전 기둥에 꽁꽁 동여맨다. 이것이 고르디우스의 매듭$^{Gordian\ Knot}$이다. '이 매듭을 푸는 자 아시아의 왕이 될 상이다.'라고 또다시 신탁이 내려진다. 수세기에 걸쳐 수많은 영웅들이 매듭을 풀려하지만 매듭은 절대 풀리지 않았다. 너무 복잡하게 얽혀 있었기 때문이다. 이때 그리스를 평정하고 동방원정에 오른 알렉산드로스의 귀에도 전설이 들려왔다. 매듭을 풀기만 하면 아시아의 지배자가 될 수 있다는 말에 혹한다. 알렉산드로스의 문제해결 방식은 다른 사람들과 전혀 달랐다. 삐딱하게 바라봤다. 그것은 수세기에 걸쳐 수많은 사람들이 시도했던 방법과는 전혀 다른 해결책이었다. '에라이!' 그는 자신의 검으로 단칼에 매듭을 내리쳤다. '뭐 별건가? 풀기만 하면 되는 거잖아!'

스승이 된 인문학 1타 강사

이런 남다른 생각은 탁월한 그의 스승 덕분이다. 바로 아리스토텔레스^{Aristotle}다. 그가 누군가? 인문학의 1타 강사, 세상 모든 학문의 개론서를 만든 사람이다. 플라톤 아카데미아를 졸업한 아리스토텔레스는 자신의 학원 리시움^{Lyceum}을 아테네에 세운다. 스승인 플라톤의 철학을 뛰어넘어 수사학, 정치학, 시학, 윤리학, 자연과학, 생물학, 의학 등 다양한 분야의 학문을 탐구하고 가르치는 종합학원인 거다. 리시움을 열기 전 고향 마케도니아에서 잠시 개인 과외를 맡게 되는데 그때 만난 제자가 바로 알렉산드로스다. 1타 3피, 서양철학의 최고 1타 강사 소크라테스, 플라톤, 아리스토텔레스의 가르침을 모두 받은 셈이다. 알렉산드로스의 생각이 남다를 수밖에 없는 이유다.

삐딱한 될성부른 나무

알렉산드로스는 마케도니아 왕 필리포스 2세와 그의 네 번째 부인 올림피아스 사이에서 태어난다. 한마디로 금수저다. 필리포스는 그리스 도시 국가 대부분을 점령하며 마케도니아 영토를 확장해 나갔다. 그리스를 통합해 훗날 거대한

⟨알렉산드로스 대왕 모자이크⟩, 작자 미상, 기원전 100년경, 32세 타계로 짧고 굵게 살며 세상을 정복한 글로벌 광고인, 알렉산드로스 대왕.

페르시아 제국에 맞설 의도다. 아버지의 정복 전쟁에 알렉산드로스는 늘 걱정과 불만을 가졌다고 한다. '내가 왕이 되었을 때, 정복할 땅이 더 이상 남아 있지 않으면 어쩌지?' 생각이 삐딱한 참 될성부른 나무다.

알렉산드로스는 남다른 관찰력으로도 유명하다. 어느 날 테살리아의 말장수가 필리포스에게 부케팔로스라는 말 한 마리를 데려온다. 거액인 데다 성질까지 사나워 아무도 말을 타지 못하자 알렉산드로스가 나선다. 당돌하게 '말을 길들이지 못하면 스스로 돈을 갚겠다.' 호언장담하며 왕에게 말을 사달라고 했다. 쓰윽, 말 머리가 태양을 바라보게 하고 너무나 쉽게 말에 올라탔다. 말이 사나웠던 이유는 자신의 그림자에 겁먹은 탓이란 걸 단박에 알아차렸기 때문이다. 이게 전부 삐딱하게 바라보는 시선 덕분이다. 이를 본 필리포스는 "아들아, 너는 네 야망에 걸맞는 큰 왕국을 세워야 겠다. 마케도니아는 네게 너무 작다."라고 말했다. 캬~ 자식 잘 됐다. 그의 나이 열 살 때의 일이다. 이후 부케팔로스는 알렉산드로스의 애마로 제국 정복을 함께 했다. 자신이 정복한 도시 이름도 부케팔라라고 명명했다. 삼국지 적토마 부럽지 않은 팔자 좋은 말이다.

필리포스 2세가 암살을 당하며 알렉산드로스는 20세의 나이에 왕이 된다. 필리포스 2세의 죽음은 아테네, 테바이, 테살리아, 트라키아 등 여러 도시의 반란을 촉발한다. 스무 살 먹은 풋내기 애송이 왕을 우습게 본 거다. 반란을 평정하는 과정에서 테바이를 완전히 초토화시킨다. 군인과 민간인 남자들을 모두 학살하고 포로로 잡힌 여성과 아이들은 모두 노예로 팔아 버린다. 한 번만 더 대들어봐! 본때를 보인 거다. 테바이의 멸망을 지켜본 나머지 도시 국가들은 코린토스에 모여 애송이 왕을 칭송하기 바빴고 그리스 전역을 평정한 그는 일약 우주 대스타, 셀럽이 되었다. 하지만 오직 단 한 사람만은 알렉산드로스를 대스타 취급하지 않는다. 바로 디오게네스다.

좀 꺼져 줄래?

디오게네스^{Diogenes}는 사람이 무엇인가 소유한다는 것이 삶의 자족을 방해한다고 생각했다. 한마디로 무소유^{無所有}의 철학자. 무소유를 추구하니 누구한테 부끄럽거나 잘 보일 이유도 없었다. 그런 까닭에 가진 것을 다 버리고 거의 알몸으로 코린토스 광장에 있는 통 속에서 살아가며 스스로 아무것도 구애받지 않고 개 같은 삶을 살았다. 소문이 소문인지라 이 특이한 인간을 알고 싶던 알렉산드로스는 그를 찾아간다. '그대에 대한 소문은 익히 들었다. 원하는 것이 있으면 무엇이든 들어 주겠다.' 때마침 햇살 아래 기분 좋게 드러누워 있던 디오게네스가

〈알렉산드로스와 디오게네스〉, 자크 가믈랭, 1763, 거 저리 좀 꺼져 줄래?

시크하게 말한다. '거 햇빛 좀 쬐게 옆으로 좀 비켜 줄래?' 대단한 스웨그다. 이 말을 인상 깊게 여겨 '내가 알렉산드로스가 아니었다면, 디오게네스가 되고 싶다.'라고 말했다. 서로의 시니컬한 말배틀은 실제 시니컬의 어원인 견유학파 ^{Cynics}에서 유래되었다.

　디오게네스와의 만남 때문이었는지 알렉산드로스는 자신이 가진 모든 것을 동료와 전우에게 전부 나눠줬다. 놀란 사람들이 '그럼 당신에게 남는 게 도대체 뭐가 있나?' 묻자 '희망이지'라고 대답한다. 캬~ 멋진 비전이 담긴 카피다. 이 이야기가 그리스 전역에 소문이 퍼지며 퍼스널 브랜드가 만들어진다. 마케도니아인이지만 그리스인 마저 그를 추앙하게 된 거다. 이제 무엇을 할까? '희망'이라는 광고 슬로건과 함께 페르시아 원정에 나선다. 그의 나이 스물두 살 때다.

오빠 달려! 이 세상 끝까지!

　알렉산드로스는 기원전 334년, 4만 명의 군대를 이끌고 소아시아로 진격한다. 가장 먼저 배에서 내린 그는 아시아 땅에 자신의 창을 꽂으며 페르시아 제국 전체를 정복하겠다는 의지를 선포한다. 폼생폼사다. 그는 무슨 이유로 정복 집착남이 된 걸까?

　그리스는 과거 페르시아 제국에 수차례 침공을 당하며 도시국가 전체가 쑥대밭이 됐었다. 이른바 페르시아 원정은 이에 대한 리벤지 매치인 셈이다. 알렉산드로스의 침공 소식을 들은 페르시아의 다레이오스 3세$^{Darius\ III}$는 30만 명의 군대를 보낸다. 하지만 우리는 결과를 이미 알고 있다. 바로 무패의 주인공 알렉산드로스의 일방적 승리였다. 이소스라는 곳에서 두 번째 전투가 벌어진다. 30만 명으론 부족했는지 다레이오스 3세가 직접 60만 명을 이끌고 나온다. 어땠을까?

4만 명대 60만 명, 이번에도 알렉산드로스의 승리였다. 가우가멜라^{Gaugamela} 전투에서는 100만 명과 전투를 펼쳐 승리했다.

전투에 앞서 다레이오스 왕은 자신 왕국의 반을 줄 테니 이쯤에서 전쟁을 끝내자 핫딜을 제안했다고 한다. 이 소식을 듣고 알렉산드로스의 친구 파르메니온은 알렉산드로스에게 조언한다. "내가 너라면 이 제안에 콜! 하겠어." 그러자 알렉산드로가 대답한다. "내가 너라면 그랬겠지! 그런데 이봐 나 알렉산드로스야." 캬~ 이 얼마나 폼나고 간지있는 말인가?

광고인의 시각에서 상상해 보자. 전 세계의 지배자였던 페르시아의 왕, 크세르크세스의 후손이 세계의 절반을 뚝 떼어서 주겠다는데 단박에 핫딜을 노딜한 거다. 대단한 광고 전략가 아닌가? 결국, 다레이오스를 격퇴하고 페르시아 제국을 정복한다. 여기에 퍼스널 브랜딩 대가답게 자신을 신격화한다. 자신을 헤라클레스와 아킬레우스의 혈통이자, 스스로 제우스의 아들이라 칭한다. 게다가 인류 최초로 화폐에 자신의 얼굴을 넣어 광고한 최초의 인물이 된다. 더 이상의 퍼스널 브랜딩이 어디 있을까? 그로 인해 헬레니즘 문명은 전 세계로 퍼져 나갔다. 이것이 바로 석굴암 부처의 얼굴이 그리스인인 이유다. 마케도니아의 왕, 이집트의 파라오, 페르시아 대제국의 왕이 된 알렉산드로스는 이 세상 끝까지 가보려 했던 최초의 글로벌 광고인이다. 그가 이룩한 창의성의 원천은 끊임없이 다른 곳을 보려는 삐딱한 시도가 아니었을까?

2장
그리스의 위대한 광고인들 :
그리스 비극

난데없는 김치 싸대기, 친언니의 남편과 바람을 핀 동생, 사랑이 뭔 죄냐며 눈을 부라리는 남편, 복수만 할 수 있다면 친자식이 죽건 말건 상관없다는 여자, 돈과 권력을 위해 친부모를 살해하는 몹쓸 놈의 자식. 9시 뉴스에 나오는 패륜 기사가 아니다. 그렇다. 이게 다 막장드라마의 소재다. 우리는 말도 안 되는 막장 이야기에 열광한다. 눈을 떼지 못한다. 왜일까? 자극적이기 때문이다. 자극적이지 않으면 채널이 돌아간다. 관심조차 주지 않는다. 그렇다. 이게 다 대중을 사로잡기 위해서다. 인간의 심리를 깊게 파헤치고 자극해야만 시청률에서 밀리지 않는다. 그래야 간택되고 소비된다.

광고는 인간을 향한다.

광고는 인간의 심리를 알지 못하면, 아무것도 팔아먹지 못한다. 소비자가 무엇을 원하는지, 어디가 간지러운지 정확하게 이해하고 집어야 한다. 거기에 자극적인 MSG를 마구 뿌려 줘야 한다. 2,500년 전, 누구보다 인간 내면의 심리를 잘 알고 극한의 자극을 세상에 마구 뿌려대던 위대한 광고인들이 있다. 지금부터 그들을 만나보자.

그리스 비극(Greek tragedy)

한 번쯤은 그리스 비극에 대해서 들어 보았을 것이다. 기원전 5세기경, 고대 그리스인들은 한 해 농사가 끝난 11월부터 이듬해 3월까지 할 일이 없었다. 할 일이 없으니, 어떻게 하면 재미있게 놀지, 이 궁리 저 궁리를 했고 이때 나온 것이 바로 디오니소스 축제다. 축제는 일회성으로 끝나지 않고, 지역에서부터 아테네에서 열리는 마지막 축제까지 부어라 마셔라 약 5개월간 계속 이어 나갔다. 정말 제대로 놀 줄 아는 사람들이다. 이 축제의 하이라이트가 바로 그리스 비극이었다. 지역 예선을 통과한 작품들이 아테네에서 열리는 비극 경연 대회에서 최종 승부를 겨뤘고, 축제는 이 경연으로 화려한 막을 내렸다. 말그대로 그리스 비극이 디오니소스 축제의 엑기스였던 셈이다. 그렇다면 왜 하필 디오니소스일까? 그리스에는 신화 속 신들이 트럭 한가득 넘쳐나는데 말이다. 디오니소스^{Dionysos}, 로마신화의 바쿠스^{Bacchus}, 우리가 아는 그 피로회복제의 주인공은 도취와 광기의 신이자 한마디로 주정뱅이 신이다. 출생의 비밀은 이렇다.

막장 치정의 아이, 디오니소스(Dionysos)

그의 아버지는 제우스^{Zeus}, 어머니는 세멜레^{Semele}다. 세멜레의 임신 사실을 알게 된 제우스의 법적 부인 헤라^{Hera} 여신은 질투심에 눈이 멀어 그녀를 제거하려는 신박한 계략을 꾸민다. 헤라에게 디오니소스는 내연녀의 자식인 거다. 유모로 변장한 헤라는 세멜레에게 임신시킨 사람이 진짜 제우스인지 아닌지 확인하라고 꼬드긴다. '정말 날 사랑한다면, 자기의 진짜 모습을 내게 보여 줘.' 세멜레의 성화에 못 이긴 제우스는 어쩔 수 없이 본 모습을 보이지만 그가 누군가? 천둥과 번개의 신이다. 결국 그녀는 아주 뜨거운 번개맛을 보며 불에 타 죽는다. 이때 제우스는 세멜레의 뱃속에서 급히 디오니소스를 꺼내 자신의 허벅지에 넣고 꿰맸다가 달 수를 채워 낳는다. 그러니까 제우스는 그의 아버지이자 어머니, 진정한 엄빠인 셈이다. 아버지의 허벅지에서 다시 태어난 신, 그리스인들에게 디오니소스는 부활과 재생의 상징이 된다.

〈병든 바쿠스〉, 미켈란젤로 메리시 다 카라바조, 1593, 디오니소스는 오늘도 전날의 숙취에 시달리는 듯하다.

게다가 놀고 먹는 축제에 술이 빠질 수 없다. 그가 바로 축제에 가장 어울리는 이름인 포도주의 신, 주정뱅이 신 아니던가? 디오니소스는 부활, 환희, 도취의 상징뿐 아니라 삶과 죽음, 인간 본능과 욕망의 신이다. 어디서 많이 들어본 단어들 아닌가? 맞다. 자극적인 막장드라마나 광고의 소재거리다. 그래서 그가 바로 축제와 광고의 신이다.

그런데 왜 하필 비극이었을까? 광고인의 시각으로 상상해 보자. 태초부터 인간은 웃을 일보다 눈물 날 일이 많았다. 사냥하다 죽고, 싸우다 죽고, 배고파 죽고, 아파 죽었다. 그래서 불구경, 싸움 구경에 시간 가는 줄 모르는 것은 인간의 본능이다. 내가 저렇게 될지 모른다는 감정이입 탓이다. 이게 다 비극이다. 누군가가 나 대신 아프고, 싸우고, 피를 질질 흘리며 죽는 모습을 보고 안도감을 느끼면서 숙연해지는 이것이 카타르시스^{Catharsis}다. 거기에 온갖 막장 이야기를 버무리니 흥행이 안 될 수가 없다. 본능적으로 열광하고 오랫동안 기억됐던 거다. 자 이제 디오니소스 축제의 마지막 날, 비극경연 대회가 열리던 아테네로 떠나 보자! 제 선택은요! 외칠지도 모른다.

그리스 비극의 삼대장

그리스 비극을 쓴 3대 극작가들이 있다. 지금의 김수현, 노희경, 김은숙 작가보다 더 유명했던 사람들이다. 이들 삼대장이 바로 아이스킬로스^{Aeschylus}, 소포클레스^{Sophocles}, 에우리피데스^{Euripides}다. 이들이 쓴 ≪아가멤논≫, ≪오이디푸스의 왕≫, ≪메데이아≫를 그리스 3대 비극이라 한다. 이 정도를 알아야 교양인이고 광고인이다. 이제 간단히 내용을 짚어 보자.

아가멤논(Agamemnon), 불륜 치정 잔혹 복수극

한 여인이 날 선 도끼로 잔혹하게 남편과 내연녀를 내리친다. 그녀의 불륜남과 함께 벌인 범죄로, 불륜남은 죽은 남편의 사촌 동생이었다. 그러니까 한 불륜 커플이 다른 불륜 커플을 잔인하게 살해하는 내용이다.

어떤가? 관객의 시선을 단박에 확 잡아끄는 이야기다. 죽은 아가멤논은 누굴까? 바로 트로이 전쟁에서 그리스 연합군을 이끈 미케네의 왕이다. 그의 부인 클리타임네스트라^{Clytemnestra}는 전쟁을 마치고 10년 만에 귀환하는 남편과 그의 내연녀 카산드라^{Cassandra}를 보고 눈이 뒤집힌다. '10년을 꼬박 기다렸는데 네가 여자를 데려와?' 아! 물론 그녀에게도 아이기스토스Aegisthus라는 정부가 있다. 앞서 말한 남편의 사촌 동생이다. 이건 뭐 시청률 초대박 소재거리인 내로남불(내가 하면 로맨스, 남이 하면 불륜)이다. 그런데 자신도 바람을 피웠으면서 왜 남편을 죽인 걸까?

10년 전으로 돌아가 보자. 트로이 전쟁에 출항하지만 바람이 불지 않자 신탁이 내려진다. '아가멤논, 당신의 첫째 딸을 제물로 바치거라.' 비정하게 딸을 죽인다. 남편 때문에 딸이 죽었으니 제정신일 리 없다. 남편 살인은 죽은 딸에 대한 복수인 거다. 아! 물론 치정도 조금은 있겠다.

내가 그리스 비극의 애비다.

이후 이야기는 어떻게 되었을까? 아버지가 잔혹하게 죽은 사실을 알게 된 아들 오레스테스와 딸 엘렉트라가 어머니 클리타임레스트라와 정부를 죽인다. 이 정도면 무대는 피바다가 되었을 것이다. 아이스킬로스는 대중을 사로잡을 아주 자극적인 소재를 발굴하고, 이를 극적으로 연출했다. 그의 비극을 보며 대중들은 열광했다. 사람들은 그를 그리스 비극의 아버지라 부른다. 바로 탁월한 비극작가이자 대중의 마음을 휘어잡은 위대한 광고인이다.

〈클리타임레스트라〉, 존 콜리어, 1882, 두 눈을 희번덕 불륜남과 함께 한 크라임씬이 섬뜩하다.

오이디푸스 왕(Oedipus Rex), 패륜 추리 심리 스릴러

⟨오이디푸스와 스핑크스⟩, 귀스타브 모로, 1864, 다음 수수께끼는 뭘까? 유퀴즈?

오이디푸스 왕의 신화는 델포이 신탁에서 이미 이야기했으니 거두절미하고 소포클레스의 극 속으로 들어가 보자. 오이디푸스는 자신이 다스리는 테베에 갑자기 사람들이 죽어나가는 팬데믹을 겪고 있었다. 신탁에 물으니 죽은 왕의 살인범을 잡아야만 역병이 멈춘다고 한다. 한편 영험한 테베의 예언자는 오이디푸스에게 '범인은 바로 너!'라고 말한다. 어찌 된 일인가? 코린토스의 왕자였던 오이디푸스는 아버지를 죽이고, 어머니를 범해 아이를 낳을 거라는 막장 신탁을 피해 자신의 고향을 떠나 테베로 향한다.

도중 한 노인과 시비가 붙어 살인을 저지르지만 시민들을 괴롭히는 괴물인 스핑크스의 수수께끼를 풀어 테베의 핫한 영웅이 된다. 마침 미망인이 된 여왕은 영웅 오이디푸스와 결혼을 하고 떡두꺼비 같은 자식들을 낳는다. 어라? 그런데 범인을 추적할수록 이상하다. 그가 모르는 게 있었나?

그렇다. 자신이 죽인 노인은 사실 자신의 아버지고, 자신과 결혼한 여인은 그의 어머니였음이 밝혀진다. 자신이 낳은 아이들이 딸과 아들이자 동시에 여동생과 남동생이 되는 초현실주의 세계가 펼쳐진 거다. 결국 어머니이자 아내 이오카스테^{locaste}는 스스로 목숨을 끊고 그 장면을 본 오이디푸스는 죄책감에 스스로 두 눈을 뽑고 방랑자가 된다. 소포클레스는 그리스 최고 흥행작가로 불린다. 이야기의 플롯을 복잡하게 만들고, 반전에 반전을 집어넣었다. 그의 비극을 보면서 대중은 서서히 밝혀지는 진실에 무릎을 치며 감탄했을 것이다. 그래! 절름발이가 범인이구나! 물론 흥행에 있어 자극적인 소재는 기본이다. 또한 광고의 기본이다.

메데이아(Medeia), 복수 그리고 연쇄살인 사이코패스 호러극

이게 다 망할 놈의 사랑 때문이다. 한 남자를 사랑한 죄다. 여기 사랑 때문에 아버지를 배신하고 남동생은 토막 내 죽인 한 여인이 있다. 게다가 남자를 위해 그의 삼촌까지 토막살인을 교사한다. 그런데 권력에 눈먼 남편은 배은망덕^{背恩忘德}하게 다른 여자가 생겼다. '사랑에 빠진 게 죄는 아니잖아!'라고 말하는 뻔뻔한 남편에 분노한다. '다 부숴 버릴 거야!' 배신에 대한 복수로 바람핀 여자와 그녀의 아버지까지 살해한다. 이쯤에서 끝이 아니다. 남편에게 끔찍한 고통을 주기 위해 자신의 두 자식마저 죽인다. 부부의 세계가 이렇게 무섭다.

신화의 내용은 원래 이렇다. 이올코스의 왕자 이아손은 삼촌에게 빼앗긴 왕권을 찾으려고 한다. 콜키스에 있는 황금 양털을 찾아오면 왕권을 돌려주겠다는 거다. 물론 새빨간 거짓말이다. 원정대를 꾸려 콜키스에 도착한 그는 콜키스의 공주 메데이아와 사랑에 빠져 버린다. 죽을 둥 살 둥, 그녀의 도움으로 황금 양털을 손에 넣는다. 사랑이 뭐라고 그녀는 아버지를 배신하고 동생마저 죽인다. 결혼한 두 사람은 이올코스로 돌아와 삼촌에게 황금 양털을 바치지만 다 헛수고

다. 왕권을 돌려받지 못한 거다. 메데이아는 남편을 위해 삼촌의 두 딸을 사주해 배신자 삼촌을 토막살인하고 코린토스로 도망친다. 그런데 이아손이 코린토스의 공주와 바람이 난 것이다.

메데이아의 다음 행동부터 이 비극은 시작된다. 작가인 에우리피데스는 신화의 내용을 바탕으로 한 편의 심리 복수극을 완성했다. 그는 인간 본성을 사실적으로 표현하는 데 아주 뛰어났다고 한다. 부부의 갈등, 남녀의 사랑, 배신, 사회적 남녀 불평등, 이민자 차별 등 모든 이야기가 담겨 있다. 특히 여성의 심리묘사에 아주 탁월하다. 소비의 최종 결정권자는 여성인 경우가 많다. 여성의 마음을 움직여야 뛰어난 광고가 나온다. 여성의 마음은 세상을 움직인다.

비극, 카타르시스 광고

광고인의 시각으로 상상해 보자. 이제 곧 봄이 찾아오고 있었다. 석양이 지는 아테네의 디오니소스 극장, 수많은 아테네 시민들은 그리스 최고의 막장 비극을 관람하며 열광했을 것이다. 경쟁은 치열했고 경쟁작을 이기려면 아주아주 비극적이고 자극적이어야 했을 것이다. 그리스 전역에서 예선을 거쳐 올라온 작품들을 보며 그들은 격분하고 놀라고 울며불며 마음을 정화시켰다. '그래 다가올 봄 농사는 정말 잘 될 거야.'라고 기원했다. 그렇다. 비극은 카타르시스 광고이며 사회 시스템을 공고히 하는 일종의 참 잘 만든 공익 광고였던 거다.

> **TIP** 알아놓으면 떡이 되고 밥이 되는 '그리스 비극'의 유산들
>
> #오이디푸스_콤플렉스 #엘렉트라_콤플렉스 #프로이드 #꿈의_해석 #스타워즈 #내가_니_애비다 #셰익스피어 #박카스 #K-막장드라마

3장
역사상 최고의 카피라이터 :
카이사르

카피라이터^{Copywriter}, 한 번쯤 들어봤다. 광고문구를 작성하는 사람이다. 카피란 광고에 사용되는 모든 글을 뜻하며 헤드라인, 리드카피, 바디카피, 브랜드 네임, 슬로건, 키 메시지 등이 있다. 광고는 사람들이 소비하게 만드는 것이 목표다. 따라서 카피라이터는 소비자를 설득할 수 있는 글을 써야 한다. 광고란 철저하게 상업적인 글쓰기이고 돈이 되어야 하는 글쓰기다. 폼만 나고 돈이 안 되면 말짱 꽝이란 뜻이다. 대중을 현혹해야 하고 감언이설^{甘言利說}에 아주 능해야 한다. 물론 정직해야 된다. 뜨거운 냉정함, 차가운 열정 같은 거다.

천국에 절대 들어갈 수 없는 카피라이터

광고 카피 쓰는 일, 카피라이팅은 극한의 업무다. 잡힐 듯 잡히지 않는다. 한 번씩 유레카! 기가 막힌 문장이 떠오른다. 이거 하나면 수백억은 벌 것 같지만 이런 젠장~! 이미 누군가가 한 번씩은 써 먹은 카피다. 노력한다고, 시간이 많다고 광고 카피가 떠오르는 게 절대 아니기 때문이다. 마감이 다가오면 피가 말라간다. 좋은 카피가 나올 수만 있다면 악마에게 영혼이라도 팔고 싶어진다. 누군가의 머릿속을 꽉 채울 광고 카피를, 역사에 길이 남을 광고 카피를 만들 수만 있다면, 지옥의 불길이 뭐 대수냐 말이다. 그렇다. 만일 천국이 있다면, 그러한 이유로 카피라이터는 절대 들어갈 수 없는 거다. 지금부터 2천 년 전, 입만 열었다 하면 위대한 카피를 마구 쏟아낸 카피라이터가 있다. 인류 역사상 가장 위대한 광고 카피라이터이며 여러분이 이미 아는 인물이다.

가이스 율리우스 카이사르(Gaius Julius Caesar)

이제 마감인가? 가장 믿었던 동료이자 친구, 양아들의 날카로운 칼날이 자신의 가슴을 깊숙하게 파고드는 순간 그의 대뇌 전두엽에 스파크가 일었다. 머릿속에 아주 죽여 주는 광고 카피가 떠올랐던 거다. 인류사에 길이 남을 명카피라는 것을 본능적으로 깨달았다. 이 카피는…. 이 말은 꼭 남겨야 한다.

브루투스 너마저!(Et tu, Brute!)

기원전 44년의 일이다. '마 고마 해라…. 마이 무긋다 아이가….' 60여 명의 원로원 의원들에 둘러싸여 스물세 번 칼에 찔려 암살당하는 순간, 최고의 카피라이터, 율리우스 카이사르가 암살에 가담한 브루투스를 보고 마지막으로 내뱉은 말이다. 율리우스 카이사르, 인문학에 관심 있는 사람이라면 무조건 알아야 할 이름이다. 광고인이라면 더욱 그렇다.

〈카이사르의 죽음〉, 빈첸초 카무치니, 1804, 이 카피는…. 이 말은 꼭 남겨야 한다. 브루투스 너마저!

광고 카피? 내가 다 써 봐서 아는데!

　카이사르, 제왕절개 수술로 엄마 배를 가르고 태어났다고 해서 제왕절개 수술을 섹티오 카이사레아$^{Sectio\ caesarea}$라고 부른다. 이거 탄생부터 심상치 않다. 박혁거세는 알에서 태어나고 디오니소스는 제우스의 허벅지에서 태어났으니, 신과 영웅은 저마다 출생의 비밀을 하나씩 간직한 셈이다. 그래야 서사가 되고 광고가 된다. 여러분은 혹시 출생의 비밀이 하나쯤 있는가? 축하한다. 영웅이 될 팔자이다.

　'대한민국은 민주공화국이다.' 헌법 제1조 제1항이다. 공화제를 운영하는 거다. 공화제란 법을 만드는 입법과 법을 집행하는 행정, 법을 해석하고 적용하는 사법부가 더해져 서로 견제하고 균형을 이루는 삼권분립의 정치구조를 말한다. 익히 다 아는 사실이다. 즉 권력을 삼등분해서 누구 하나가 독재자, 못된 빌런이 되지 못하도록 만든 제도다.

이 시스템을 누가 만들었을까? 로마다. 고대 로마가 이 분야 원조 맛집이다. 원조 맛집답게 로마 공화정은 임기 1년의 군을 지휘하고 원로원을 소집할 수 있는 집정관, 민중을 대표하고 집정관에 대한 거부권을 가진 호민관, 전직 정무관이자 귀족을 대표하는 원로원으로 구성됐다. 권력을 잡기 위해 로마의 정치인들은 서로 동맹하기도 머리가 터져라 싸우기도 했다. 예나 지금이나 똑같다.

처음 카이사르는 변호사로 두각을 나타냈다. 그의 천재적인 말발 덕분이다. 그리스처럼 로마 역시 언변이 좋으면 성공이 보장됐다. 최고의 웅변가이자 비평가였던 키케로^{Cicero}조차 카이사르를 보고 "이제 나와 보라, 어느 웅변가가 그대를 능가하겠는가?"라고 말했다. 이것은 마치 미국의 래퍼 에미넴이 디스 대신 칭찬을 던진 격이다. 한 번은 수사학을 배우고자 그리스로 가던 중 소아시아 인근에서 해적의 포로가 됐다. 카이사르는 자신의 몸값을 20달란트로 책정한 해적들에게 불만을 품었다. "아니 내 몸값이 겨우 20인가? 50으로 더 올려라." 하고 내뱉는다. 아! 자존심과 깡 빼면 시체. 퍼스널 브랜드는 카이사르처럼 스스로 만드는 것이다.

기원전 73년, 자유를 갈망한 74명의 로마 검투사들이 카푸아의 검투사 양성소를 집단 탈주하자 로마는 즉각 토벌군 3,000명을 보낸다. 결과는 어땠을까? 예상대로다. 죽기 살기로 싸우는 검투사들과 게임이 되지 않았다. 토벌대가 박살이 나자, 반란의 리더 스파르타쿠스^{Spartacus}의 명성이 이탈리아 전역에 퍼진다. 여기에 노예들이 반란에 합세하며 로마 공화정은 바람 앞에 등불이 된다. 넷플릭스 인기 미드인 〈스파르타쿠스〉이다. 이 난을 진압한 이가 있었으니 바로 로마 최고의 슈퍼리치 크라수스^{Crassus}다. 그와 함께 지중해 해적 소탕과 동방 원정으로 인기를 얻은 폼페이우스^{Pompeius}가 권력을 양분하며 로마 공화정을 위협하기 시작한다. 여기에 정치적 수완을 발휘한 카이사르가 함께 하며 원로원을 견제한다. 권력을 놓고 벌이는 세 사람의 불안한 동거다. 몸통은 하나, 머리는 셋. 이것이 바로 삼두정치^{三頭政治}다.

누가 감히 권력과 카피를 막을 수 있는가?

사람들은 보통 '나 인스타그램 올렸어.'라고 말하지 '나 이지행은 인스타그램을 올렸노라.'라고 말하지 않는다. 자신을 3인칭 시점으로 말한다고 생각해 보자. 정신이 살짝 맛이 간 것처럼 보인다. ≪갈리아 전기≫는 8년간 카이사르가 갈리아 원정에서 세운 성과를 '어때? 나 잘했지? 멋지지? 폼나지?' 뽐내는 광고물이다. 이 광고에 카이사르는 '내가 이랬어 저랬어' 하지 않고 '카이사르는 이렇게 했노라.' 기술했다. 자신을 객관화하며 우상화하는 아주 효과적인 방법이다. 다시 한번 스스로 퍼스널 브랜드를 만든 거다. 멋진 광고인 아닌가? 예능인 강호동의 대화법이기도 하다. '호동이는 하나도 안 절거워.' 이 광고 덕분인지 원정의 성과로 카이사르는 로마 최고 인기남, 우주 대스타가 됐다. 갈리아 원정 중 삼두정치 멤버 크라수스가 사망하자 폼페이우스는 슬슬 불안해지고 등골이 서늘했다.

권력이 카이사르에게 쏠리는 것을 막기 위해 원로원을 꼬셔 갈리아에 머물고 있던 카이사르를 로마로 소환한다. '군사도, 군대도…. 아무도 데려오지 말고, 무장해제한 채 너 혼자 오렴.' 카이사르에게 백기 투항하여 권력을 내려놓으라는 것이다. 카이사르는 생각했다. '내가 미치지 않고서야 이 말을 어찌 따르겠는가?'

이때 '루비콘강을 건넜다.' 돌이킬 수 없는 일을 저지른 명카피를 남긴다. 사실, 로마에는 쿠데타를 막기 위해 군대가 로마로 돌아올 때는 루비콘강 앞에서

무장을 해제하고 강을 건너야 하는 관례가 있었다. 한데 카이사르가 이를 무시하고 군사를 이끌고 강을 건넌다. 여기에 2천 년 넘게 사용하게 되는 또 다른 명카피를 입으로 날린다. '주사위는 던져졌다!^{Alea iacta est!}' 로마로 들어온 그는 정적인 폼페이우스와 내전을 거쳐 이집트와의 전쟁마저 승리한다. 이집트에 머무는 동안 소아시아 원정의 승리를 로마 원로원에 보고한다. 보고서의 내용은 거만하면서도 간결하기 짝이 없었다. '왔노라, 보았노라, 이겼노라.^{Veni, Vidi, Vici.}' 캬~ 라임까지 딱 맞는 죽이는 카피다.

달력에 새겨놓은 퍼스널 브랜딩 광고

〈카이사르 앞에선 클레오파트라〉, 장 레옹 제롬, 1866, 깜짝 클레오파트라 언박싱

이제 무서울 것이 없는 카이사르는 셀럽으로 가십란까지 평정하며 30세 연하인 이집트 여왕 클레오파트라^{Cleopatra}와 꽁냥꽁냥 썸을 탄다. 세기의 스캔들로 정치적 야심가였던 클레오파트라가 카이사르를 유혹했다는 일화는 유명하다. 남동생 프톨레마이오스 13세와 권력을 나누기 싫었던 그녀는 카이사르에게 선물을 보낸다. 둘둘 말린 양탄자다. 양탄자를 펼치는 순간, 짜잔! 클레오파트라가 카이사르 앞에 보인 모습은 실오라기 하나 걸치지 않은 자태였다. 깜짝 언박싱 선물이었다. 이후 매일 뜨

밤을 보냈다 한다. 후방주의다. 클레오파트라는 카이사르와 사이에 카이사리온이란 아들까지 낳게 된다.

로마로 돌아온 그는 오늘만 살 것처럼 더 강력하게 권력으로 돌진한다. 원로원의 권한을 줄이고, 사법개혁, 금융개혁을 강화했으며 또한 달력을 정비해 7월에 자신의 이름을 넣는다. 광고인답게 상상해 보자. 그가 달력을 바라본다. 넣고 보니 보기 좋았다. '그래 너로 정했어! July, 7월 율리우스의 달. 좋구나.' 이래서 2천 년 넘게 우리는 7월을 July라 부른다. 힘 있고 볼 일이다. 힘내자! 우리가 쓰는 달력은 로마의 신과 함께 한다. 1월은 야누스^{Janus}, 3월은 마르스^{Mars}다. 자신을 신의 반열에 올려놓았으니 얼마나 뿌듯했을까? 맞다. 카이사르가 만든 달력 광고다. 퍼스널 브랜드의 끝판왕이 틀림없다. 이어 알렉산드로스의 따라쟁이가 된다. 주화에 자신의 얼굴과 함께 카피 한 줄을 넣는다. '종신 독재관' 독재관은 로마의 위기 상황 시 한시적으로 권력을 위임받아 위기를 극복하는 직책이었다. 원래 임기는 6개월이지만, 카이사르는 죽을 때까지 유통기한 없는 임기 무제한의 독재자가 되려고 한 것이다. 이제 원로원은 카이사르가 왕이 되려 한다고 생각했다. '죽을 때까지 해 먹을 거야. 내가 최고 통치자.'라고 떠벌리며 광고했으니 스스로 명을 재촉한 셈이다.

기원전 44년 3월 15일 밤, 원로원 동쪽 주랑에 이르러 의원들에게 둘러싸인 카이사르는 찜찜한 기분을 감출 수 없었다. 꿈자리가 뒤숭숭했던 아내 칼푸르니아^{Calpurnia}가 원로원 회의 참석을 만류했기 때문이다. 더욱이 그에게 미래를 조언해 주는 예언가 스푸리나도 3월 15일까지는 조심하라 경고했던 거다. 아직 15일 밤은 끝나지 않았다. 이때 의원 틸리우스 킴베르가 카이사르의 어깨를 붙잡고 토가$^{Tiga, 고대 로마의 남성이 착용했던 긴 겉옷}$를 잡아당겼다. 카이사르가 의원들을 향해 외친다. '폭력인가! Ista quidem vis est!' 토가를 당긴 것을 신호로 수십 명의 공모자들이 카이사르에게 몰려들었다. 카이사르는 자신의 운명을 직감했다. 그가 그렇게 아끼고 믿었던 브루투스가 공모자들 사이에 있었기 때문이다. 배신과 음모로 결국 카이사르는 죽었다. 왕의 꿈이 사라진 거다. 하지만 그의 이름 자체가 2천 년을 이어 내려오며 그가 꿈꾼 인류 최고의 브랜드가 된다. 카이사르^{Caesar}는 '황제'를 뜻하는 명칭인 카이저^{Kaiser}, 차르^{Царь}로 2천 년을 통치했으니 말이다.

> **TIP** 알아놓으면 떡이 되고 밥이 되는 '카이사르'의 유산들
> #스파르타쿠스 #차르 #카이저수염 #카이저소제 #절름발이가_범인이다 #영화_혹성탈출 #시저스_팰리스 #카이사르의_것은_카이사르에게

4장
공포 마케팅, 세상을 지배하다.:
흑사병, 데카메론

2019년 시작된 코로나19 바이러스는 현재진행형이다. 전 세계가 전염의 대유행으로 팬데믹을 선포했고 일상이 멈추기를 반복했다. 지난 수년간 광고 현장도 많은 변화가 있었다. 광고제작을 위한 광고주와 광고회사 간 사전미팅^{PPM, Pre Production Meeting}은 화상회의로 대체됐다. 광고 촬영장에 방역은 물론, 혹시 모를 감염 역학조사를 위해 촬영 스태프의 개인정보를 관리해야만 했다. 촬영 일정도 모델과 스태프의 건강상태에 맞춰 복잡하게 요동쳤다. 모든 일상이 그랬다. 개인의 삶이 불안해졌다. 공포가 확산되고 가끔 끔찍한 뉴스도 전해졌다. 이럴 때 대중은 혼란스럽고 비이성적으로 행동하기도 한다.

이거 사! 살려는 드릴게!

공포 마케팅^{Fear Marketing}은 소비자의 공포를 활용하는 마케팅을 말하며 공포 소구^{Fear Appeal}라고도 한다. 쉽게 말해 대중에게 두려움을 자극하고, 불안감과 공포심

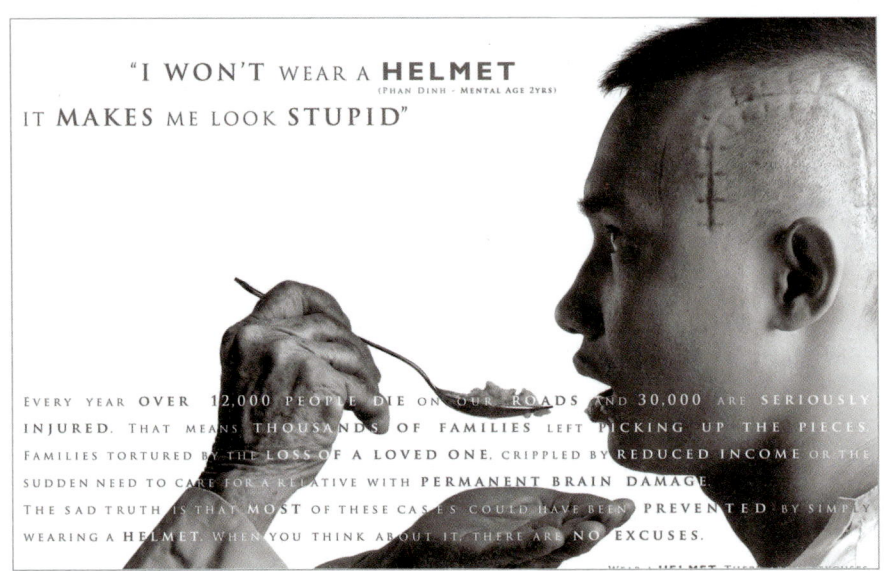

헬멧 착용 공익 광고, 아시아 부상 예방 재단, 2007

을 불러일으켜 무언가를 구매하도록 유도하는 광고 기법이다. 도덕적으로 보이지 않지만, 코로나19 같은 팬데믹, 불안과 공포가 확산되는 시기에 아주 효과적이다. 이러니 광고인이 천국 근처에 가는 건 하늘에 별따기다. 주변에 죽도록 미운 사람이 있는가? 광고회사에 취업시켜라. 천국 가긴 다 글렀다. 물론 긍정적 광고도 있는데 바로 '담배는 폐암의 원인입니다.' 같은 공익광고다. 이러한 광고 기법은 아주 오래 전부터 있었다. 그중 가장 극심했던 시기, 공포 마케팅 자체가 현실이 된 시기로 떠나 보자. 마음 단단히 먹자.

흑사병(Black Death, 1347-1353), 중세 최고의 공포 마케팅, 진짜 공포가 되다.

중세 천 년을 흔히 암흑기$^{Dark\ Ages}$라 한다. 서유럽 전체가 경제적, 지적, 문화적으로 정체되거나 쇠퇴한 어둠의 시기이기 때문이다. 천년 간 아무 일이 일어나지 않는 노잼의 시기다. 그렇지만 광고인의 시선으로 보면, 중세 교회가 공포 마케팅을 아주 적극적으로 펼치고 활발히 영업하던 때이기도 하다. 이 시기 광고인들의 광고 기법은 이렇다. 신을 믿지 않고 교회를 믿지 않으면, 영원한 고통의 불지옥에 떨어지게 되고 피고름이 팔팔 끓는 바다에 빠진다. 활활 타는 불에 혓바닥이 타고 썩어가는 시체의 강물에 빠진다. 생각만 해도 끔찍하지 않나? 무시무시하다. 그러니 회개하고 신을 믿어라. 교회를 위한 기부도 회개, 십자군 전쟁 참여도 회개다. 회개하지 않으면 어쩐다? 지옥행이다.

이것이 중세 천년간 교회의 교리였다. 자신이 지옥에 떨어질지 모른다는 불안과 공포는 사람들을 교회에 순종하게 만들었다. 교회에 대한 순종은 교회의 권력을 강화시켰다. 천년간 아주 남는 장사였던 거다. 그러던 중세의 끝자락, 흑사병이 전 유럽을 강타한다. 유럽 인구 전체의 1/3이 죽음을 맞이했다. 흑사병은 전염성이 매우 높아 엄청난 속도로 확산됐다. 팬데믹이다. 흑사병에 걸린 사람들은 처음에는 구토나 설사를 하고 순식간에 검은색 피부로 타 들어갔다.

그렇다. 흑사병黑死病, 까맣게 죽어서 붙여진 이름이다. 몸에는 검은 종양이 눈, 코, 입에서는 피고름이 넘쳐흘렀다. 그리고 며칠 만에 사망했다. 흑사병의 전체 치사율은 30%에서 60%로 추정된다. 단, 5%만 생존했다고 한다. 거리는 시체들로 넘쳐나고 부패한 시신 냄새가 유럽의 모든 도시를 뒤덮었다. 어라? 이것이 교회가 말하던 그 지옥인가? 상상 속 지옥이 현실이 된 거다.

중세 흑사병은 중앙아시아의 건조한 평원지대의 실크로드를 따라 흑해, 크림반도를 거쳐 이탈리아 메시나, 제노바 등에 퍼진 후 유럽 전역으로 전파되었다고 한다. 무역로를 따라 퍼진 거다. 이전에도 흑사병은 존재했다. 기록상 최초는 541년 동로마 제국 유스티니아누스 1세 때다. 아무튼, 흑사병은 유럽 문명 전체가 먼지처럼 사라질 정도로 빠르게 전파됐다. 왜일까? 위생에 대해 무지했기 때

<죽음의 승리>, 피터 브뤼겔, 1562, 흑사병으로 인해 상상 속 지옥은 현실이 됐다.

문이다. 당시 유럽인들은 화장실의 개념조차 없었다. 아무 곳에나 싸고 버린 거다. 도시의 비좁은 골목은 오물로 넘쳐나게 되고 거리는 더러운 냄새로 가득 찼다. 게다가 목욕이 건강에 나쁘다고 여겨 자주 씻지도 않았다. 목욕을 하면 몸의 여러 구멍으로 병이 들어온다고 믿었던 탓이다. 그러니 냄새가 오죽했을까? 향수 산업이 발달할 수밖에 없는 이유다. 심지어 먹을 것도 없어 면역도 약해지면서 전염병 확산 최적의 조건이 만들어졌다.

흑사병 이전 전 세계 인구는 4억 5천만 명으로 추산된다. 14세기를 거치며 3억 5천만 명으로 거의 1억 명이 줄었다. 지금으로 치면 18억 명 이상이 죽은 거다. 〈요한묵시록〉에 나오는 아마겟돈^{Armagedon} 즉, 최후의 날에 세상의 선과 악이 맞붙는 전쟁터가 현실이 되었다. 문명 전체가 무너지기 일보직전이었다. 흑사병이 휩쓸고 간 유럽은 1347년 흑사병 이전 수준으로 인구를 회복하기까지는 약 400년이 더 소요되었다.

그만해! 이러다 다 죽어!

이쯤 되니, 사람들은 의구심을 가졌다. 천년 간 펼친 교회의 공포 마케팅에 회의를 품기 시작한 거다. 영화 〈어벤져스〉의 타노스가 손가락 한 번 튕긴 것처럼 성직자도 죽고, 귀족도 죽고, 농노도 죽고, 모두가 다 죽어 나갔다. 분명 신을 믿고 착하게 살고 회개하면 지옥을 피할 수 있다 했는데 여기가 생지옥 아닌가? 교회는 무언가? 신은 정말 존재하는가? 신이 우리를 버린 건가? 신이 어떻게 이런 잔인한 병을 그냥 허용할 수 있단 말인가? 신이 아버지고 우리가 신의 자식들이라 하지 않았나? 믿어도 될까? 혹시 이거 다 구라 아닐까? 점차 각성하는 사람이 생긴다.

성직자도 귀족도 나와 똑같은 사람이구나. 이렇게 흑사병은 신에 대한 회의, 인간을 스스로 돌아보게 되는 계기가 된다. 중세 낡은 봉건 질서를 무너뜨리고 르네상스의 마중물이 되는 거다. 흑사병 팬데믹은 삶에 대한 태도도 변화시켰다. '지금 이 순간을 즐기자!'는 광고 캠페인, 신조를 낳는다. 언제 어떻게 죽을지도 모른다. 죽으면 썩어 없어질 몸, 될 대로 돼라! 에라~놀자! 먹자! 마시자! 하자! 당시 이 광고 캠페인에 불을 붙인 인물과 그가 쓴 책이 있다. 한 번쯤 들어는 봤지만 보지는 않았던 책이다. 이번 기회에 간단히 살펴보자.

≪데카메론(Decameron)≫, 오늘만 사는 젊은이들의 19금 퇴폐 애로 야설집

    흑사병이 피렌체를 덮치고 더 이상 죽을 사람이 없을 정도로 다 죽는다. 살아남은 열 명의 젊은이가 시골로 피난을 가서 열흘간 함께 지내며 꽁냥꽁냥 돌아가면서 1일 10가지, 열흘간 100가지 이야기를 나눈다는 내용이다. 한마디로 넷플릭스, 디즈니플러스 같은 OTT다. 책 한 권에 100가지 각기 다른 이야기가 담겨 있다.
    이 젊은 남녀 열 명이 산타마리아노벨라 교회에서 서로 눈이 맞는다. 맞다! 명품향수로 유명한 그 산타마리아노벨라가 이 교회 수녀원에서 흑사병 치료제로 처음 만들어졌다. 물론 치료 효과는 알 수 없지만 흑사병에도 향수만은 여태껏 살아남았다. 이래서 명품 명품 하는 거다. 아무튼, 이들 젊은 남녀들은 피렌체 교외에 있는 피에졸레 언덕의 별장으로 피난을 가는 사회적 거리두기를 시행한다. 무료한 시간에 멍 때리기보다 열 명이 차례대로 하루에 각자 한 가지씩 이야기

〈데카메론, 제5일 첫 번째 이야기〉, 루벤스·스나이더스·빌덴스, 1617, 10명의 젊은 남녀가 들려 주는 19금 야설광고

를 하기로 한다. 생활규칙도 정해서 하루에 한 사람씩 돌아가며 리더가 된다. 리더의 지시에 따라 생활하는 1일 1 왕게임인 거다. 각 편 에피소드의 주제는 사랑, 성, 음란한 인간본성, 도덕, 사회계층, 종교, 교회에 대한 비판의 이야기들이 담겨 있다. 열 명의 젊은이들은 관련한 각계각층 인물들의 일화를 적나라하면서도 재미있게 풍자한다. 이렇게 열 사람이 모두 이야기를 끝내면 밤이 되고 그들은 빙 둘러앉아 노래를 부르고 춤도 춘다. '지금 이 순간을 즐기자.' 오늘만 산다! 카르페 디엠^{Carpe Diem}, 파뤼~피플!을 외친다. 예나 지금이나 잘 노니까 청춘이다!

보카치오가 들려주는 100가지 광고 드라마

조반니 보카치오^{Giovanni Boccaccio}의 《데카메론》은 흑사병, 음란마귀 귀족과 성직자, 불륜 남녀, 젊은이들의 성, 야설(야한 소설)로 버무려져 있다. 당시를 생각해 보면 엄청난 파격이다. 이러니 흥행이 될 수밖에 없었다. 아주 자극적인 넷플릭스 최적의 컨텐츠인 셈이다. 광고인의 시선으로 보자. 공포와 불안으로 먹고 살았던 중세 교회의 공포 마케팅이 진짜 공포인 '흑사병'을 만난다. 지옥이 현실이 된 거다. 불안은 불안할 때, 공포는 공포스러울 때 쫄깃하게 먹힌다. 실제 현실이 되면 그 수명은 끝나고 만다. 중세를 지배한 공포 마케팅은, 흑사병 팬데믹과 인간의 자각을 통해 광고의 생명을 다해 버렸다. 이제 점차 인간이 무대의 중심에 설 때가 다가오고 있었다. 컷! 다음 르네상스 광고 준비! 외칠 때가 온 것이다.

5장
지옥의 맛을 보여주마 :
단테 알리기에리

평생 아이디어를 찾아 어딘가를 어슬렁거리고 발견해야 하는 것이 광고인의 숙명이며 팔자다. 회사에 아이디어 자판기가 있다면 얼마나 좋을까? 콜라 빼먹듯 버튼을 꾹 누르면 원하는 빅 아이디어가 쏙! 모든 광고쟁이들의 꿈이다! 눈만 뜨면 아이디어가 떠오른다. 하늘에서 아이디어가 비처럼 내려온다! 할렐루야! 인샬라! 아미타불! 신의 은총이겠지만 그런 일은 절대 일어나지 않는다. 혼자 아이디어를 찾기 어렵다 보니 여럿이 함께 아이디어 회의를 한다. 이를 브레인스토밍^{Brainstorming}이라고 한다. 그렇다고 뚝딱 아이디어가 샘솟지도 않는다. 마감이 다가오고 피가 마른다. 빅 아이디어를 찾을 수만 있다면 지옥이라도 내려가 데려오고 싶어진다. 중세부터 혼자서 이 어려운 일을 해내고 실제 지옥에 다녀온 선배 광고인이 있다. 이제 그 인물과 그가 만든 세계를 만나 보자.

단테 알리기에리(Dante Alighieri)

　프랑스 파리의 오르세 미술관 입구에 들어서 1층 계단참을 내려가면 제일 먼저 단테와 그의 영원한 연인 베아트리체의 부조상을 만나게 된다. 생뚱맞다. 이탈리아도 아닌 파리의 미술관에 그의 조각이 있는 이유가 대체 뭘까? 벨 에포크 시대, 낭만주의, 사실주의, 나비파, 인상주의에 이르는 명작들 사이에 첫 작품으로 뜬금없이 단테가 있는 이유가 대체 뭐란 말인가? 오르세의 큐레이터는 왜 제일 먼저 단테를 관람객에게 보여 주려는 걸까?

오르세 미술관, 계단참 왼쪽 아래 단테가 있다.

아잉~ 몰라 몰라, 사랑밖에 모르는 사랑꾼

단테와 베아트리체, 오르세 미술관에 들어서면 제일 먼저 이들이 반겨준다. 차오~ 본조르노

단테 알리기에리 Dante Alighieri. 이탈리아의 시인이자 철학자, 정치가 그리고 한 여자를 죽을 때까지 사랑한 사랑꾼이다. 문학과 역사에 관심이 없더라도 〈데빌 메이 크라이〉, 〈강철의 연금술사〉, 〈갓 오브 하이스쿨〉, 〈유희왕〉 등 게임이나 애니메이션에서라도 한 번쯤 들어봤을 이름이다. 그는 이탈리아 중북부 도시 피렌체의 몰락한 귀족 가문에서 태어난다. 세례명은 두란테 Durante 로 줄여서 단테라고 불렸다. 당시 피렌체는 중세에서 근대로 넘어가는 전환기의 중심 도시국가였다. 잘 알려진 대로 훗날 르네상스의 중심지가 되는 도시다.

단테는 평생의 연인인 베아트리체 Beatrice 에 대한 사랑으로도 유명하다. 두 사람의 운명적 만남은 어땠을까? 그녀를 처음 본 순간 온몸의 혈관이 떨리고 영혼이 찌르르 전율했다고 한다. 이 사랑 타령을 그의 저서 ≪새로운 삶≫에 깨알같이 고백했다. 사랑, 이 죽일 놈의 사랑인 거다. 그의 나이 아홉 살 때의 일이다. 아홉 살, 진취적이며 참 조숙했다. 첫 만남 이후 베아트리체를 향한 단테의 사랑은 일편단심 계속됐다. 그런데 이 무슨 운명의 장난인가? 당시 관습과 신분 차이 탓에 각기 다른 배우자와 결혼하게 된다. 게다가 베아트리체가 스물네 살의 젊디 젊은 나이에 그만 요절하고 만다. 사실 베아트리체도 단테를 사랑했는지 혹 썸 정도는 탔는지 알 수 없지만 추측하기로는 일방적 짝사랑이었던 것같다. 다만 그녀의 죽음 이후에도 단테의 사랑은 전혀 식지 않았고 단테 문학의 핵심 축이 된다.

인생? 참말로 고독하구만!

빅 아이디어가 샘솟는 단테 문학의 또 다른 핵심 축은 정치적 망명 생활이다. 단테는 1295년 서른 살의 나이에 정치에 입문했다. 비범함 탓인지 피렌체 공화국의 최고위원으로 선출되는 등 주요 직책을 역임하며 5년간 정치적으로 승승장구한다. 인생의 최절정기를 맞았다. 우리는 안다. 이럴 때 영화나 드라마에선 반드시 문제가 터진다. 미칠 듯이 광고가 잘 나갈 때 꼭 사고가 발생하듯, 단테의 삶 역시 평생 방랑객이 되는 위기와 어둠에 빠지게 된다.

피렌체는 교황을 지지하는 겔피Guelf당과 신성로마제국 황제 라인의 기벨린Ghibelline당이 서로 권력 다툼을 했다. 또 겔피당은 피렌체의 자치권을 옹호하는 백당과 교황 지배를 옹호하는 흑당으로 나뉘었다. 예나 지금이나 편가르고 싸우는 게 정치다. 단테가 줄 서있던 백당이 위기를 맞자, 교황을 설득하기 위해 로마로 향했다. 그 사이 흑당이 권력을 잡아 단테를 피렌체로 돌아오지 못하게 영원히 추방시키고 만다. 고향이 그리워도 돌아가지 못하는 신세, 도망자의 삶, 방랑자의 삶, 배가본드Vagabond의 삶이 된 것이다. 평생 사랑했지만 끝내 이루지 못한 사랑, 죽은 연인에 대한 그리움, 고향마저 가지 못하고 떠돌이가 된 자신의 기구한 팔자가 빅 아이디어를 만들었다. '억울하다. 외롭다. 고독하다. 지옥 같다. 망명과 도피 생활 속 고통의 감정을 예술로 승화시키리라.'

그렇다. 이렇게 중세 시대 최고의 크리에이터, 상상력의 끝판왕이 되어 ≪신곡≫이 만들어진 거다. 피렌체에서 영구 추방자로 남았기 때문에 지금까지 단테의 무덤은 라벤나Ravenna에 있다. 피렌체는 라벤나로부터 단테의 시신을 되찾아오려 수백 년간 노력했지만 끝까지 돌려받지 못하고 있다. 피렌체의 산타크로체 성당에는 단테의 빈 무덤만이 그가 다시 돌아오기를 기다리고 있으며 기다림에 지친 슬픈 베아트리체만이 그의 무덤에 기대 잠들어 있을 뿐이다. 2008년 피렌체 시는 단테의 추방을 700년 만에 공식 사과했다. 진즉 그럴 것이지.

이제 중세 최고의 블록버스터 광고! ≪신곡≫을 만나 보자! 상상 그 이상의 지옥 여행이 시작된다. 마음 단단히 먹자.

산타크로체 성당, 단테의 무덤, 1829, 단테의 빈 무덤은 여전히 그가 돌아오기를 기다린다. 언제까지 기다려야 하는데? 지친 베아트리체만이 무덤에 기댄채 쪽잠이 들었다.

2부 광고는 역사를 낳는다.

≪신곡(La Divina Commedia)≫, 가이드와 떠나는 걸어서 지옥 속으로

지난 천 년간 서양 문학사에 가장 큰 영향을 미친 작가 한 사람을 꼽으라 하면 두말할 것 없이 단테다. 뭐 셰익스피어나 세르반테스를 꼽을 수도 있겠지만, 아무튼 단테는 광고인에게 상상력과 몰입감을 자극하는 최고의 작가라 하겠다. 정치적 망명으로 이곳저곳 떠도는 배가본드, 단테의 유일한 희망은 이 지옥 같은 삶에서 벗어나 고향 피렌체로 다시 돌아가는 거다. 천국 같은 자신의 고향으로 돌아가는 여정이 바로 ≪신곡≫인 거다. ≪신곡≫ 정도는 이야기해 줘야 인문인이고 광고인이다. 기억하자! 있어 보인다. 잠시 살펴보면 ≪신곡≫은 ≪신곡- 지옥편≫, ≪신곡- 연옥편≫, ≪신곡- 천국편≫으로 각 33편 총 99편으로 구성되어 있다.

내용은 이렇다. 한 남자가 인생이 잘 풀리지 않아 어느 날 숲길에서 길을 잃고 방황한다. 바로 단테다. 그 앞에 갑자기 표범, 사자, 늑대가 나타나 위협한다. 무서움과 두려움에 어찌할 바 모른다. 패닉에 빠진 주인공 앞에 머리 위 월계관을 쓴 한 남자가 떡 하니 나타난다. 베르길리우스[Vergilius]다. '빠져나가려면 지옥을 통과해야 해, 팔로 팔로 미.' 단테를 지옥길로 안내한다. 베르길리우스? 생소한가? 로마의 시성이라 부르는 인물로 로마 건국 서사시인 ≪아이네이스[Aineis]≫를 쓴 작가다. 패망한 트로이의 장군 아이네이아스[Aeneas]가 가족과 동료들을 이끌고 여인의 유혹, 괴물과의 싸움, 저승 탐험 등 온갖 모험 끝에 이탈리아 땅에 정착해 로마의 효시가 된다는 내용이다. 어라? 좀 익숙한 플롯 아닌가? 맞다! 호메로스의 ≪오디세이아≫ 로마판이라 하겠다. 우리가 익히 아는 트로이의 목마도 이 서사시에 기록되어 있다. 단테는 베르길리우스를 정신적 스승이자 로마 역사에서 가장 위대한 작가로 추앙했다. 그래서 사람들은 지구상 최고의 3대 서사 시인하면 호메로스, 베르길리우스, 단테를 뽑는다.

아무튼 그가 가장 존경하는 인물 베르길리우스의 안내로 단테는 지옥 여행을 시작한다. 그도 그럴 것이 그는 이미 아이네이아스를 지옥에 보내 본 적이 있는 작가였으니 누구보다 지옥 가이드로 제격인 거다. 여기에 단테가 '한데 스승님, 왜 저를 인도하시나요?'라고 묻는다. 사실 베르길리우스는 한 여인의 부탁으로 그의 안내자가 된 것이다. 그 여인이 누굴까? 빙고! 눈치챘을 거다. 단테가 평생 사랑한 여인 바로 베아트리체다. 현실 연애는 비록 실패했지만 ≪신곡≫을 통해 베아트리체 역시 단테를 사랑한다는 희망을 담았다. 단테의 부인은 이걸 보고 또 얼마나 열받았을까? 피가 거꾸로 솟을 일이다.

'이곳에 들어오는 자, 모든 희망을 버려라.'

단테는 이제 지옥의 입구와 마주하게 된다. 지옥문에는 이런 어마 무시한 광고 카피가 써 있다. '여기 들어오는 자, 모든 희망을 버려라.' 캬~ 이 얼마나 강렬한가? 아무리 몇 날 며칠을 책상머리에 앉아 머리를 굴리고 펜을 굴려도 나올 수 없는 광고 카피다. 카피라이터들이여 반성할 지어다! 자, 이제 지옥으로 내려가보자. 단테가 여행한 지옥의 구조는 9단계 구역으로 이뤄졌다. 지옥이라고 다 같은 지옥이 아닌 거다. 죄질에 따라 나눠었다. 이 정도는 알아야 광고인이니 간단히 짚어보자.

우선 제1지옥 림보가 있다. 어라? 그런데 지옥답지 않게 아주 조용하다. 1지옥에는 호메로스, 카이사르, 소크라테스, 플라톤 등이 옹기종기 모여 있다. 왜일까? 이들은 예수 이전에 살았던 사람들이기 때문이다. 예수한테 구원받지 못한 탓에 이곳에 똬리를 틀고 있는 거다. 아! 함수를 만든 피타고라스와 기하학을 만든 유클리드도 1지옥에 있다. 맞다! 지옥에 떨어져 마땅한 인물들이다. 사실 더 깊은 지옥에 있어야 할 인물들이다.

제2지옥으로 내려가보자. 이곳엔 클레오파트라, 헬레나, 아킬레우스, 파리스 등이 있다. 음란마귀들이 벌 받는 곳이다. 패륜 막장 드라마, 음란과 정욕에 빠진 인간들이 바람의 채찍에 살점이 뜯겨나가는 형벌을 받는다. 사랑이 죄는 아니잖아! 맞는 말이긴 한데 지옥 같은 뒷감당은 본인 몫이다. 참! 직바구리나 야동, AI 딥페이크 음란물도 지옥행인 걸 명심하자.

제3지옥은 악취가 심한 곳이다. 식탐 있는 대식가들이 빗물에 살점에 뚫리는 영원한 형벌을 받는다. 먹방 크리에이터들은 대체 어쩌란 말인가?

제4지옥은 커다란 돈 주머니를 영원토록 굴려야 한다. 재물을 탐한 성직자, 돈에 인색했거나 낭비한 사람들의 지옥이다. 아! 백화점 오픈런이 슬슬 두려워지는가?

〈지옥의 지형도〉, 산드로 보티첼리, 1495, 단테의 9단계 지옥, 중세판 지옥 구글맵이다.

《단테의 작은 배》, 외젠 들라크루아, 1822, 지옥의 스틱스 강을 건너는 단테와 베르길리우스

제5지옥은 투덜이들이 가는 지옥이다. 바로 분노조절 불가능자의 지옥이다. 생전에 분노와 불만으로 가득 찼던 자들이 진흙 늪에 빠져, 목구멍, 콧구멍까지 진흙으로 막히고 허우적대며 서로 물어뜯는 곳이다. 단테를 피렌체에서 추방시킨 필리포 아르젠티가 여기 있는 것은 단테의 소심한 복수일테다. 생각해 보자, 오늘 얼마나 투덜거리고 남들을 물어뜯었는지. 어째 뒷덜미가 서늘하다.

제6지옥으로 내려가면 그야말로 불지옥이다. 이단, 사이비 교주들이 불구덩이 무덤에 누워 고통당하는 형벌이다. 찜질방 수준이 아니기에 사이비 교주, 조심할지어다.

제7지옥은 타인에게 폭력을 휘두른 자와 스스로 목숨을 끊은 자, 신성모독 한 자들이 형벌을 받는다. 당시의 인식 때문인지 동성애자들도 7지옥에 있다. 알렉산드로스 대왕은 여기 시뻘겋게 피가 끓어오르는 강에서 물고문의 형벌을 당하는 중이다. 분명 히틀러도 옆에서 몸이 팔팔 끓고 있을 거다. 쌤통이다.

제8지옥은 성매매, 변태성욕자, 탐관오리, 가짜 예언가 등이 구덩이에 빠져 마귀에게 채찍질, 똥고문, 물고문, 기름고문, 거꾸로 처박히고, 머리 앞뒤가 뒤바뀌거나 사지가 절단되는 상상을 뛰어넘는 온갖 형벌이 펼쳐진다.

드디어 제9지옥, 이곳은 지상에서 가장 큰 죄를 지은 이들의 지옥이다. 영원히 살이 찢어지는 차가운 얼음에 갇혀 고통받는다. 최종 빌런들은 과연 누굴까? 이들은 모두 배신자로 단테는 9지옥에 자신을 피렌체에서 쫓아낸 모든 정치적 반대파를 몰아넣었다. 자신을 디스한 이들을 영원히 지옥에 가둔 셈이다. 소심한 복수일까? 아니 ≪신곡≫을 통해 천 년간 지옥에서 고통받게 만들어 놨으니 제법 성공한 복수겠다. 조심하자! 주변에 좋은 사람이 되어야 천 년 후에도 욕먹지 않게 된다. 착하게 살고서 볼 일이다.

중세 최고의 발명품, 천국과 지옥 사이

이제 단테는 베르길리우스의 안내로 '연옥煉獄'에 이른다. 가톨릭 신자가 아니라면 생소할 단어다. 연옥은 일반적으로 세상에서 죄를 풀지 못하고 죽은 사람이 천국으로 들어가기 전에, 죄를 정화시키는 천국과 지옥 사이의 장소다. 일종의 중간계쯤 되는 곳으로 지옥처럼 벌을 받지만 죗값을 치르면 천국에 갈 수 있다. 어째 희망이 좀 보인다. 게다가 지상의 살아 있는 누군가가 연옥에 있는 자를 위해 열심

〈단테의 데스마스크〉, 피렌체 베키오 궁전. 그는 아주 심한 매부리코다. 마치 개성 강한 광고 모델 같다.

히 기도를 올리면 바르게 죄가 없어진다. 일종의 패스트 트랙Fast track인 거다.

성경에 따르면 고리대금업자나 금융업자는 모두 지옥불에 떨어진다. 제1금융, 제2금융, 지옥은 금융권을 따지지 않는다. 세무공무원, 은행원은 간담이 서늘해질 일이다. 메디치 가문은 전부 지옥에서 종친회를 열 판이다. 아! 두렵다. 이제 어쩐다? 유레카! 솔루션을 찾았다. '아! 죄가 있더라도 후손들이 열심히 기도하면 천국에 갈 수 있지 않을까?' 연옥이라는 개념이 만들어진다. 그래서 학자들은 연옥을 '중세 최고의 발명품'이라고 한다. 단테는 베르길리우스 함께 연옥을 여행하며 여러 사람을 만난다.

각각 교만, 질투, 분노, 나태, 탐욕, 탐식, 색욕 일곱 가지 대죄의 구역이다. 연옥의 끝자락에서 단테는 꿈에 그리던 베아트리체를 드디어 다시 만나고 그녀의 인도하에 천국을 여행하게 된다. 잔잔한 멜로드라마보다 자극적인 광고에 시선이 끌리 듯, 광고인의 시각으로 보면 역시 ≪신곡≫은 ≪신곡-지옥편≫이 가장 흥미로운 꿀잼이다. 못된 빌런들이 불 지옥, 똥 지옥에 빠져 영원히 고통받고 죗값을 치르는 것은 통쾌하기 짝이 없는 일이다. 광고는 통쾌해야 오래 기억된다.

아! 그런데 오늘도 빅 아이디어는 찾지 못했다. '이런 지~옥 같은!' 새로 들어온 인턴에게 말한다. 내가 광고회사 힘들다 했지.

'이곳에 들어오는 자, 모든 희망을 버려라.'

> **TIP** 알아놓으면 떡이 되고 밥이 되는 단테, ≪신곡≫이 남긴 유산들
> #보카치오_데카메론 #보티첼리_지옥도 #미켈란젤로_최후의_심판 #들라크루아 #로댕의_지옥문 #생각하는_사람 #신과_함께 #인페르노 #스탕달_증후군

6장
상상의 끝에는 대체 뭐가 있는데?:
히에로니무스 보스

'크리에이티브한 빅 아이디어로 하나 뽑아 주세요!' 광고주가 늘 광고회사에 주문하는 의뢰다. 남들과 다른 아주 창조적인 아이디어를 달라는 거다. 마치 스타벅스에서 '아이스 아메리카노 한 잔 뽑아 주세요.' 정도의 주문 같다. 너무 쉽게 말하는 거 아닌가?

크리에이티브한 빅 아이디어를 찾는 일, 그 과정은 광고인에게는 목숨 건 사투다. 왜일까? 글자 그대로. 이게 다 크리에이티브 'Creative = 창조적인'인 탓이다. 태초의 신이 빛이 있으라 했더니 어둠이 짜잔~ 빛으로 바뀌는 형상이 창조다. 즉, 지금까지 세상에 없던 새로운 것을 만들어야 하는 거다. 그러니 얼마나 어려운 일인가? 신이라면 또 몰라도 쉽게 될 턱이 없다.

그래서 대개 실패로 끝이 나고 그 결과 평범하기 짝이 없는 광고가 세상에 나온다. 광고는 평범함과 비범함의 전쟁터다. 이 전쟁에서 평범함은 곧 패배를 의미한다. 죽음인 거다. 그래서 인간계 광고쟁이들은 자신의 죽음을 피할 수 있게 도와주는, 루트번스타인의 ≪생각의 탄생 Sparks of Genius≫을 명저로 꼽는다. 창조적 아이디어란 관찰, 형상화, 추상화, 패턴의 인식과 형성, 유추, 몸, 감정이입, 입체적 사고, 모델링, 놀이, 변형과 통합 등의 '생각 도구'를 통해 나온다고 그는 말한다. 그러나 말이 쉽지 따라 하기란 결코 쉽지 않다. 따라 하다 보면 가랑이가 찢어진다. 무려 500년 전, ≪생각의 탄생≫을 읽지 않고도 인간계 상상력의 최종 보스가 된 광고인이 있다. 지금까지 세상에 없던 상상 그 이상의 기괴하고 자극적인 지옥을 만들어 낸 사람이다.

히에로니무스 보스(Hieronymus Bosch)

이게 500년 전 그림이라고? 여기 광고인을 자극하는 세상에서 가장 크리에이티브한 그림이 있다. 기이하고 무섭다기보다 신비로운 환상과 상상으로 가득하다. 초현실적이다. 이건 마치 아주 정교하게 기획된 현대의 판타지 광고 같다. 르네상스 시대 네덜란드 화가 히에로니무스 보스^{Hieronymus Bosch}의 〈쾌락의 정원^{The}

〈쾌락의 정원〉, 히에로니무스 보스, 1490-1510, 세 폭 제단화

Garden of Earthly Delights〉이다. 그림은 세 개의 패널을 접었다 폈다 할 수 있게 만들어 교회의 제단 뒤를 장식했다. 이런 형태를 '세 폭 제단화'라 한다. 쉽게 말해 병풍이다.

르네상스 시대의 종교화를 우리는 잘 안다. 미술을 잘 모르는 '미알못'이라도 레오나르도 다 빈치의 〈최후의 만찬〉, 미켈란젤로의 시스티나 성당 천장화 〈천지창조〉, 라파엘로의 〈그리스도의 변용〉 등은 한 번쯤 봤다. 뭔가 성스러운 그림들이다. 그런데 이 그림은 대체 뭔가? 한번 보자. 그림은 듣도 보도 못한 이상한 괴생명체들과 벌거벗은 사람들로 가득 차 있다. 그림 속 뜻 모를 요상한 행동들은 대체 무슨 짓일까? 이곳은 어디일까? 무슨 의미일까? 광고는 호기심과 자극으로 채워져야 성공한다. 시선을 휙 잡아끌기 때문이다. 그렇다. 이 그림에는 대박 광고의 향기가 난다.

〈쾌락의 정원-에덴동산〉 왼쪽 패널, 히에로니무스 보스, 1490-1510

하드고어, 슬래셔, 엽기, 판타스틱 옴니버스 광고

이 작품은 왼쪽부터 오른쪽으로 보는 것이 제맛이다. 각각 에덴동산, 쾌락에 빠진 인간들, 생지옥 속 인간과 괴생물이 아주 자극적으로 그려져 있는 옴니버스 광고다. 먼저 왼쪽 패널의 에덴동산을 살펴보자. 가운데 세 명이 보인다. 한 남자가 여인의 맥을 짚고 있다. 하느님이다. 벌거벗은 남녀는 아담과 하와다. 이들 주위로 각종 동물이 한가득이다. 새, 개, 고양이, 돼지, 토끼, 영양, 코끼리, 원숭이, 기린 등이 호숫가를 뛰논다. 어라? 생면부지 낯선 동물도 있다. 머리가 세 개 달린 도마뱀, 두 발로 걷는 강아지,

〈쾌락의 정원-쾌락의 동산〉 중앙 패널, 히에로니무스 보스, 1490-1510

날개 달린 고래, 책을 읽는 검정 오리가 보인다. 아! 에덴동산은 이런 곳이구나! 처음 알았다. 아주 끝내주는 상상이다.

이제 중앙에 위치한 패널을 보자. 순수했던 아담과 하와는 이제 온데간데없다. 이곳은 수많은 인간들이 모여 벌거벗은 채 저마다 요상한 짓거리 중이다. 그런데 뭔가 퇴폐적이다. 쾌락을 탐닉 중인 거다. 역사상 나체가 가장 많이 등장한 그림이 아닐까 싶다. 가운데 작은 연못에는 벌거벗은 여인들이 단체로 목욕 중이다. 그 주위엔 동물에 올라탄 사람들이 무리 지어 돌고 있다. 이들은 종을 가리지 않고 쾌락에 빠져 있다. 각기 사랑을 탐하거나 무리 지어 사랑을 나누는 이들도 있다. 또 어떤 이는 항문에 꽃을 꽂기도 하고 동물과 사랑을 나누기도 한다. 하늘을 날거나 땅을 걷는 물고기도 보인다. 사람들이 공통적으로 커다란 딸기와 체리를 먹고 있다. 무슨 이유일까? 딸기와 체리가 탐욕과 성적 쾌락의 상징인 탓이

〈쾌락의 정원-지옥도〉 오른쪽 패널, 히에로니무스 보스, 1490-1510

다. 마치 2000년에 개봉한 스탠리 큐브릭 감독의 영화 〈아이즈 와이드 셧〉이나 파트리크 쥐스킨트의 소설 ≪향수≫의 충격적 한 장면 같다.

이쯤 되면 다음 패널이 더 궁금하다. 끝 모를 탐닉이 낳은 결과가 어떨까? 바로 지옥이다. 어두운 배경에 수많은 인간들이 고통을 당하고 있는 살벌한 모습이다. 게다가 상상 이상으로 아주 기괴하다. 아주 흥미로운 팝콘각이다. 그림 왼쪽 위를 보면 빛이 새어 나오는 성 앞으로 피가 펄펄 끓는 강이 흐른다. 사람들은 이 강에 빠져 고통으로 허우적거리고 오픈런으로 줄줄이 교수형에 처해진다. 그 옆으로 화살이 꾀어진 커다란 두 귀와 칼은 인간들을 차례차례 짓이기고 있다.

그림 아래로 내려오면, 사람들이 악기에 매달려 고문과 고통을 당하고 있다. 사람들은 악마의 지휘에 따라 인간의 엉덩이에 그려진 악보에 맞춰 연주하고 있다. 어떤가? 연주가 그리 즐겁진 않은 모양이다. 어떤 이는 항문에 피리가 꽂히는 형벌을 받는다. 고통 속에 영원히 엉덩이로 피리를 부는 거다. 서구문화에서 음악과 악기는 성적인 쾌락의 상징이었다. 멜론, 지니, 노래방과 음악가는 모조리 다 지옥에 떨어진다. 그래도 우리 K-팝은 건들지 말자. 기괴한 생김새의 악마들이 도박에 빠진 인간들에게 형벌을 가하고 있다. 사람들은 목이 잘려나가며 등에 칼이 꽂히고 심장이 관통되는 고통을 받는다. 이건 뭐 하드코어 엽기 스릴러다. 그림 아래 변기에 앉은 새 형상의 악마 괴물은 또 어떤가? 인간을 머리부터 통째로 잡아먹고 있다. 잡아먹히는 인간의 엉덩이에서는 커다란 새들이 나오는 모습이다. 괴물에게 잡아먹힌 인간들은 변기구멍으로 배설되고 있으며 한 인간은 이 구멍에 앉아 항문으로 동전을 쏟아낸다. 다른 인간은 배설구멍에 구토를 한다. 아! 심신미약자는 페이지를 넘겨도 좋다.

토끼 사냥을 한 인간은 악마 토끼에게 꼬치가 되어 매달려 있고 수녀복장의 돼지는 남자를 유혹하며 서명을 강요한다. 패널 가운데에는 하얀 달걀 모양 몸통의 커다란 남자가 우리를 보고 있다. 악마들은 속 빈 그의 몸통에 앉아 거나하게 술판을 벌이고 있다. 슬픈 표정의 이 남자를 학자들은 화가 보스라 추측한다.

이 상상력 만렙 광고인은 관람자에게 이런 광고 메시지를 전하고 있다. '쾌락은 짧고 고통은 영원하다.'

보스는 그의 그림만큼 수수께끼 같은 인물이다. 오직 상상만으로 세상 듣도 보도 못한 기발하고 기괴한 장면을 연출했다. '정말 지옥에 다녀온 거 아냐?' 지옥에 다녀온 사람처럼 생생하게 묘사해 사람들은 그를 악마의 화가, 지옥의 화가라 한다. 또 20세기 초현실주의 운동의 선구자라고도 불린다. 마치 무의식의 세계를 표현한 것처럼 상상의 경계를 넘는 그의 그림이 다양한 해석과 수많은 논쟁을 불러일으키기 때문이다. 살바도르 달리 Salvador Dali가 세상에 태어나기 무려 400년 전에 말이다.

광고인의 시각으로 보자. 모든 종교화가 그렇듯, 이 그림도 글을 읽지 못하는 대중의 신앙심을 높이려는 목적으로 만들어졌을 거다. 발상의 전환일까? 보스는 종교화의 뻔한 클리셰를 따르지 않았다. 클리셰는 기존에 너무 많이 써먹어서 새로울 게 하나 없는 아주 진부한 상태, 상투어, 표현, 개념을 말한다. 보스는 지금까지 세상에 없었던 종교화, 아주 자극적이고, 말초적이고, 사람의 시선을 확 사로잡는 그림을 탄생시켰다. 상상력 끝판왕 광고를 세상에 내놓은 거다. '쾌락에 빠져 나쁜 짓, 못된 짓, 음탕한 짓을 하다 보면 지옥 꼴을 못 면한다.' 말하는 비주얼 쇼크 Visual Shock 광고인 것이다.

너 어떻게 살아남았니?

아무리 르네상스 시대의 화가라지만 종교적 지배력이 강했던 이 시기에 어떻게 이런 작품을 그릴 수 있었을까? 서슬 퍼런 종교재판의 검열은 또 어떻게 피할 수 있었을까? 제단화라지만 이 파격적인 그림을 제단 위에 올려나 놓을 수 있었을까? 무슨 깡으로 그림이 그려진 것일까? 교회가 두 눈 뜨고 가만히 놔뒀다고?

⟨펠리페 2세의 초상화⟩, 소프니소바 안귀솔라, 1565, 그의 취향저격이 그림을 살렸다.

의문에 의문이 생기는 의문의 꼬꼬무다. 보스의 그림이 살아남을 수 있었던 것은 아마 스페인 프라도 미술관과 관계가 있을 것이다. 스페인의 국왕 펠리페 2세^{Felipe II}는 자신의 엘 에스코리알^{El Escorial} 궁전 벽을 보스의 그림으로 장식한다. 자극적인 그림이 제법 취향저격이었는지 더 이상 놀거리 볼거리 없는 무료한 궁정생활. 기이하고, 기괴하고, 잔혹하고, 엽기적인 보스의 그림은 당시에 호기심과 상상을 자극하는 최고의 하드코어 슬래셔 무비이자 포르노그라피였을 것이다.

여기에 그가 누구인가? 스페인의 최전성기, 황금시대를 상징하던 왕 아닌가? 영국, 프랑스, 교황령 할 것 없이 모든 유럽 국가들이 그의 깃발 아래 머리를 조아릴 때다. 최고 권력자의 최애 그림은 그렇게 살아남은 거다.

광고는 비범해야 한다. 그래야 지옥에서도 살아남는다. 히에로니무스 보스 선배 광고인께서 몸소 보여 주신 참 사례다.

TIP 알아놓으면 떡이 되고 밥이 되는 '히에로니무스 보스' 〈쾌락의 정원〉가 남긴 유산들

#초현실주의 #살바도르_달리 #호안_미로 #르네_마그리트 #일곱개의_대죄

스페인 마드리드 프라도 미술관 앞, 이른 아침부터 수많은 관람객이 미술관의 오픈을 기다린다. 〈쾌락의 정원〉은 이곳 미술관에서 가장 유명한 흥행 작품 중 하나다. 이게 다 펠리페 2세의 자극적인 취향 덕이다. 땡큐! 국왕폐하!

3부

지금까지
이런 브랜드는
없었다.

Brand New

1장
르네상스 최고 광고 모델, 거 누구요? :
산드로 보티첼리

각 시대별 대중이 선호하는 광고 모델이 있다. 1990년대는 이영애, 최진실, 김혜수 2000년대는 이효리, 전지현 2010년대 김태희, 김연아, 수지, 2020년대 아이유, 블랙핑크, 뉴진스가 시대별 CF퀸들이다. 광고 모델 선정은 대중의 호감도, 인기, 이슈성, 타겟의 선호도, 제품과의 연관성 등 다양한 방면을 고려해서 결정된다. 물론 모델의 개런티도 중요한 고려사항이다. 시대가 선호하는 광고 모델이 꼭 미美의 기준일 필요는 없다. 대중이 꼭 예쁜 모델만 워너비^{Wannabe}하는 것도 아니다. 좀 위안이다. 모델은 결국 광고주가 최종 결정한다. 다시 말해 돈 주는 사람 마음이라는 거다. 만일 광고주가 특별히 꼭 집어 선호하는 모델이 없다면, 광고회사가 광고할 제품이나 서비스에 어울리는 모델을 찾아 광고주에게 제안하기도 한다. 물론 1순위, 2순위, 3순위 등 여러 모델을 제시해야 하는 것은 당연하다. 좋은 광고 모델을 발굴하고 적당한 개런티를 최적화시키는 것도 광고인의 필수 자질인 거다.

모델이 돈을 많이 받는 이유라면 이유랄까?

모델의 의사도 매우 중요하다. 제품과 서비스가 맘에 들지 않을 때 모델이 광고를 거절하기도 한다. 그래서 대부분의 톱모델은 사전에 광고 콘티를 보고 내용을 꼼꼼히 확인한다. 모델의 스케줄도 중요하다. 해외 로케이션이나 공연이 있으면 촬영을 하지 못하기 때문이다. 모델 활동 기간의 문제도 체크해야 한다. 광고 모델은 제품과 서비스의 정체성을 온전하게 대중에게 전하는 사람이다. 맞다. 모델의 이미지가 곧 제품의 이미지다. 따라서 광고 모델이 광고의 성공에 결정적인 역할을 한다. 그 많은 돈을 주고 모델을 쓰는 이유다. 르네상스 시대에도 이런 중요한 톱모델이 있었다. 레오나르도 다 빈치가 섭외한 모나리자가 아니냐고? 천만의 말씀이다.

모델 구인! 르네상스 최고 모델을 찾습니다.

르네상스 하면 제일 먼저 떠오르는 그림이 있다. 그렇다. 누가 뭐래도 〈모나리자〉일 것이다. 레오나르도 다 빈치가 그린 전 세계에서 가장 유명한 작품이니 모를 리 없다. 지구상에서 가장 유명한 여인이기도 하다. 그녀는 이탈리아 피렌체의 실크 상인 프란시스코 델 조콘다의 아내 리사 델 조콘다$^{Lisa\ del\ Giocondo}$다. 이탈리아어 모나^{Monna}는 마돈나^{Madonna}에서 유래한 호칭이다. 영어의 마담^{Madam}이나 마이 레이디$^{My\ lady}$정도 되겠다. 아무튼 대부분의 사람들은 모나리자를 르네상스 최고의 광고 모델로 안다. 이게 다 유명세 탓이다. 그렇지만 사실 이 대단한 여인보다 훨씬 추앙받고 높은 모델 개런티의 피렌체 톱모델이 있었다. 이름은 몰라도 아마 다들 한 번쯤 안면이 있을 여인이다. 르네상스 시대 최고의 광고 모델을 발굴한 사람 역시 모나리자를 그린 레오나르도 다 빈치가 아닌 다른 사람이다. 누굴까?

산드로 보티첼리(Sandro Botticelli)

산드로 보티첼리는 이탈리아 초기 르네상스 시대의 대표 화가다. 원래 이름은 알레산드로 디 마리아노 필리페피$^{Alessandro\ di\ Mariano\ Fillipepi}$인데 술을 워낙 좋아해 '작은 술통'을 뜻하는 '보티첼리'라는 닉네임으로 더 알려진다. 한마디로 주정뱅이란 거다. 견습 화가를 거쳐 25세에 독립해 자신의 공방을 열었다. 그의 재능은 곧 메디치 가문의 관심을 끌었고 메디치 가문을 위해 수많은 역사, 신화, 종교화와 초상화 작품을 그린다. 이때 보티첼리의 작품에 늘 등장하는 한 여인이 있었으니 그녀가 바로 르네상스 최초의 원톱 광고 모델이다. 그녀를 만나 보자.

10등신 톱모델을 탄생시키다.

신화에 따르면, 땅의 신 가이아는 자신의 막내아들인 크로노스를 설득해 하늘의 신인 아버지 우라노스를 제거하려 한다. 자신의 자식들을 지옥에 가뒀기 때문이다. 가이아의 뜻에 따라 아버지 우라노스의 성기를 낫으로 잘라 바다에 집어 던지자 물거품이 일어 아프로디테가 태어난다. 아프로디테는 거품이라는 단어 'aphros'와 유래를 나타내는 여성 접미사 'dite'가 더해져 '거품에서 태어난 여자'라는 뜻을 가지고 있다. 사랑과 미를 상징하는 아프로디테는 로마에서 베누스^{Venus}, 영어로는 비너스라고 불린다.

보티첼리의 〈비너스의 탄생〉은 바다 한가운데 태어난 비너스가 커다란 조개 껍데기를 타고 키프로스 해안에 막 다다른 순간을 그린 것이다. 보티첼리는 비너스를 10등신으로 만들고, 긴 목과 처진 어깨의 어색한 비례로 그렸다. 실력이 부족했던 걸까? 그럴 리 없다. 인체를 사실대로 그리기보다 느낌대로 그려 아름다움을 더욱 강조한 그만의 그림 스타일인 거다. 예술이 원래 그런 거다. 비너

〈비너스의 탄생〉, 산드로 보티첼리, 1485, 거두절미, 그녀를 모르는 사람이 있을까?

스는 오른손으로 가슴을, 왼손과 머리카락으로는 자신의 음부를 가리고 있다. 이러한 자세를 비너스 푸디카$^{Venus\ Pudica}$라고 한다. 나체의 모습이지만 순결하고 정숙한 비너스라는 그리스 고전 조각의 특징을 따른 거다. 그림의 왼편 서풍의 신 제피로스는 입으로 바람을 불어 비너스를 해안가에 다다르게 하고 오른편의 계절의 여신 호라이, 플로라는 그녀에게 망토를 건네려 한다. 이탈리아의 서풍은 봄을 나타낸다.

그림으로 써 내려간 광고 카피

〈봄〉은 〈비너스의 탄생〉과 함께 메디치가의 카스펠로 별장 벽 장식용으로 의뢰받은 작품이다. 말하자면 시리즈 세트 광고인 거다. 어떤 이는 메디치 가문

〈봄〉, 산드로 보티첼리, 1480, 그림으로 카피를 쓰다.

이 사촌의 결혼식을 축하하기 위해 보티첼리에게 의뢰한 그림이었다고도 한다. 그러니까 신혼집 집들이 인테리어 선물이었다는 거다.

그는 〈비너스의 탄생〉과 마찬가지로 신화 속 내용을 그대로 그리지 않았고 자신만의 상상을 담아 스토리텔링을 했다. 천상 광고인이다. 그림을 보면 한가운데 사랑의 여신 비너스가 정면을 바라보고 있다. 고혹적이며 도도한 표정이다. 그녀의 머리 위에는 사랑의 신 큐피드가 활시위를 당기는 중이다. 한데 큐피드의 눈이 가려져 있다. 왜일까? 사랑은 예고 없이 우연히 찾아오기 때문이다. 맞다. 사랑은 교통사고다. 캬~ 멋진 메시지 아닌가? 보티첼리가 그림으로 써 내려간 광고 카피다. 폼난다. 그림 왼쪽으로 실루엣이 고스란히 드러난 시스루 차림의 삼미신 Three Graces이 보인다. 각각 순결, 사랑, 아름다움을 의미한다. 손을 잡고 빙 둘러 서 있는 모습은 보티첼리 특유의 여성에 대한 아름다움을 보여 주는 방식이다. 앞태, 뒤태, 옆태. 좌, 우, 앞, 뒤 입체적으로 말이다. 삼미신의 옆에는 전령과 상업의 신 헤르메스가 오렌지를 따려는 듯 나무에 손을 뻗었다.

헤르메스의 모델은 르네상스와 피렌체의 황금기를 이끈 로렌초 데 메디치 Lorenzo de' Medici의 동생 줄리아노로 추정된다. 메디치가 곧 명품이란 거다. 그림 오른쪽으로는 서풍의 신 제피로스가 입으로 바람을 분다. 그의 손에 잡혀 있는 클로리스는 제피로스의 바람에 봄과 꽃의 여신 플로라로 변하는 중이다.

광고주 메디치는 무슨 광고를 하고 싶었던 걸까? 원래 이탈리아의 서풍은 겨울이 끝나고 봄이 오는 것을 뜻한다. 화가 보티첼리는 작품 속에 비너스와 봄의 여신을 등장시켜 메디치 가문이 지배하는 피렌체에 지식과 풍요의 봄이 온다는 메시지를 전하려 했다. '곧 젖과 꿀이 흐르는 황금시대가 올 거야.'라는 상징과 기호를 담아 메디치 가문을 피렌체의 시민들에게 광고한 것이다.

사랑, 이 죽일 놈의 사랑아

〈젊은 여인의 초상〉, 산드로 보티첼리, 1482,
르네상스 최고의 톱 모델 시모네타 베스푸치

사랑과 미의 여신 비너스와 봄의 여신 플로라를 그리기 위해 보티첼리는 르네상스 최고의 광고 모델을 섭외했다. 여신을 그려야 하니 피렌체의 여신을 찾았다. 그녀가 바로 시모네타 베스푸치 Simonetta Vespucci다.

제노바의 유력가 카타네오 가문 출신인 시모네타는 16세에 피렌체의 마르코 베스푸치와 결혼한다. 베스푸치? 어라? 좀 익숙하다. 그렇다. 바로 아메리카 대륙을 최초로 발견한 탐험가 아메리고 베스푸치 Amerigo Vespucci가 그의 사촌이다. 금수저 집안이다. 사람들은 그녀를 아름다운 여인이란 뜻의 '라 벨라 시모네타 La Bella Simonetta'라고 불렀다. 피렌체 최고의 미인인 데다가 성격 좋고 집안 좋고 기품까지 더해 만인의 사랑을 한몸에 받는다. 피렌체 메디치 가문의 최고 권력자들도 예외는 아니었고 그녀의 전설적인 미모에 메디치 가문의 로렌초와 줄리아노 형제도 홀딱 반한다. 로렌초는 베스푸치의 결혼식과 피로연을 자신의 궁전에서 직접 열어 주기까지 한다. 세상 불공평하다. 당시 최고의 인기 스포츠는 마상 시합이었다. 로렌초의 동생 줄리아노는 보티첼리가 그려준 시모네타의 깃발을 들고 시합에 참가해 우승을 한다. 이들처럼 살면 세상 참 쉽다.

아무튼 그녀에게 우승의 영광을 바친다. '유부녀면 어때? 사랑하는 게 죄는 아니잖아!' 생각해 보라. 피렌체 최고 권력자에게 사랑 고백을 받은거다. 그가 또 누구인가? 그림 밥 먹는 미대생이라면 구토가 나도록 그리고 또 그렸을 줄리아노, 바로 '줄리앙'의 실제 모델이다. 맞다. 꽃미남, 진짜 조각 미남인 거다. 포털 연예면에 톱 기사로 한 달은 걸렸을 스캔들이었다. 명문가의 유부녀와 귀공자 셀럽 커플이 벌인 당대 최고의 썸씽이었던 셈이다.

⟨줄리아노 데 메디치⟩, 미켈란젤로 부오나로티, 1520. 줄리앙, 그가 바로 진정한 조각 미남이다.

그런 피렌체 최고의 셀럽 시모네타가 23세의 나이에 폐결핵으로 갑작스럽게 세상을 떠난다. 셀럽답게 장례식도 성대했다. 시모네타의 시신은 관 뚜껑이 열린 채 피렌체 거리를 관통해 운반되었고, 추모 시민의 행렬은 끝이 없었다고 한다. 보티첼리는 그녀를 어찌 생각했을까? 그녀를 향한 마음은 과연 어땠을까? 그가 그린 작품들을 보자. 그녀가 죽은 후에도 시모네타는 보티첼리의 예술 작품에서 모델로 부활한다. 이래서 예술이 위대한 거다. 〈비너스의 탄생〉, 〈봄〉, 〈비너스와 마르스〉, 〈아테나와 켄타우르스〉, 〈성모자〉 등 그가 그린 대부분의 작품 속 모델은 다름 아닌 시모네타다. 그를 통해 시모네타는 르네상스 최고의 광고 톱모델이 된 거다.

이제 답이 나왔다. '왜 말을 못 해! 저 여자가 내 사람이다. 저 여자가 내 사랑이다. 왜 말을 못 하냐고!' '어떻게 그래요! 내가 어떻게 그래요!' 그건 아마 피렌체 최고 미인에 대한 이루어질 수 없는 사랑이었을 것이다. 자신의 후원자인 로렌초 가문이 흠모한 여인을 보티첼리는 숨죽이며 몰래 사랑한 것은 아니었을까? 그녀에 대한 그리움이 그가 그린 그림의 모델로 부활한 것은 아닐까? 보티첼리는 평생을 독신으로 살았다. 죽기 전 그는 '시모네타의 발아래 묻어 달라.'는 유언을 남긴다. 그리고 그의 유언대로 피렌체 산 살바토레 오니산티 교회의 시모네타 무덤 곁에 함께 묻혔다. 그녀가 죽은 지 34년 후의 일이다. 보티첼리는 단테 ≪신곡≫의 지옥도와 삽화 작업을 필생의 일로 여겨 전념했지만 건강이 악화되어 끝내 꿈을 이루지 못한다. 아마 그에게는 그녀가 없는 30년이 살아 있는 지옥이었는지도 모르는 일이다. 이 죽일 놈의 사랑아!

TIP 알아놓으면 떡이 되고 밥이 되는 '보티첼리'의 유산들
#르네상스 #우피치_미술관 #신곡 #비너스의_탄생 #아르누보 #알폰스_무하 #사라_베르나르

2장
메디치 광고주님을 아시나요?:
로렌초 데 메디치, 르네상스

광고는 자본집약적 산업이다. 한마디로 돈이 아주 많이 든다. TV 광고를 한 편 만든다고 생각해 보자. 앞서 우리는 최고의 광고 모델을 한 명 찾아 났다. 이제 어쩐다? 일반적으로 TV에 나오는 수준의 광고를 만들려면 모델비를 제외하고도 적게는 수억 원의 제작비가 들어간다. 그것도 단 하루에 드는 돈이다. 왜일까? 수많은 사람들의 협력이 필요한 탓이다. 광고기획자, 크리에이터, 모델, 연출 PD, 총감독, 조감독, 촬영팀, 조명팀, 음향팀, 미술팀, 스타일리스트, 메이크업팀, 매니저팀, 모델에이전시, 스튜디오팀, 안무팀, 로케이션팀, 경호팀, 밥차에 커피차까지

광고 제작 현장. 광고는 수많은 사람의 협력으로 만들어진다. 이게 다 돈이다.

단 하루에 수십 명이 모여 가장 좋은 광고를 만들어야만 하는 거다. 뭐 그렇다고 세상 모든 광고가 다 좋은 것도 아니지만 말이다.

그런데 이걸로 끝이 아니다. 사람들이 많이 봐야만 하니, 눈에 띄는 이곳저곳에 잔뜩 선보여야 한다. 당신이 한 번쯤 TV에서 광고를 보았다면 아마도 그 광고주는 수십억 이상의 광고비를 이미 쏟아부은 거다. 맞다. 이게 다 돈이다. 그러니 광고는 다 돈이다.

좋은 광고는 좋은 광고주가 만든다.

아! 물론 돈이 전부는 아니다. 돈만 많다고 좋은 광고가 만들어지지 않는다. 좋은 광고가 나오려면, 광고인을 전적으로 믿고 지원해 줘야만 한다. 그렇다. 좋은 광고는 좋은 광고주가 만든다. 자 이제 인류 역사상 최고의 광고주를 만나러 피렌체로 가 보자. 분명 당신이 이미 알고 있는 이름이다.

피렌체 그리고 르네상스

스탕달은 정신이 나가버렸다. 두 눈은 희번덕거리고 숨조차 쉴 수 없었다. 이 거구의 작가가 다리에 힘이 풀려 주저앉고 말았다. ≪적과 흑≫, ≪파르마의 수도원≫으로 유명한 프랑스 작가 스탕달이 1817년 피렌체의 산타크로체 성당에서 겪은 일이다. 이 성당은 르네상스 시대 수많은 예술품과 미켈란젤로, 갈릴레오 갈릴레이, 마키아벨리가 안치되어 있는 곳이다. 스탕달은 이곳 성당의 아름다움에 감정적 황홀감을 느껴 까무러친 거다. 그 충격을 벗어나기까지 한 달이 걸렸다. 그래서 유명 미술품이나 예술 작품을 보고 느끼는 정신적 충격을 스탕

피렌체의 산타크로체 성당 앞의 단테. 스탕달이 까무라친 성당은 지금도 수많은 예술 작품이 관람객을 맞이한다.

달 증후군^{Stendhal Syndrome}이라 한다. 진짜냐고? 맞다. 가끔 BTS나 테일러 스위프트를 보면 혼절하기도 하니까. 그런데 왜 스탕달은 멀리 피렌체까지 와서 까무라친 걸까?

르네상스(Renaissance) 공익광고, 재활용을 생활화합시다.

　이탈리아 중부의 피렌체는 르네상스 시대, 수많은 예술가가 활동한 도시다. 르네상스, 참 많이도 들어 봤다. 물론 들어는 봤는데 대답하기 쉽지 않다. 한마디로 인간중심의 문예부흥 운동이다. 중세 유럽은 천 년 동안 신^神 중심의 사회였다. 인간은 삭제되고 신의, 신에 의한, 신을 위한 시대였다는 거다. 그런데 앞서 보았듯 흑사병이 몰려왔다. 전 세계 1/3이 죽어 나가는데 신은 도대체 어디 있단

미켈란젤로 언덕에서 내려다본 피렌체, 미켈란젤로 언덕 아래 피렌체의 붉은 지붕이 광고처럼 자극적이다.

말인가? 왜 우리를 지켜주지 않는가? 천 년 동안 죽어라 기도만 하지 않았는가? 현타 온다. 사람들은 교회가 이러한 대재앙을 막지 못한 점에 의문이 생겼다.

여기에 이탈리아의 주요 도시를 중심으로 경제가 번성한다. 경제가 발전하니 돈이 넘쳐났다. 이제 무엇을 한다? 그렇다. 예나 지금이나 다를 바 없다. 땅을 샀다. 사놓은 부동산에 건축물을 지었다. 다른 가문보다 더 잘났다고 뽐내기 광고를 해야 하니 더 아름답게 짓고, 내부 인테리어를 위해 그림과 조각 등의 예술품을 장식하려 했다. 한데 중세 천 년의 예술이란 것이 보잘것없었다. 칙칙하기 짝이 없었다. 따라 할 만한 것이 못됐다. 그래서 사람들은 고대 그리스, 로마의 인간 중심의 철학과 아름다운 예술을 다시 찾아 나섰다. 재활용하기 시작한 거다. 이것이 바로 재생과 부활, 르네상스다. 그런데 왜 피렌체는 르네상스의 중심도시가 되었을까?

메디치(Medici)

스탕달이 정신 나갔던 산타크로체 성당에서 서쪽으로 5분을 걸어가면 직사각형의 커다란 광장이 나온다. 시뇨리아 광장이다. 이곳 광장은 베키오 궁전과 우피치 미술관에 면해 있다. 이제 여기 살았던 주인공을 만나 보자. 그렇다. 르네상스 최고의 광고주인 메디치 가문이다. 15세 소년 미켈란젤로는 화가 머리끝까지 났다. 조각공원에서 늙은 사티로스를 조각하고 있을 때 웬 중년 남자가 핀잔을 준 탓이다. '꼬마야 늙은 사티로스인데 이빨이 너무 가지런한 거 아니냐?' 열 받은 그는 밤새도록 뜯어고쳐 조각을 완성했다. 다음 날 그 조각상을 다시 본 중년 남자는 미켈란젤로를 자신의 집으로 데려가 숙식을 제공하고 당대 최고의 교육을 받게 했다. 이른바 전설의 길거리 캐스팅이다. 자신이 후원하는 인재육성학원에 연습생으로 픽한 거다. 그가 바로 로렌초 데 메디치 Lorenzo de' Medici다.

르네상스 명문 1타 학원, 플라톤 아카데미

〈코시모 데 메디치 초상화〉, 자코모 포토르모, 1550, 인문학 덕후인 그는 그 덕질의 끝에 플라톤 아카데미를 세운다.

사실, 메디치는 평민의 흙수저 집안이었다. 맨땅에서 은행업과 면직업을 시작해 코시모 데 메디치 Cosimo de' Medici에 이르러 유럽 최고의 명문가가 된다. 피렌체는 물론 유럽 전역에 메디치 은행 지점을 세우고 교황의 자금까지 관리하며 막강한 영향력을 행사했다. 영국이나 프랑스 국왕도 이들이 돈을 빌려주지 않으면 전쟁조차 치르지 못하는 처지였다. 아마 여기까지였다면 흔해 빠진 재벌가 정도로 끝났겠지만, 메디치는 달랐다.

메디치 금융의 CEO이자 피렌체의 막후 정치인, 코시모는 사실 뼛속까지 인문학적 교양인이었다. 신학, 문학, 역사, 철학을 좋아하고 그리스와 헬레니즘 문화 덕후인 그는 학자와 예술인을 사귀고 고문서 수집을 위해 전 세계에 사람들을 보냈던 인물이다. 그 덕질의 끝에 플라톤 아카데미를 1445년에 설립한다. 플라톤 아카데미는 중세적 사고에서 벗어나 고대 그리스 철학을 재발견하고, 인간 중심의 사상과 철학적 탐구를 장려하는 학교였다. 유럽 전역에 1타 강사들을 초청해 젊은 학자와 예술가들을 가르치는 대치동 명문 입시학원인 셈이다. 코시모는 고전학자인 마르실리오 피치노를 원장으로 임명하며 '너 하고 싶은 거 네 맘대로 다 해.'라고 말했다 한다. 캬~ 대단한 후원자다. 이 얼마나 대인배인가? 확신하면 믿어 줬던 메디치는 폼나는 광고주, 좋은 광고주다.

르네상스, 네 탓! 내 탓! 메디치 탓!

미켈란젤로를 길거리 캐스팅한 로렌초 데 메디치는 어땠을까? 할아버지 코시모에 이어 로렌초는 르네상스의 가장 강력한 후원자가 된다. 우리는 안다. 문화와 예술은 등 따숩고 배불러야 발전한다. 춥고 배고프고 돈 없는데 무슨 얼어 죽을 예술인가? 당시를 생각해 보자. 청금석靑金石이라는 광물로 만드는 파란 물감이 있다. 황금보다 비싼 물감이다. 황금보다 비싸니 성모 마리아를 그릴 때나 쓰던 아주 귀한 물감이었다. 제아무리 실력이 날고 기면 뭐

〈로렌초 데 메디치 초상화〉, 아뇰로 브론치노, 1565, 위대한 로렌초라는 별명답게 범상치 않다. 딱 보면 안다. 아주 강인한 예술 후원자이자 광고주답다.

하겠는가? 좋은 재료 없이 좋은 그림이 나올 수 없다. 로렌초는 아낌없이 예술가들을 후원했다. 그래서 천년에 한 명 나올 법한 인물들이 같은 시기, 같은 장소인 이곳 피렌체에서 쏟아져 나온다. 이게 다 메디치 때문이다. 그들이 후원한 사람들을 살펴보자.

회화	프라 안젤리코, 리피, 고촐리, 기를란다요, 보티첼리, 다 빈치, 라파엘로
조각	기베르티, 도나텔로, 베로키오, 미켈란젤로
건축	브루넬레스키, 브라만테
정치, 사회, 과학	마키아벨리, 아메리고 베스푸치, 갈릴레오 갈릴레이

메디치 가문의 후원자 목록

이들이 피렌체라는 도시에서 활동하던 르네상스의 어마무시한 어벤져스들이다.

산타마리아 델 피오레 대성당, 메디치의 후원을 받은 브루넬레스키는 대성당의 돔을 건축하여 피렌체 시를 전 유럽에 광고했다.

예술은 천국행 광고 티켓

광고인의 시각으로 상상해 보자. 토스카나의 푸른 하늘 아래 피렌체 시뇨리아 광장 한구석에 앉아 다 빈치는 세상 이치를 생각한다며 뒤로 물렸던 그림을 다시 그릴 것이고 멀지 않은 곳에 미켈란젤로는 정으로 대리석을 쪼아대고 있으며 브라만테는 건축 도면을 끄적거리고 있었을지도 모른다. 그들의 광고주이자 후원자를 위한 최고의 광고를 만들기 위해 말이다. 부자도 자기 돈 귀한지 안다. 그런데도 메디치는 왜 피같은 돈을 들여가며 예술가들을 전폭적

시뇨리아 광장에서 바라본 베키오 궁전

으로 후원했을까? 돈과 권력을 가진 그들에게 예술은 통치의 수단이자 광고였기 때문이다. 더욱이 당시는 낙타가 바늘구멍 들어가는 것보다 부자가 천국 가기 힘들 때였다. 교회의 교리가 그러니 어찌하겠나? 제아무리 돈 벌어도 지옥 불에 빠진다니 살아있을 때 무슨 수를 써도 써야 하는 거다. 교회를 짓고, 학문을 장려하고, 종교와 예술을 후원하는 것! 이게 다 천국으로 가기 위한 광고 티켓이었고 그렇게 메디치는 르네상스 시대 최고의 광고주가 된다. 이제 우리는 안다. 틀림없이 좋은 광고는 좋은 광고주에게서 나온다.

3장
미친 예술가, 미친 광고인, 미친 닌자 터틀 :
레오나르도 다 빈치, 미켈란젤로 부오나로티

　　벤츠냐 BMW냐? 루이비통이냐 구찌냐? 참이슬이냐 처음처럼이냐? 취향은 떼어 놓고 보면 '네가 잘났네, 내가 잘났네' 우열을 가리기 힘들다. 맞다. 이럴 때 필요한 것이 광고다. 조금이라도 나의 브랜드가 다른 브랜드보다 가치 있다는 것을, 비교 우위에 있다는 것을 알려야 한다. 그래야 이 거친 시장에서 살아남는다. 시장은 정글이기 때문이다. 잡거나 혹은 잡아먹히거나 둘 중 하나다. 정글의 생존법? 뭐 간단하다. '따라올 테면 따라와 봐.' 감히 접근조차 할 수 없는 수준의 제품과 서비스로 경쟁자와 격차를 벌리면 된다. 경쟁자가 추격할 엄두도 낼 수 없을 정도의 압도적인 격차, 바로 초격차^{超隔差}다. 세상 모든 광고인이 꿈꾸는 세상이지만 그런 꿈같은 일은 좀처럼 일어나지 않는다. 날고 기는 뛰어난 브랜드, 경쟁자, 실력자들이 세상에는 이미 넘쳐나기 때문이다. 여기 감히 넘볼 수조차 없는, 다른 차원의 격차를 보인 광고 천재들이 있다. 이들의 이야기를 들어 보자. 인류 역사상 가장 위대한 광고인들이다. 중요 체크다.

회화냐? 조각이냐?

피렌체 시민들은 아주 신이 났다. 하루하루가 꿀잼이었다. 1504년, 유럽 최고의 화가인 레오나르도와 떠오르는 젊은 스타 조각가 미켈란젤로의 세기의 대결이 펼쳐진 거다. 메시냐, 호날두냐? 축구 대결에 비할 바 아니다. 이 대단한 이벤트의 기획자는 다름 아닌 마키아벨리다. 실제 도시는 레오나르도 편과 미켈란젤로 편으로 나뉘어 '얘가 이기네, 쟤가 이기네.' 난리였다고 한다.

르네상스 최고의 광고 빅매치

르네상스의 두 거장은 어떻게 그림 배틀을 하게 된 걸까? 레오나르도는 명실상부 유럽 최고 화가지만 작품의 납품 기일을 맞추지 못해 늘 의뢰인과 마찰을 빚어왔다. 그런 연유로 밀라노와 이탈리아 여러 도시를 떠돌다 백수가 되어 잠시 피렌체에 머문다. 때마침 미켈란젤로도 피에타로 명성을 얻은 뒤 로마에서 피렌체로 돌아와 그 유명한 다비드상을 조각하던 참이다. 당시 실질적인 통치자인 마키아벨리는 생각한다. '오호라! 지금이 피렌체 공화국의 자긍심을 광고할 절호의 빅찬스다. 둘만 붙이면 흥행대박이다.' 불구경, 싸움 구경이 언제나 제일 재미있는 법이다. 500인의 방이라 불리는 베키오 궁전의 대회의실 중앙홀에 벽화를 그려 달라 이 두 명의 천재 예술가에게 의뢰한다. 피렌체의 찬란한 역사를 광고해 달라는 거다. 이렇게 52세의 지구상 최고 화가와 29세의 젊은 천재 예술가의 그림 배틀이 붙은 거다. 엄청나게 큰 벽면을 서로 마주하고 그림을 완성하는 배틀이니 분위기가 어땠을까? 예상한 바다.

베키오 궁전 500인의 방, 이곳은 두 거장이 광고 대결을 펼친 배틀 그라운드다.

최고의 챔피언, 최고의 도전자

살벌하기 짝이 없었다. 스물세 살의 나이 차이에도 불구하고 두 사람 사이는 신경전이 대단했다고 한다. 이미 지존의 자리에 위치해 유럽 최고의 개런티를 받으며 잘생긴 외모와 기품까지 갖춘 업계 최고 일인자와 자존심 빼면 시체인 데다 사교성도 없고 고집불통인 잃을 것 없는 젊은 야심가의 대결. 광고인의 시각으로 상상해 보자. 화가도 아닌 조각가 미켈란젤로는 선뜻 이 그림 대결을 받아들였다. 왜일까? 그에게는 손해 보는 장사가 아닌 탓이다. 져도 그만, 이기면 영광인 것으로 하이리스크- 하이리턴 High Risk- High Return 인 셈이다.

3부 지금까지 이런 브랜드는 없었다.

당대 최고 예술가인 다 빈치와의 대결만으로도 퍼스널 브랜딩이 될 테니까. 반면 레오나르도는 어땠을까? 의뢰는 받아들였지만 죽을 맛이었을 것이다. 누가 봐도 그가 승리해야 하는 판이다. 더욱이 대결상대가 마뜩잖은 꼬맹이 미켈란젤로 아닌가? 그러니 둘 다 죽기 살기로 그렸을 수밖에 없었다. 사실 서로가 마뜩잖은 이유는 또 있었다. 미켈란젤로가 다비드상을 완성했을 때, 조각상을 어디에 놓을 것인가로 도시는 논쟁에 휩싸인다. 예술의 중심은 회화라고 굳게 믿는 화가 레오나르도

〈다비드〉, 미켈란젤로 부오나로티, 1504, 베키오 궁전 정문 앞에 세워진 다비드, 원본은 아카데미아 미술관에 있다. 미켈란젤로 승!

는 시뇨리아 광장의 회랑 안에 장식되어야 한다고 주장했다. 네모난 회랑 안에 조각을 가둬 그림처럼 보이게 해야 한다는 거다. '회화? 지 까짓게 뭐라고, 지가 선배면 다야?' 뼛속까지 조각가인 미켈란젤로는 화가 치밀어 올랐다. 조각은 하나의 독립된 예술품이라는 거다. 서로가 곱게 보일리 없다. 티격태격 끝에 다비드상은 베키오 궁전 정문 앞에 따로 세워졌다. 마켈란젤로 승!

그렇다면 그림 대결은 어떻게 되었을까? 이들은 각각 피렌체가 밀라노, 피사와의 전투에서 승리한 앙기아리^{Anghiari} 전투와 카시나^{Cascina} 전투의 장면을 그리지만 뜻하지 않게 대결은 미완성으로 끝나고 만다. 임금을 받지 못한 레오나르도는 습관처럼 그림을 포기했고, 미켈란젤로 역시 교황의 부름에 로마로 떠나 버린 거다.

〈다 빈치의 앙기아리 전투 모사〉, 피터 폴 루벤스 모사. 1603

〈미켈란젤로의 카시나 전투 모사〉, 안토니오 다 상갈로 모사, 1542

그렇게 르네상스 최고의 광고 경연 대회는 승자도 패자도 없이 아쉽게 끝이 났다. 완성되었다면 이번엔 과연 누가 이겼을까? 그들의 다음 여정이 궁금하다.

레오나르도 다 빈치(Leonardo da Vinci)

미켈란젤로와 한참 핏대를 올리며 그림 대결을 할 무렵, 다 빈치는 나무판에 작은 그림 하나를 그리기 시작한다. 주인공은 20대 중반의 리사 게라르디니$^{Lisa\ Gherardini}$로 안토니오 마리아 디놀드 게라르디니의 딸이며, 상인인 조콘다^{Gioconda}의 아내다. 관상을 한번 보자. 훤한 이마, 깊은 눈, 엷은 미소, 전 세계에서 가장 유명한 여인이 될 상이다. 그렇다. 모나리자다. 다 빈치는 이 그림을 의뢰인에게 주지도 않고 16년간 그리고 또 그린다. 죽을 때조차 옆에 끼고 있었던 애착 그림인 셈이다. 왜 그랬을까?

인류 최강 프로 N잡러

르네상스형 인간$^{Renaissance\ Man}$이란 분야를 넘나드는 창조적 사고로 혁신을 이끌어내는 사람을 일컫는다. 재수는 없지만, 한마디로 이것저것 가리지 않고 뭐든 다 잘하는 사람이라는 거다. 바로 레오나르도 다 빈치다. 맞다. 우리가 르네상스 하면 제일 먼저 떠오르는 그 인물이다. 감히 따라잡을 수 없는 천재의 천재 말이다. 빈치에서 태어났다 하여 레오나르도 다 빈치$^{Leonardo\ da\ Vinci}$다. 아무튼 왜? 왜? 왜? 외치며 끊임없는 호기심에 세상 모든 것을 다 궁금해했다. 여기에 손만 댔다 하면 인류 역사상 가장 뛰어난 성과를 낸다. 게다가 190cm가 넘는 키에 이태리 모델 같은 외모라니 아! 세상 불공평하다. 그가 손댄 일을 보자. 회화, 건축,

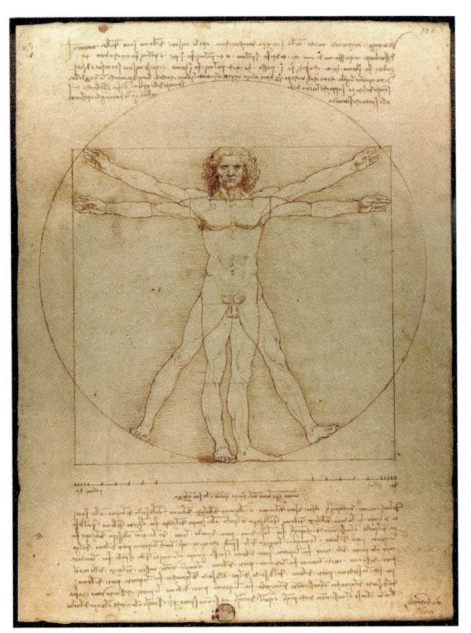

〈비트루비우스적 인간〉, 레오나르도 다 빈치, 1492, 프로 N잡러, 르네상스형 인간

과학, 의학, 화학, 수학, 물리학, 기계공학, 천문학, 군사학, 식물학, 동물학, 해부학, 음악가, 요리사. 온갖 분야에 관심을 보이니 24시간이 모자랄 판이었다. 프로 N잡러다.

사실 그는 높은 명성에 비해 완성작이 아주 적은데 고작해야 열다섯 점 안팎이다. 인내심이 많지 않은 탓이다. 늘 작품에 과몰입 후 마무리하는 뒷심이 부족했다고 한다. 그도 그럴 것이 세상 모든 것에 흥미를 느끼고 온갖 세상 만물의 이치를 이해하려 들었으니 시간이 남아나지 않았다. 그러니 그림이나 건축을 의뢰받아도 납품 기일을 어기거나 미완성일 수밖에 없었다. 어쩌면 성인 ADHD였을지도 모를 일이다. 이후 밀라노, 로마, 볼로냐 등 도시국가의 군주와 귀족들 사이에 그의 인기가 차츰 식어 갔다.

"어이! 레오나르도 선생, 일은 다 했어?"
"아뇨. 아직이요. 뭐 그깟게 뭣이 중헌디요? 뭣이 중허냐고?"

누가 뭐래도 최고의 예술가이니 특급 대우와 최고 개런티를 줬는데도 불구하고 작품은 나오지 않고, 툭하면 사라지거나 다른 일에만 몰두하니 당연한 결과다. 광고인의 시각으로 보자. 간지나는 광고 하나 만들어 달라고 있는 돈 없는 돈 다 줘가며 일을 맡겼는데, 만들라는 광고는 세월아 네월아 나오지 않는다. 환장

할 노릇이다. 광고는 타이밍이다. 제아무리 실력자라도 최악의 파트너일 수밖에 없다. 이런 사람과는 말도 섞지 말자. 그가 미완성작이 많은 이유에 대한 여러 해석이 있다. 학자들에 따르면 레오나르도의 천재성 때문이라고 한다. 이 무슨 개풀 뜯는 소린가? 들어보자. 레오나르도는 작품을 시작할 때부터 이미 그의 머릿속엔 완성된 최종 결과가 보였던 탓에 더 이상 창작의 흥미가 없었다는 거다. 또 다른 학설은 그의 높은 기준 때문이라고 한다. 그에게 완벽한 완성이란 존재하지 않았다. 그러니 끊임없이 미완성작만 완성될 수밖에 없었다.

다시 〈모나리자〉를 보자. 레오나르도는 죽는 순간까지 〈모나리자〉를 16년 동안 이고 지고 다니며 수천 수만 번의 붓질을 했다. 성에 차지 않아서였을까? 알 수 없다. 이거 이거 욕심쟁이다. 미완성의 위대한 완성작이다. 실제 모나리자를 보면 아주 뽀샤시하다. 인스타그램의 은은한 필터같다. 이것이 다 빈치의 유명한 스푸마토 Sfumato 기법인데 스푸마토는 '연기처럼, 안개처럼'이란 의미다. 〈모나

〈**모나리자**〉, 레오나르도 다 빈치, 1503, 루브르 박물관 광고는 모나리자가 다했다.

리자〉의 미소가 신비한 이유다.

어라? 그런데 〈모나리자〉는 왜 이탈리아가 아닌 프랑스 루브르 박물관에 떡하니 있는 걸까? 이탈리아에서 인기가 식은 레오나르도의 외로운 인생에 뿌리치지 못할 스카우트 제의가 온다. 바로 프랑스 국왕 프랑수와 1세였다. '니 멋대로 해라.' 그를 존경한 프랑스 국왕은 자신의 궁전 옆에 있는 멋진 성을 제공하고 무한 후원을 약속한다. '옛다. 당신 가져.' 얼마나 후원이 고마웠던지 레오나르도는 죽는 순간 자신의 애착 그림을 국왕에게 남긴다. 이것이 〈모나리자〉가 루브르 박물관에 있는 이유다.

모나리자를 유명하게 만든 진정한 광고인

근데 뭔가 좀 싱겁다. 그렇다. 〈모나리자〉가 세상에서 가장 유명한 미술품이 된 이유는 따로 있다. 이게 모두 빈센조 페루자 Vincenzo Peruggia라는 사람 덕분이다. 그러니까 그가 누구냐고? 미술품 도둑이다. 1911년 루브르 박물관에서 그림 액자 끼우는 일은 하던 그는 다 빈치의 〈모나리자〉를 훔쳤다. 사실 모나리자는 20세기 초까지만 해도 루브르 박물관의 그저 그런 그림 중 하나였다. 실제로 도난 사건이 발생하고 24시간 동안 〈모나리자〉 작품이 사라진 것조차 아무도 몰랐다고 하니, 관심 따위 없었던 그림인 거다. 잃어버린 사랑이 소중하게 느껴지는 사랑 타령처럼, 도난 사건은 프랑스 전역을 발칵 뒤집으며 수많은 사람들의 관심을 불러일으킨다. 다행히 〈모나리자〉는, 2년 후 피렌체의 한 호텔방에서 발견됐다. 1956년에는 누군가 〈모나리자〉에 염산을 뿌렸고 그 후로 지금처럼 두꺼운 방탄유리 벽 안에 전시되고 있다. 광고인답게 상상해 보자. 〈모나리자〉는 이런 서사가 더해지면서 유명세를 탄 거다. 내러티브 Narrative 마케팅이 제대로 먹힌 사례다.

미술품 도둑 빈센조 페루자, 그가 〈모나리자〉를 세계 최고의 그림으로 만든 진정한 광고인이다.

루브르에 돌아온 〈모나리자〉, 1914, 까꿍! 모나리자 다시 찾았다.

빈센조 페루자의 머그샷, 1909,
진정한 광고인답다.

미켈란젤로 부오나로티(Michelangelo Buonarroti)

　카라라 채석장에서 대리석을 싣고 로마로 돌아가던 길에 미켈란젤로^{Michelangelo}는 생각한다. 레오나르도와의 그림 대결을 피했으니, 교황의 부름이 어쩌면 다행일지 모른다. 때마침 교황이 자신의 영묘靈廟 조각을 의뢰한 거다. 다비드 같은 조각상을 40개나 제작하는 대형 프로젝트다. 이것만 끝내면 평생 놀고 먹을 수 있다. 그런데 웬일인가? 교황으로부터 날벼락이 떨어졌다.

미치고 팔짝 뛸 일

　광고회사가 광고주 의뢰에 따라 대행사로 선정되면, 이후 마케팅 전략에 맞춰 광고를 제작하게 된다. 그런데 가끔 돼먹지 못한 미친 광고주의 이유 같지 않은 이유로 광고 계획이 아예 송두리째 없어지는 경우가 있다. 수개월간 안 돌아가는 머리 쥐어짜 내며 컨셉을 뽑고 슬로건을 만들고 카피를 만들고 광고물을 제작했는데, 스탑! 나 광고 안 할래! 이런 상황이 오면 손해가 이만저만이 아니다. 한마디로 멘붕, 미치고 팔짝 뛸 일이다.
　미켈란젤로도 그랬다. 로마에 도착한 그에게 교황이 말한다. '자! 작업중지! 나 안 할래.' 수개월간 대리석을 고르고 골라 수백 킬로미터 떨어진 이곳까지 가져왔는데 이거 미칠 노릇이다. 여기까지도 죽을 맛인데 교황은 시스티나 성당에 천장화를 그려 넣으라고 명령을 내린다. 미친 거 아닌가? 교황이 지금 제정신인가? 난 조각가다. 제대로 된 그림은 그려 본 적도 없다. 조각가에게 그림을 그리라니, 그것도 단 한 번도 그려 보지 않은 프레스코화로 말이다.
　르네상스의 최절정기 그러니까 레오나르도, 미켈란젤로, 라파엘로 같은

바티칸 시국, 〈시스티나 성당 천장화〉, 미켈란젤로 부오나로티, 1475

천재 예술가가 활동하던 시기에 아주 강력한 교황이 있었다. 교황 율리오 2세$^{Pope\ Julius\ II}$로 그는 급하고 사납고 물불 가리지 않는 세속적이고 성깔머리 있는 야심가였다. 교황은 자신의 영광을 광고해 줄 광고인을 찾는 중이었고 건축가인 브라만테에게는 성 베르도 대성당의 공사를, 라파엘로에게는 자신의 집무실 벽화를, 미켈란젤로에게는 자신의 영묘 조각을 맡긴 거다. 그런데 조각 주문을 노쇼$^{No-Show}$ 해버리고 난데없이 천장화를 그리라는 것이다. 시스티나 성당이 어떤 곳인가? 콘클라베^{Conclave} 즉, 새로운 교황을 선출하는 바로 그 장소다. 이 신성한 장소의 천장을 화가로는 풋내기인 미켈란젤로에게 무작정 맡긴 셈이니, 어쩌면 교황도 대책 없기는 매한가지였다. 딱 보면 안다.

조각가에서 그림 따위나 그리라니….

'젠장! 망했다.' 길이 40m, 높이 21m, 너비 14m의 성당을 본 미켈란젤로는 절망했다. 분명 자신을 시기하는 누군가의 음모라고 생각했다. 그래도 어쩌겠나? 교황의 명령이니 하기 싫은 그림을 그릴 수밖에. 불같은 성격의 교황과 자존심 쟁이 고집불통 화가의 만남이 시작부터 매끄러울 리 없다. 교황 율리오 2세는 성당 천장화로 예수와 열두 제자를 그리라고 했다. 혈기왕성한 미켈란젤로는 뭐라 했을까? "싫은데요, 교황님. 나는 내가 그리고 싶은 걸 그리겠습니다." 와우! 대단한 강단이다. 유럽 세계의 최고 권력자한테 대든 거다. 역시 광고인은 자존심이 있어야 한다. 우리가 돈이 없지, 가오가 없나? 미켈란젤로는 남들이 보지 못하도록 휘장을 두르고 작업했다. 일설에는 자존심 때문에 그랬다고 한다. 프레스코화는 처음이니까. 아무튼 교황은 진척 상황이 궁금했다. 천장에 매달려 붓질하는 그에게 내려오라 해서 묻는다. "대체 언제쯤 완성되는 게냐?" 그러자 미켈란젤로는 "완성될 때가 되면 뭐 완성되겠죠."라며 교황의 속을 뒤집어 놓는다. 이래라저래라 찾아와 자꾸 간섭하는 교황이 얼마나 싫었던지 미켈란젤로는 교

〈시스티나 천장화〉, 미켈란젤로 부오나로티, 1550, 그림 그리랬더니 조각하고 자빠졌다.

황에게 비아냥거린 거다. 어떤가? 대단한 깡이다. 화가 난 교황은 지팡이로 미켈란젤로의 머리를 내리쳤고 열받은 미켈란젤로는 고향인 피렌체로 짐을 싸서 떠나 버렸다. 이제 어쩐다? 결국 밀린 임금을 주며 어르고 달래 미켈란젤로가 다시 그림을 그리게 했다. 천하의 교황이 무릎을 꿇은 격이다. 캬! 멋지다.

그림 그리랬더니 조각하고 자빠졌네.

미켈란젤로, 이 어려운 걸 또 해낸다. 1512년 원치 않은 그림을 그리며 33세의 이 젊은 조각가는 4년 만에 말도 안 되는 그림을 완성한 거다. 인류 역사상 인간이 만들어 낸 최고의 걸작이다. 천장을 올려다보면 그림은 마치 3차원의 생생한 조각처럼 보인다. 네가 이기나 내가 이기나? 치열하게 투쟁한 위대한 예술가의 창조물에 절로 감탄이 흘러나온다. 괴테는 말했다. 인간이 얼마나 위대한지 보려면 시스티나의 천장을 보라. 캬! 이 역시 멋진 광고 카피다.

광고인의 시각으로 상상해 보자. 미켈란젤로는 불가능할 것 같던 천정화를 완성했다. 왜일까? 그는 단 한 번도 조각가 이외에 다른 직업을 생각해 본 적이 없다고 한다. 그는 망치와 정이 그리웠던 거다. 한 번 광고인은 영원한 광고인! 하루라도 빨리 하기 싫은 프로젝트를 끝내고 자신이 원하는 조각을 하고 싶었을 테다.

잠시 다비드 조각상 이야기로 돌아가 보자. 언뜻 비율이 온전치 못한 대두, 왕손이다. 이게 다 원

〈다비드〉 확대, 미켈란젤로 부오나로티, 1504, 대두다. 머리가 남보다 좀 큰 게 죄는 아니다.

근법 탓이다. 잘 알려진 사실이지만 원래 미켈란젤로가 조각할 당시 의도는 지상에서 50m 높은 피렌체 대성당 동편 지붕에 세우려 했기 때문이다. 그를 천재라고 부르는 이유다. 미켈란젤로는 대리석 안에 이미 완벽한 형상이 있고 조각가인 자신은 그 안에 갇혀있는 형상을 해방시켜 주는 사람이라 여겼다. 이런 남다른 사람을 우리는 위대한 광고 천재라 부른다.

> **TIP** 알아놓으면 떡이 되고 밥이 되는 '미켈란젤로'가 남긴 유산들
>
> 솔직히 다비드상은 앞모습이 아니라 뒷모습이 찐이다. 피렌체 여행을 계획한다면 반드시 아카데미아 미술관에 방문해 보도록 하자. 다비드의 체지방 4% 미친 엉덩이를 한참 볼 기회다.

〈다비드〉, 미켈란젤로 부오나로티, 1504, 체지방 4%의 미친 뒷태

4장
망할 놈의 광고를 한답시고 :
알브레히트 뒤러, 미켈란젤로 다 카라바조

    1인 미디어, 1인 기업의 시대다. 유튜브, 인스타그램, 트위터 등에서 활동하는 크리에이터의 영향력이 커지고 다양한 SNS, 영상 플랫폼이 늘어난다. 콘텐츠 제작이 쉬워지면서 아이디어만 있으면 누구나 1인 미디어, 1인 기업이 될 수 있는 시대다. 의욕과 열정만 있다면 N잡러가 될 수 있다. 대중의 니즈와 맞아떨어지면 큰돈을 벌 수도 있다. 이제 건물주가 꿈만은 아닌 거다. 그러다 보니 퍼스널 브랜딩을 해야 한다는 말을 적지 않게 듣게 된다. 퍼스널 브랜딩Personal branding이란 한 개인이 가진 특색을 브랜드화하여 다른 사람들이 차별화된 느낌을 받을 수 있도록 하는 일련의 행위와 노력을 말한다. 개인의 가치관, 비전, 장점, 매력, 재능, 개성 등을 대중에게 호감 있게 전달하는 것이다. 쉽게 말해 나를 브랜딩하는 것, 잘 뽐내라는 거다. 광고는 뽐내기다. 내가 어떤 사람이고 어떤 브랜드고 얼마나 좋은지 내 효용 가치가 얼마나 되는지 이야기하고 설득해야 한다. 500년 전, 시대를 훨씬 앞선 퍼스널 브랜딩의 일인자가 있다. 그를 만나러 가 보자.

알브레히트 뒤러(Albrecht Dürer), 펜은 칼보다 비싸다.

1440년, 독일 마인츠 출신 요하네스 구텐베르크에 의해 유럽 최초의 금속활자 인쇄술이 발명된다. 그 이전, 중세 천 년 동안의 지식과 정보는 대부분 양피지에 기록된 필사본으로 보존되어 왔다. 기록과 보존의 권한은 철저히 교회가 독점했다. 예나 지금이나 지식과 정보에서 권력이 나온다. 천 년 동안 수도사들에 의해 필사된 책은 약 10만 권으로 추정된다. '엥? 천 년간 나온 책이 기껏 10만 권이라고?' 맞다. 비싼 동물가죽에 펜으로 한 땀 한 땀 글자를 써 내려간 탓이다. 책 한 권이 나오려면 수십 수백 마리 동물이 필요했다. 게다가 필사는 숙련된 필경사들이 수백 수천 시간 작업해야 했다. 당연히 책 한 권이 나오려면 오랜 시간이 걸렸다. 때문에 책은 금보다 훨씬 비싼 자산이었으며 왕과 귀족의 값비싼 초호화 결혼 혼수품이었다. 이게 바로 교회의 권력이 막강했던 이유다. 그런데 웬일인가, 별안간 세상이 변한 거다. 인쇄술이 발명되고 불과 50년 사이, 유럽 전역에는 약 1,500만에서 2,000만 권의 책이 생산된다. 미친 속도다. 인쇄술이 중세 교회만 소유했던 지식의 독점을 전복시킨 거다. 혁명이다. 얼마 후 종교개혁이 일어난 것은 잘 알려진 사실이다.

자기광고, 퍼스널브랜딩의 끝판왕

세기말 뉘른베르크는 당시 첨단 기술이자 빅테크인 인쇄술의 발달로 유럽 경제의 뜨거운 중심지, 이른바 핫플이었다. 알브레히트 뒤러[Albrecht Dürer]는 이런 뉘른베르크 출신의 화가다. 헝가리 출신 금세공업자였던 아버지는 아들에게 정교한 조각술과 목판 기술을 가르쳤다. 뒤러의 뛰어난 손재주는 다 조기 교육 덕이다. 이후 본격적으로 미술교육을 받은 그는 네덜란드, 이탈리아 여행을 통해 북유럽 최고의 화가가 된다. 뒤러는 자의식, 자기애의 아이콘이다. 그의 초기 작품을 보자. 오른쪽 그림은 13세에 그린 자화상이다. 13세 나이에 거울을 보면서 자신을 그린 어린 화가는 그림을 완성하며 스케치의 오른쪽 상단에 자신의 메모를 남긴다. '나 알브레히트 뒤러, 1484년 13세의 나를 그린다(Ich Albrecht Dürer hab mich selb gezichen da ich 13 Jar Alt was. 1484).'

남다르지 않은가? 이를 시작으로 쇄골과 가슴팍이 깊게 드러나 한 손에 엉겅퀴

〈13세 자화상〉, 알브레히트 뒤러, 1483, 스케치를 마무리하며 13살 소년의 친필 메모라니 될성부른 자기애다.

〈22세 자화상〉, 알브레히트 뒤러, 1493

〈26세 자화상〉, 알브레히트 뒤러, 1498

를 든 22세 꽃돌이의 모습. 풍경이 내다보이는 창문 앞, 장갑을 낀 찰랑거리는 고운 금발의 26세 청년의 자화상을 그린다. 잘생겼다. 필시 지금이라면 인스타그램에 수천 장 셀카를 남기는 관종이 되었을 테다.

잘 자라 주었구나!

여기 1500년에 그린 또 다른 자화상이 있다. 잠시 책을 좀 떨어져서 보자! 찰랑거리는 긴 머리, 수염, 담비 모피 위에 올려진 기다란 손가락, 무엇보다 정면을 응시하는 그윽한 시선. 이게 누구인가? 뒤러인가? 아니면 또 다른 누구인가? 중세 이콘화는 예수나 하느님만 온전히 정면을 응시하게 그렸다. 이는 불문율이었다. '얻다 대고, 감히!' 눈을 부릅뜬 그림을 그릴 수 없어서 화가들은 초상화를 그릴 때 대부분 옆모습이나 3/4 비스듬하게 그림을 그렸다. 그런데 뒤러가 감히! 눈을 부릅뜬 거다. 그림을 통해 의도적으로 예수를 연상시키려 한 거다. 광고인의 시선으로 보자. 뒤러는 스스로 생각했다. 나는 공방의 한낱 환쟁이, 그림쟁이, 기술자 나부랭이가 아니다. 나는 나의 붓으로, 나의 손으로 하나의 세계를 창조하는 사람, 창조주다. 즉, 크리에이터다. 이 얼마나 대단한 뽐내기이며 엄청난 퍼스널 브랜딩인

〈28세 자화상〉, 알브레히트 뒤러, 1500. 딱 보면 안다. 예수냐? 뒤러냐? 이런 자의식이라니!

가? 이런 자의식이라니! 자화상에 남긴 사인과 문구는 이렇다. '뉘른베르크 출신의 나! 알브레히트 뒤러가 불변의 색채로 28세의 나를 그리다(Albertus Durerus Noricus. ipsum me propriis sic effin. gebam coloribus aetatis. anno XXVIII).'

뒤러는 회화뿐만 아니라 판화로도 유명하다. 1498년 그는 ≪성경≫, 〈요한계시록〉에 나오는 아마겟돈, 즉 세상의 종말을 목판화로 만들었다. 죽음, 기근, 전쟁, 질병의 묘사는 당시 사람들에게 엄청난 충격을 주었다. 실제로 세상의 종말을 눈으로 목격했다고 생각해 공포에 벌벌 떨었다고 한다. 뒤러는 판화 작품을 많이 만들었다. 뛰어난 회화 실력에도 유화 작품이 별로 없는 이유는 왜일까?

답은 간단하다. 판화는 대량으로 찍어 낼 수 있는 그림이다. 인쇄술의 발달은 대량 생산, 판매를 가능하게 했다. 돈 많은 성직자와 귀족의 집에나 걸려 있던 비싸디 비싼 그림을 이제는 일반인도 훨씬 저렴한 가격에 구매할 수 있게 되었다. 그의 그림은 전 유럽에 미친듯이 팔려나갔다. 그렇다. 뒤러는 탁월한 장사꾼이자 광고인이었던 셈이다. 잘생김과 더불어 이제 부와 명예마저 얻게 된다.

이후 뉘른베르크의 시 의원까지 역임한다. 다 가졌구나! 이외에 그는 일반인의 소박한 집 벽에 장식될 소박한 그림들을 그린다. 한 번쯤 보았을 작품이다. 미술가 지망생이라면 신물나게 그려 봤을 〈들토끼〉와 〈기도하는 손〉이다. 불티나게 팔렸다 한다. 맞다! 그는 타고난 장사천재. 뒤러는 자신의 작품에 사인을 남긴 최초의 화가로 유명하다. 자신의 이름

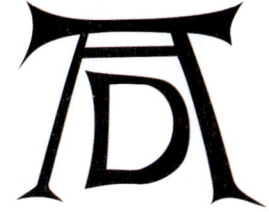

뒤러의 모노그램, 알브레히트 뒤러, 1498, 내가 바로 명품 그 잡채!

Albrecht Dürer의 앞글자 알파벳 A와 D를 디자인한 모노그램^{Monogram}이 바로 그 사인이다. 마치 루이비통의 LV나 구찌의 GG, 샤넬의 CC 모노그램 같다. 이는 사인임과 동시에 지금의 고유 상표^{Trademark}나 로고^{Logo}의 대선배 격이 다. 다시 말한다. 뒤러는 500년 전 사람이다. 그는 '내가 바로 명품이야.'라고 말하는 듯하다.

게다가 자신의 작품과 모노그램이 무단복제로 남용될 것을 우려해 법원에

저작권 보호를 요청하기도 했다. 그렇다. 저작권법의 선구자인 거다. 뒤러는 자기 확신과 자기애의 끝판왕, 자존감 만렙의 화가였다. 사람들은 그를 북유럽 르네상스의 거장, 북유럽의 레오나르도 다 빈치라 칭했다. 어쩌면 그는 다 빈치로도 성에 안 찼을지도 모를 일이다. AD, 알브레히트 뒤러. 광고인에게 AD는 Advertising 즉, 광고를 통칭해서 쓰는 말이다. 라임만 보면 알 수 있다. 그는 분명 뼛속까지 광고인이었던 화가다.

아주 자극적이고 쫀쫀한 새로운 뉴노멀(New normal)

시대가 변하면, 광고 모델의 기준도 바뀐다. 드라마 속 만찢남 만찢녀, 음원차트를 뚫고 나온 가수, 국민영웅 스포츠 스타가 즐비한 모델 시장에 지금까지 듣도 보도 못한 모델들이 나타났다. 바로 먹방, 여행, 게임, 음악, 뷰티, 일상, ASMR, 주식, 코미디 인플루언서들이다. 유튜브, 인스타그램에서 많은 구독자들을 가진 사람들 말이다. 이젠 더 이상 잘생기지 않아도 된다. 노래를 못하면 또 어떤가? 메달 따위도 필요 없다. 대중에게 긍정적인 영향력을 주면 그만이다.

맞다. 이들이 시대 변화에 따라 새롭게 떠오르는 모델의 기준, 뉴 노멀이다. 뉴 노멀New Normal, 새로운 표준이란 뜻이다. 더 이상 성스러운 그림은 질렸다. 레오나르도 다 빈치, 미켈란젤로, 라파엘로 같은 르네상스 화가들의 작품 말고 좀 더 시선을 확 잡아끌고 자극적인 그림은 없는 걸까? 제아무리 차은우, 변우석이라도 계속 보면 무뎌지는 법이다. 뭔가 자극이 필요했다. 대중은 이제 시선을 확 잡아끄는 자극적인 새로운 뉴 노멀을 원했다. 때마침 그가 등장했다. 그의 그림은 새로웠다. 지금까지 세상 어디에서도! 단 한 번도! 듣도 보도 못한 그림이었다. 그는 예술도 삶도 자극의 끝판왕인 광고인이었다.

미켈란젤로 다 카라바조(Michelangelo da Caravaggio)

바짝 찡그린 미간, 초점을 잃어가는 눈, 말아 올라가는 혀, 머리 아래로 쏟아져 내리는 붉은 피. 아마 이 남자는 방금 전 목이 잘려나간 듯하다. 곱상한 소년은 그의 머리카락을 움켜잡았다. 손에 쥔 칼로 보아 소년이 이 험상궂은 남자의 목을 자른 모양이다. 눈빛이 애처롭다. 지금까지 세상에 없던 그림이다. 카라바조는 지긋지긋했다. 도망자로 더는 살 수 없었다. 몰타로, 시칠리아로, 나폴리로 숨고 도망다니기도 이젠 신물이 났다. 가는 곳마다 문제를 일으켰다. 15번의 폭력 전과는 물론 폭행, 상해, 명예훼손, 주취폭력, 기물손괴, 불법무기소지, 탈옥 등을 저지른 그다. 결정적으로 테니스를 치다가 말싸움을 벌여 살인까지 저지른 사형수였다. 이게 다 몹쓸 놈의 성질머리 탓이다. 거칠고 폭력적이고 다혈질적인 성격으로 항상 9시 뉴스감이었다. '딱 한 번만 용서해 주세요.' 이런 그가 용서를 구한다.

도망도 지쳤는지 당시 사면권이 있던 로마 교회에 간청을 한 거다. 어떻게 했을까? 자신의 목을 잘라 버렸다. 곱상한 소년과 흉측하게 목 잘린 남자 모두 카라바조다. 어린 카라바조가 죄인 카라바조의 목을 치는 그림을 그려 신과 로마 교회에 바치려 했다.

그렇다. 〈골리앗의 머리를 든 다윗〉은 제발 나 좀 용서해 줘요! 말하는 고백광고다. 과연 그의 고백은 통했을까?

〈다윗과 골리앗〉, 미켈란젤로 다 카라바조, 1610, 딱 한 번만 용서해 줘요!

지금까지 이런 그림은 없었다. 이것은 그림인가? 스냅샷인가?

카라바조는 전 세계 박물관에 수 십 점 밖에 없는 16세기 화가다. 한 번쯤 바로크라고 들어보았을 것이다. 간단히 말해 감정과 극적효과, 명암대비를 강조해서 아주 강렬하게 연출한 예술 사조다. 맞다. 르네상스 후기에 우리가 아는 그 바로크를 열어젖힌 사람이 바로 카라바조다. 그의 성질대로 파격적인 삶을 살았고 그의 삶처럼 그림을 그렸다. 어렸을 때 잠시 그림을 배우지만 이내 공방을 뛰쳐나와 버린다. 몹쓸 성질 탓이다.

미켈란젤로나 라파엘로처럼 제아무리 뛰어난 천재 화가라도 보통 유명 1타 화가 밑에서 조수로 일하면서 수년간 배우는 게 일반적이었다. 그런데 카라바조는 길바닥에서 배운다. 정규 교육도 못 받고 제대로 된 스승도 없는 근본 없는 화

〈유디트와 홀로페르네스〉, 미켈란젤로 다 카라바조, 1599, 400년 전, 텍사스 전기톱 살인사건을 광고적으로 그린 스타일리스트다.

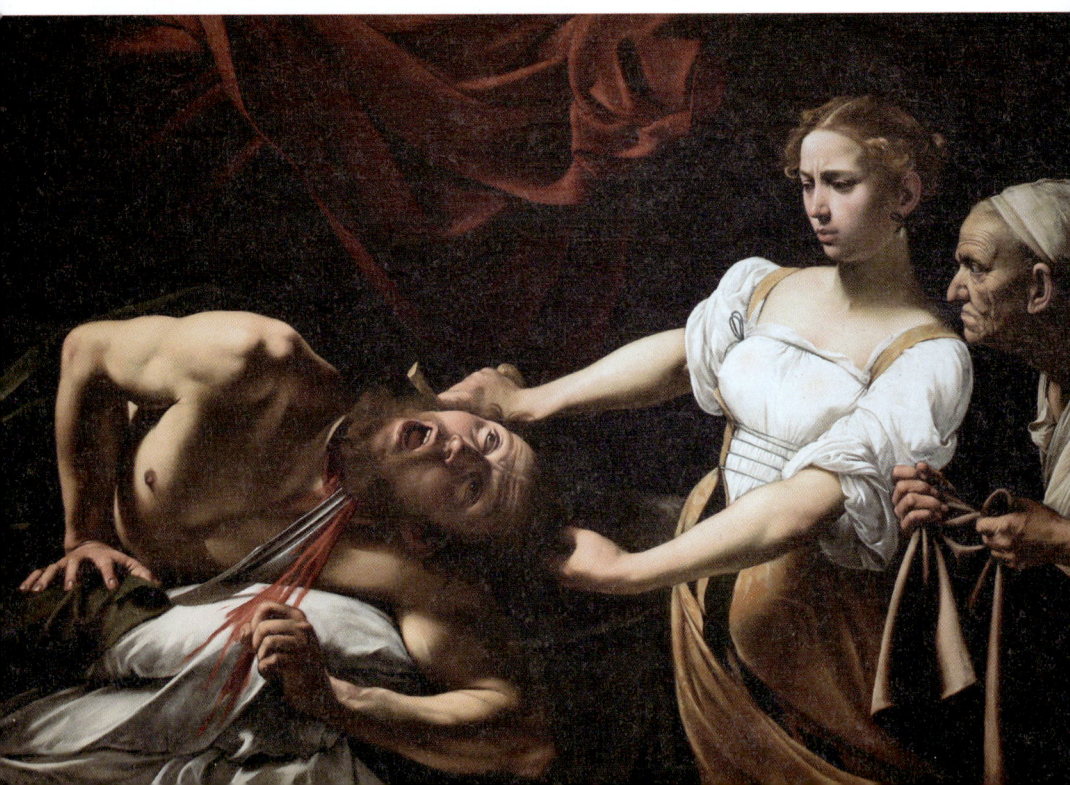

가라고 비난을 받자 '문밖으로 나가 보라 그들이 내 스승이다.' 말했다. 캬~ 이 얼마나 간지나는 광고 카피란 말인가. 그는 길거리 사기꾼, 도박꾼, 시정잡배들을 자주 그렸다. 하도 잘 그리니 돈깨나 있는 귀족과 성직자들이 그림 좀 그려달라 난리가 난다. 어땠을까? 그의 그림들은 시대의 상상을 뛰어넘었다. 술의 신 〈바쿠스〉를 그려달라면, 과음과 숙취에 찌든 인간말종처럼 그리거나 구약 성경 속 〈유디트〉를 그려 달라면, 피가 사방으로 튀는 하드고어 슬래셔 무비로 그리거나.

〈메두사〉, 미켈란젤로 다 카라바조, 1597, 밤에 마주칠까 무섭다.

〈메두사〉를 그려 달라면, 섬뜩한 표정으로 관람객을 정말 돌로 만들게 그리거나 〈귀공자〉를 그려 달라 하니, 도박판에서 귀족자제의 뒤통수 치는 타짜들을 그린다.

〈카드 사기꾼〉, 미켈란젤로 다 카라바조, 1594, 내가 빙다리 핫바지로 보이냐?

바로크 광고의 스타일리스트

'카라바조 선생, 예배당에 성스러운 그림 하나 그려 주시오.' 1604년 로마의 한 교회로부터 성모의 죽음을 주제로 한 그림을 의뢰받는다. 죽은 성모를 어떻게 묘사했을까? 카라바조는 로마의 테베레강에 임신한 여인이 빠져 죽은 소식을 듣고 시체 안치소로 달려갔다. 스케치한 그녀를 성모 마리아로 그리게 되는데 사실 죽은 여인은 거리에서 몸을 파는 여자였다. 시퍼런 죽은 피부에, 부어 있는 얼굴, 게다가 몸 파는 여인이라니, 당연히 교회는 난리가 났다.

"카라바조, 당신 미쳤소? 너 제정신이야?"
"죽으면 다 같아."
"때려 쳐! 수취거부!"
"그래? 아님 말고~ 쳇."

쿨하기까지 했다. 그러던 중 사람을 죽인 거다. 그를 후원하던 델 몬테 추기경도 더 이상 보호해 줄 수 없었다. 워낙 많은 범죄를 저지른 탓이다. 이젠 로마를 도망쳐 이탈리아 남쪽 몰타, 시칠리아, 나폴리에 숨어 다녀야만 했다. 4년의 도망 생활은 고통과 후회의 시간이었을 거다. 그러나 역시 제 버릇 개 못 준다. 재능을 알아본 사람들이 그림을 의뢰해도 결론은 언제나 사건 사고로 끝났다. 돌도 씹어먹은 38세였지만 방탕한 생활 탓에 몸은 점차 쇠약해져 갔다. '나 다시 돌아갈래~' 이제 지친 카라바조는 자신의 목을 자른 그림을 품에 안았다. 교회에 그림을 바치고 결국 자수를 선택했다. 그러나 그의 그림처럼 드라마틱한 극적 반전은 일어나지 못했다. 교회의 사면을 바라며 로마로 가는 도중 허무하게 죽고 만다.

그는 석양이 지는 해변가를 거닐다 의문사했다고 전해진다. 내일은 또 어떤 놀라운 그림을 그릴지 지는 해를 바라보며 생각에 잠겼던 건 아니었을까? 그의 그림들이 얼마나 강렬했던지, 카라바조의 죽음 이후 그의 스타일을 추종하는 화가들이 전유럽에 퍼졌고 이들을 카라바지스트^{Caraviggist}라 했다. 실제로 그림을 보면 놀란다. 이런 스타일리시한 광고라니! 순간을 찍은 듯 스냅샷 같은 생생함, 난생처음 보는 표현, 어떠한 화가도 상상 못 할 극적 연출, 인스타그램 필터도 표현할 수 없는 빛 효과가 기가 막히다. 잘 만든 영화이자 잘 만든 광고다. 이런 빛의 명암 효과를 테네브리즘^{Tenebrism}이라 부른다. 이 정도는 어디 가서 아는 척해 보자. 교양인같이 있어 보인다. 광고는 있어빌리티^{있어+bility}다.

그에게 영향을 받은 화가들은 끝이 없다. 렘브란트, 엘그리코, 디에고 벨라스케스, 루벤스, 프란시스 고야, 들라크루아, 다비드, 마네, 고흐와 현대의 프랜시스 베이컨까지 우리가 한 번쯤 들어본 어마무시한 화가들이 대부분 이 카라바조의 후배 광고인인 거다. 왜일까? 광고인의 시선으로 보자. 좋은 광고는 한 순간

〈의심하는 도마〉, 미켈란젤로 다 카라바조, 1602, 지금까지 이런 그림은 없었다. 방금 찍은 스냅샷 같다. 예수의 표정이 '아야야…. 아프다.' 말하는 것 같다.

〈성 마태오의 소명〉, 미켈란젤로 다 카라바조, 1599, 인스타그램 필터 같은 빛이 비친다. 빛을 따라 예수가 손짓한다. '야, 그래 너 이리 와 봐!', '저… 저요?'

에 시선을 잡아채야 한다. 세상엔 수많은 광고들이 넘쳐나기 때문이다. 화가들은 고민했다. 밋밋한 그림으로는 살아남을 수 없었다. 맞다. 삶도 그림도 남들과 달라야 했다.

3부   지금까지 이런 브랜드는 없었다.

카라바조 특별전, 내셔널 갤러리, 런던. 여전히 전 세계 어디에서나 그의 그림은 인기가 많다.

> **TIP** 알아놓으면 떡이 되고 밥이 되는 뒤러와 카라바조의 유산들
>
> #누아르_영화 #스탈일리시 #세계최초의_정물화 #젠틸레스키 #리얼리즘 #페르메이르_진주_귀고리를_한_소녀 #바로크

5장
트민남 태양왕, 트렌드 리더가 되다. :
루이 14세

광고인은 트렌드에 민감해야 한다. 당연하다. 광고는 지금 이 순간 대중이 무엇을 가장 욕망하고, 무엇에 갈증을 느끼는지 정확히 파악하고, 지금까지 세상에 없던 멋진 감언이설^{甘言利說}과 구라로 대중을 설득해서 서비스나 제품을 구매하도록 해야 하기 때문이다. 한마디로 트민남, 트민녀가 되어야 한다는 거다. 트민남이란, 트렌드에 민감한 남자라는 뜻으로 요즘 유행하는 최신의 스타일, 문화, 패션 등에 관심을 갖고 따라가려 노력하는 사람이다. 최소한 요즘 유행어가 뭔지, 인기 영화나 드라마는 어떤 게 있는지, 현재 K-팝 그룹 원톱은 누구인지, 다음 S/S(봄, 여름)시즌 패션 컬러는 무엇인지 정도는 파악하고 있어야 밥벌이할 수 있다. 예민한 후각으로 킁킁 거리며 주변을 샅샅이 살펴봐야 하는 거다. 콘텐츠를 만드는 사람이라면 반드시 가져야 하는 자질이다. 그럼 이런 스타일과 문화, 패션은 누가 만드는 걸까? 마냥 만든다고 다 트렌드가 되는 걸까? 어떻게 해야 이런 인플루언서^{Influencer}가 될 수 있을까? 이런 사람을 트렌드 세터$^{Trend\ Setter}$라고 한다. 라이프 스타일을 스스로 창조하고 대중화시키는 사람, 유행을 만들고 리드하는 사람을 말한다. 이제 트민남을 넘어, 역사상 최고의 트렌드 세터를 찾아가 보자. 광고인이라면 무조건 숭배해야 하는 인물이다. 자기 스스로 태양왕이라 칭하고 자신이 곧 국가라고 칭한 그 유명한 인플루언서 말이다.

루이 14세(Louis XIV)

광고 카피: 짐이 곧 트민남이다.

'물…. 물…. 물을 다오! 물!' 거친 숨을 몰아 쉬며 고통 속 죽음에 이른 한 왕이 간절히 시종을 부른다. '마지막으로 내게 물…. 물을 좀 다오.' 존명을 받든 충직한 신하는, 왕의 고통을 덜어 주기 위해 최대한 극진히 왕에게 물잔을 올린다. 간절히 물잔을 바라보던 왕은 죽기 직전 불같이 화를 낸다. '이런 젠장! 이거 크리스털 잔이 아니잖아!' 알베르트 세라 감독의 〈루이 14세의 죽음〉(2016)의 한 장면이다. 숨 넘어가기 바로 직전까지도 최신 유행 아이템을 간절히 갈망했던 트민남, 트렌드 세터이자 지구상 최고의 인플루언서 루이 14세의 이야기다. 루이 14세 Louis XIV는 어떻게 이런 트민남이 되었을까? 무엇이 죽음 앞에서도 최신 트렌드를 집착하게 만들고 간지밖에 모르는 광고인으로 만든 것일까? 성공한 광고가 그렇듯, 신화 속 영웅들의 이야기는 모두 드라마틱하다. 탄생의 비밀을 간직하고, 인간으로는 도저히 견딜 수 없는 시련을 이겨내며, 엄청난 빌런들을 물리치고 세상에 자신의 가치를 널리 알린다. 스스로를 태양신 아폴론이자 인간계 영웅인 알렉산더 대왕으로 여긴 루이 14세도 마찬가지다.

아들을 아들이라 왜 말을 못 하니?

'내가 니 애비다.'I AM Your Father.' 갓 태어난 자신의 아들을 빤히 바라보던 루이 13세는 쉽게 이 말을 내뱉지 못했다. 뭔가 꺼림칙했다. 프랑스의 온 국민이 다 그렇게 느꼈다. 왜일까? 루이 14세는 프랑스의 루이 13세와 스페인 공주 안 도트리슈 사이에 사랑 없는 정략결혼으로 태어난다. 클럽에서 만나더라도 말이 통해야 사랑이 꽃핀다. 11세 어린 나이에 스페인에서 건너온 안 도트리슈는 프랑스어를 한 마디도 하지 못했다. 말 그대로 부부간에 말이 통하지 않은 거다. 사랑이 없으니, 애도 없었다. 게다가 루이 13세는 여자보다는 미소년에 빠져 지낸 왕으로 유명했다. 브로맨스 덕후였던 거다. 프랑스 역사상 후궁이 없는 거의 유일한 왕이다. 그래서 사람들은 훗날 루이 13세를 '숫총각 왕Louie le Chaste', 여성과 성관계해 본 적도 없는 왕이라 불렀다.

그런데 이게 웬일인가? 갑자기 떡하니 애가 생긴 거다. 미라클! 기적이다. 결혼한 지 23년 만에 아이가 생기자 여기저기 수군거렸다. '대체 누구의 아들인가?' 한 번쯤 리슐리외Richelieu라는 이름을 들어봤을 거다. 알렉상드르 뒤마의 소설 ≪삼총사≫에 나오는 루이 13세의 재상이자 추기경으로 그에게는 마자랭이라는 아끼는 비서가 있었다. 그에게 재정 업무 이외에 외로운 왕비의 심리상담사 역할을 맡기게 되었다. 그러던 중 왕비가 덜컥 임신을 하게 되었으니 궁전 안팎으로 소문이 무성했다. 더욱

왼쪽 〈안 토트리슈와 아들 루이 14세〉, 작자 미상, 1640.
오른쪽 〈쥘 마자랭 초상화〉, 필립 드 샹페뉴, 1650. 어린 루이 14세와 안 도트리슈(왼쪽) 맞은편으로 마자랭이 그윽하게 바라보고 있다.

이 마자랭은 훤칠한 키에 잘생긴 외모까지 안 왕비의 또 다른 썸남 영국의 버킹엄 공작과 닮았다. 아무튼 잘생기고 볼일이다. 루이 14세의 중간 이름은 디오도네^{dieudonne}로 '신이 주신 선물'이란 뜻이다. 아버지는 루이 13세일까? 마자랭일까? 버킹엄일까? 또 다른 남자일까? 신만이 알 수 있는 일이다.

그러던 중 루이 13세가 죽는다. 이제 루이 14세는 5세의 어린 나이에 프랑스를 짊어져야 할 판이다. 아직 판단력이 없는 어린 루이를 대신해 안 왕비가 섭정을 한다. 그럼, 재상은 누구를 시킬까? 맞다! 빙고! 마자랭을 프랑스 재상에 앉힌다. 우리는 결론이 이렇게 될 줄 알았다. 안과 마자랭이 권력의 최정점에 올라선 것이다. '저것들은 뭔가?' 스페인 여자와 이탈리아 출신 기생오라비라니 귀족과 백성들은 그들을 못마땅하게 여기고 불만이 쌓여만 갔다. 이러한 불만은 결국 '프롱드의 난 $^{La\ Fronde}$'으로 표출된다. 프롱드는 돌멩이 던지는 놀이를 말한다. 초기에 불만 세력들이 마자랭의 집 창문에 돌을 던지면서 반란이 일어났기 때문이다. 프롱드의 난은 커지는 왕권과 기득권을 빼앗긴 귀족 간의 싸움이다.

세상에 믿을 놈 하나 없네, 그려.

당시 열 살의 어린 루이는 파리를 탈출하며 난생처음 춥고 배고픔을 알게 된다. 왕실을 능멸하는 귀족들, 왕으로의 모멸감과 굴욕을 어린 나이에 깨달은 거다. 이때 삼촌마저 프롱드 파에 가담해 자신의 적이 되자 '세상에 믿을 놈 없다.'는 루이 14세의 평생 가치관과 인성이 형성된다. '아무도 믿을 수 없다. 강해지리라! 복수하리라! 만렙의 절대자가 되리라!' 프롱드의 난을 진압한 루이는 이제 프랑스에 진정한 왕이 된 자신을 널리 알리려 했다. 위대한 광고인으로 삶을 살아가기 시작한 거다.

우리는 TV, 인터넷, 유튜브, SNS, 버스, 지하철 등 다양한 미디어를 통해 광고

⟨아폴론을 연기하는 루이 14세⟩, 앙리 드 지세, 1653, 태양왕의 춤생춤사. 프로 춤꾼의 손사위가 참 곱다.

를 한다. 루이 14세도 당시 최고의 미디어를 통해 광고를 하고 자신을 알렸다. 뭘까? 바로 발레극이다. 대중 앞에 '밤의 발레Ballet Royal de la Nuit'를 선보인다. 게다가 자신이 직접 춤을 춘다. 남주가 된 거다. 이게 가능한가? 그렇다. 그도 그럴 것이 그는 매일 2시간씩 쉬지 않고 27년간 발레를 연습한 프로 춤꾼이었다. 태양신 아폴론을 연기한 주연 배우 루이 14세가 그리스 신화 속의 괴물 퓌톤을 물리치는 내용이다. 델포이 신탁에서 들어본 이름이다. 빌런 퓌톤의 죽음은 프롱드 파의 처단을 상징했다. 자신이 몸소 무대에서 보여 준 반대파 응징 광고였다. 광고 메시지는 '악을 처단한 위대한 나를 찬양하고 경배하라.' 멋진 카피다. '태양왕의 권위와 권능에 절대복종해라. 이 하찮은 귀족들아.'라는 메시지가 프랑스 전역에 퍼진다. 이 공연 이후 프랑스는 루이 14세를 태양왕으로 부르기 시작한다. 위대한 태양왕 루이 14세가 탄생하는 순간이었다. 그의 광고가 제대로 먹혔다.

'세상에 믿을 놈 없다.'는 루이 14세의 가치관에 기름을 부은 두 가지 사건이 발생한다. 1661년 프랑스 권력 서열 1위인 재상 마자랭이 죽는다. 혹시 자신의 진짜 아버지일지 모를 그의 죽음에 루이 14세는 크게 낙심한다. 한데 이게 웬일인가? 마자랭의 장부를 열어 보니, 나라의 재정이 거덜 나 있었다. IMF를 신청할 판이다. 프랑스의 연이은 내란과 전쟁으로 국고가 바닥난 것이다. 여기에 아버지처럼 믿었던 마자랭의 어마어마한 비리와 부정 축재가 드러난다. 이를 계기로 루이 14세는 죽을 때까지 절대 재상을 두지 않기로 한다. 모든 것을 왕의 이름으로 자신이 직접 통치하는 절대 군주가 되기로 한 거다. '근데 그 좋은 절대 군주는 어떻게 되는 건데?' 절대 군주가 되려면 자신에게 절대 충성하는 군대와 관료 집단, 그리고 돈이 필요했다. 돈은 예나 지금이나 모든 힘을 지배하는 절대 반지이기 때문이다. 돈, 돈을 구해야 했다.

때마침 두 번째 사건이 발생한다. 프랑스의 재정을 담당했던 니콜라 푸케$^{Nicolas\ Fouquet}$가 자신이 새로 지은 성 '보 르 비콩트'에 루이 14세를 초대한다. 왕을 포함해 초대된 인원만 6,000여 명에 이르는 초호화 초대형 집들이 이벤트였다. '이런 젠장 일개 신하 놈이 감히 내가 살고 있는 루브르 궁전보다 크고 화려하게 만들다니 네가 왕인가? 내가 왕인가?' 배알이 꼴리고 부아가 치밀어 올랐다. 입이 떡 벌어지는 화려한 실내장식, 거대한 운하와 분수, 수많은 예술품의 초호화 성을 보고 크게 격분한다. 당시 루이의 궁정생활은 어땠을까? 이 궁전 저 궁전 전전하며 메뚜기처럼 살고 있었다. 결국 푸케를 국고 횡령과 반역죄로 종신형에 처하고 국고에 맞먹는 그의 재산을 몰수해 버린다.

위대한 쇼맨과 지상 최대의 광고

이제 태양왕은 최고의 광고주가 되기 위한 계획을 수립한다. 수많은 귀족들을 자신의 발 밑에 하찮게 두고, 자신을 위대한 절대자로 숭배하도록 만들 멋진 계획을 세웠다. 파리에서 20km 떨어진 베르사유에 궁전을 짓는 거였다. 자신의 절대적 권위를 과시하는 장소이자 귀족들을 길들이고 조련하는 장소로 이용하기 위함이었다. 건설은 푸케의 성을 만든 건축가 루이 르 보와 조경가 르 노트르에게 맡겼다. '더 크게! 더 화려하게!'

광고회사에는 크리에이티브 디렉터^{Creative Director}라는 직무가 있다. 모든 광고 제작을 총괄하는 사람이다. 크리에이티브 디렉터의 제일 중요한 업무는 광고 크리에이티브 컨셉을 바탕으로 최고의 광고를 만드는 거다. 루이 14세는 이 업무를 이탈리아 유학파 출신의 르브룅에게 맡긴다. 르브룅은 베르사유 궁전 장식의 총감독이자 궁정 수석화가로 왕과 같이 타고난 광고인이었다. 철저하게 고객의 입장에서 먼저 생각하는 영업의 달인이었다. '내가 태양왕이라면 무엇을 원할까? 어떻게 보여지고 싶을까?' 이 크리에이티브 디렉터는 광고 컨셉에 맞춰 절대 왕정을 찬양하고 광고하는 수많은 천장화와 실내 장식 등을 제작한다. '어라? 저기 그림 속 아폴론 신 얼굴이 누구 닮았는데? 아! 국왕 폐하 아니신가? 알렉산더 대왕 얼굴에 국왕이 보이는데?' 특히 루이 14세를 아폴론과 알렉산더의 모습으

베르사유 궁전, 방만 2,300개가 넘는다. 한 사람의 집치고는 화려하기 짝이 없다.

3부 지금까지 이런 브랜드는 없었다.

베르사유 궁전, 거울의 방, 길이 73m, 357개의 거울이 설치된 이 방은 베르사유에서 가장 인기있는 장소다.

베르사유 궁전 정원

로 그려 왕을 기쁘게 한다. 루이 14세 입장에서 얼마나 예쁘고 기특했던지, 결국 1662년 귀족 작위까지 하사한다.

에티켓? 이게 다 루이 14세 탓이다.

루이 14세는 궁전이 만들어지면서부터 본격적인 트렌드 세터이자 인플루언서가 된다. 자신을 태양으로 숭배하고 따르게 만드는 귀족 길들이기에 박차를 가한다. 우선 줄 세우기를 시작했다. 귀족을 공작, 후작, 백작, 자작, 남작 등급제로 서열화한 것이다. '니 위에 나 있다. 더 레벨업하고 싶으면 나한테 절대복종! 알지?' 그리고 그들 등급에 맞춰 사치와 향락 등의 각종 이벤트 프로모션을 제공했다. 베르사유는 모든 귀족이 꼭 가고 싶은 놀거리, 볼거리, 즐길거리 등 축제의 워너비, 핫플이 되며 귀족들이 길들여지기 시작한다. '특전! 궁전 대운하에서 왕을 알현할 단 한 번의 기회! 후작까지만 제공' 이런 식이다. 등급제는 워너비를 만든다. 퍼스트 클래스, 비즈니스 클래스, 이코노미 클래스 이게 다 루이 14세 때문이다. 다음으로, 레벨을 나눴으니 이제 에티켓^{Etiquette}을 부여한다. 우리가 생각하는 에티켓의 의미는 타인을 대하는 마음가짐이나 태도 정도로 알고 있다. 루이 14세의 시대의 에티켓은 모든 등급의 행동 양식이자 매뉴얼이었다. 한마디로 경계를 구분 짓는 프로토콜인 거다. '스톱! 동작구만! 니 등급으로는 여기까지만!'

루이 14세는 일어나서 잠들 때까지 모든 일과를 연극 배우처럼 연기하고 대중에게 공개했다. 일어나면, '왕에게 아침 인사를 올릴 수 있는 은혜로운 에티켓'을 부여받은 귀족들의 인사를 받는다. 왕의 점심시간 '홀로 밥 먹는 왕의 모습을 서서 볼 수 있는 에티켓'의 귀족들에게 둘러싸인다. 그중 최고의 VVIP 오직 한 명만 식탁 맞은편에 앉을 수 있는 영예를 얻는다. 왕의 밥 먹는 모습을 앉아서 관람할 수 권리다. 이 얼마나 가문의 영광인가. 밤에 왕의 잠자리에서 물러나며 '촛대를 드는 에티켓'을 받고 싶어 했다. 한마디로 귀족 길들이기에 들어간 것이다. 길들여진 귀족들은 너나없이 높은 등급, 높은 레벨로 렙업하고 싶어 안달했다. 나도 저 자리에 앉고 싶다. 나도 저 촛대를 들고 싶다. 어찌해야 할까? 더욱더 태양왕에게 딸랑거리며 눈에 들고, 예쁘게 보여야만 했다. 오직 루이 14세만이 에티켓을 주거나 박탈할 권한이 있는 절대자였으니 말이다.

〈루이 14세의 초상화〉, 이아생트 리고, 1700, 그의 하이힐과 레깅스가 눈에 띈다. 오늘도 오운완!

루이 14세는 트렌드 세터이자 인플루언서로 프랑스를 넘어 전 유럽에 자신의 영향력을 행사했다. 세계 최고의 광고인이 된 거다. 유럽의 모든 군주가 그의 궁전과 에티켓, 예술, 문화, 스타일, 패션 등 모든 것을 동경하고 따라 했다. 루이 14세가 창조한 모든 것이 워너비, 가장 힙한 아이템이 된 거다. 그렇다. 오스트리아 쇤브룬 궁전, 러시아 표트르 대제의 여름 궁전, 이탈리아 나폴리에 카세르타 궁전, 포르투갈 켈루스 궁전들은 모두 베르사유 궁전의 따라쟁이들이다.

루이 14세는 생전에 300여 점의 초상화를 남겼다. 셀카왕이다. 날씬하고 미끈한 다리를 보여 주기 위해 레깅스 스타킹과 하이힐을 최초로 착용했다. 귀족들이 이를 따라 하자 급속도로 유럽 전역에 퍼져나갔다. 패션왕이다. 그는 매년 50명에게만 리미티드 에디션 '쥐스토코르Justacorps'라는 푸른 옷을 하사했다. 한정판 레어 아이템인 거다. 이 옷을 입은 자에겐 왕과 함께 산책할 수 있는 특권을 줬다. 귀족들은 매년 국왕이 직접 뽑는 이 명단에 들기 위해 매달릴 수밖에 없었다. 딸랑딸랑.

우리는 잘 안다. 영원히 지지 않을 것만 같았던 태양도 시간이 지나면 어둠에 묻히는 법이다. 국가 재정이 파탄 나고 만다. 사치와 54년의 통치 기간 중 37년간 전쟁을 벌인 결과다. 이는 훗날 프랑스 대혁명의 불씨가 된다. 유럽 최고의 광고인이자 절대 군주였던 루이 14세는 노년에 이르러 걸어 다니는 종합병원이 된다. 위염, 치루, 장염, 두통, 치통, 통풍, 당뇨, 결석, 티푸스, 피부병, 천연두 등 각종 질병에 고통받았다. 식습관이 문제였다. 엄청난 식탐의 대식가에 사람들에게 자신의 먹는 것을 보여 주기를 즐기는 관종 중 관종이었기 때문이다. 대중 앞에서 잘 먹고 잘 산다는 모습을 보이기 위해서였지만 단 음식을 지나치게 많이 먹은 탓에 충치로 고통받았다. 이때 치아 수술을 잘못 받는 바람에 입천장이 뚫려 여생 동안 물과 음식물이 코로 나오게 된다. 루이 14세는 죽는 순간까지 대중에게 자신의 모습을 드러내는 것을 즐기며 추앙받기를 원했다. '짐이 곧 국가'가 된 위대한 쇼맨이었다. 우리에게 레깅스와 하이힐, 가발을 남긴 가장 영향력 있는 절대 광고쟁이다.

TIP 알아놓으면 떡이 되고 밥이 되는 '루이 14세'가 남긴 유산들
#레깅스 #하이힐 #가발 #왕권신수설 #절대왕정 #베르사유의_장미 #프랑스_대혁명 #삼총사 #먹방_크리에이터 #루이까또즈 #레오나르도_디카프리오 #아이언_마스크

〈루이 14세의 부조 기마상〉, 앙투안 쿠아즈보, 1715, 베르사유 거울의 방 입구.
루이 14세는 자신의 모습을 80여 점의 조각으로도 남겼다. 이 정도는 돼야 진정한 트렌드 리더다.

či# 4부

치열하다.
광고 혁명

Revolution

1장
프랑스 혁명과 광고쟁이들 :
로베스피에르, 장 폴 마라

광고매체Advertising Media는 대중에게 광고가 노출되는 미디어라는 뜻이다. 광고는 만들었다고 다가 아니다. 제아무리 잘 만들었어도, 대중에게 알려지지 않으면 아무 소용이 없다. 말짱 꽝이다. 그래서 광고를 광고하는 수단이 필요하다. TV, 라디오, 신문, 잡지를 대표적인 매체라고 불러 이른바 4대 광고 매체다. 하지만 TV는 그렇다 치고 요즘 신문, 라디오, 잡지를 대체 누가 본단 말인가?

맞다. 이제 이런 매체들은 과거로 구시대의 것들이다. 지난 몇 년간 광고시장은 아주 많은 변화를 겪었다. IT 기술과 통신망이 발달하며 세상이 바뀌었다. 이제 우리는 TV, 라디오 대신 유튜브를 보고, 신문, 잡지 대신 네이버, 다음에서 기사를 읽는다. 쇼츠와 릴스를 보며 날새는 줄 모른다. TV 속 연예인들도 이제는 유튜브에 나오지 않으면 살아남지 못한다. 그렇다. 온 가족이 밥상머리에 뱅그르르 둘러앉아 TV 보던 시절은 지나갔다. 이제 더는 리모컨을 부여잡고 이거 보네 저거 보네 쌈박질하지 않는다. 아빠, 엄마, 오빠, 누나, 동생 할 것 없이 모두가 한 손엔 숟가락, 한 손엔 스마트폰을 들고 각자 지들 보고 싶은 걸 보면 그만이다.

그래서 영리한 광고인들은 각자에게 맞춤형 광고를 만들어 제공하기 시작했다. 그렇다. 우리가 제일 많이 광고를 보는 매체는 이제 유튜브와 인터넷이다. 세상이 바뀌고 혁명이 일어난 거다. 18세기, 단 한 번도 꿈꿔 본 적 없던 일이 벌어진다. 세상이 발칵 뒤집힌 이 사건을 우리는 한 번쯤 들어봤다. 세상이 바뀌면 사람도 바뀌고 광고도 바뀐다. 다름 아닌 대혁명이다.

'폭동이니?'
'아뇨, 폐하, 혁명입니다.'

파리의 시민들은 분노했다. 악과 깡만 남은 그들은 바스티유로 향했다. 바스티유 감옥이 무엇인가? 수많은 계몽주의자와 정치범들을 가두고, 고문하고 죽인 악명 높은 봉건 통치의 상징인 곳이다. '무기를 탈취하라, 정치범을 해방시켜라.' 성난 시민들은 성을 함락시키고 죄수를 석방했다. 한데 정치범은 다 어디에 있을까? 죄수라고는 달랑 사기꾼 4명, 정신 이상자 2명, 바람둥이 1명뿐이었다. 1789년 7월 14일의 일이다. 그 시각, 프랑스 왕은 아주 우울했다. 식탐 많은 그가 입맛조차 없었다. 힘없이 일기장을 펼친 왕은 '오늘 아무것도 못 잡았음!' 썼다. 한가히 사냥 여행을 마치고 돌아왔지만 아예 소득이 없던 탓이다. 이때 시종이 허겁지겁 왕에게 바스티유 함락 소식을 보고하자 왕이 태평하게 묻는다. '폭동이니?' '아뇨, 폐하, 혁명입니다.'

프랑스 대혁명(French Revolution, 1789-1794),
무능한 왕과 사치와 향락밖에 모르는 왕비의 무한질주

춥고 배고팠다. 수년간의 흉작으로 평민들은 빵도 구할 수 없었다. "물고기나 새를 잡아먹으면 되잖아, 뭔 대수라고." 택도 없는 소리다. 사냥은 귀족만이 할 수 있었다. 게다가 엄청난 세금에 허리가 휠 지경이었지만 성직자와 귀족은 세금조차 내지 않았다. 노 택스$^{No\ Tax}$존인 거다. 국민은 굶어 죽어 나가는데 국왕 루이 16세$^{Louis\ XVI}$는 팔자 좋게 미국 독립전쟁을 지원하며 20억 리브르^{Livre}를 썼다. 당시 프랑스 1년 예산이 4억 리브르로 이 돈은 프랑스 국민 700만 명의 식량과 집을 해결해 줄 큰돈이었다.

어떻게 됐을까? 프랑스는 결국 파산한다. 그렇다면 독립한 미국은 어떤 나라와 교역을 하게 됐을까? 영국이다. 이쯤이면 국제적 호구다. 여기에 무능하다는 소리를 듣기 싫었는지 왕이랍시고 금융개혁을 단행한다. 어찌 됐을까? 맞다. 귀족의 세금은 늘지 않고 가난한 사람들만 세금이 왕창 늘었다. 무능도 이런 무능이 없다. 재정이 파탄 나고 국민의 불만이 쌓여만 갔다. 먹을 것이 없어지니 굶주림은 분노로 변했다.

그렇다면 왕비 마리 앙투아네트$^{Marie\ Antoinette}$의 생활은 어땠을까? 본인 허영을 채우기 바빴다. 둠칫 둠칫 매일 밤 사람들을 초대해 호화 파티를 열고 빚잔치를 벌였다. 트민녀답게 패션에도 집착해 1m가 넘는 머리 장식에는 장신구와 과일을 주렁주렁 매달았다. 나라 살림이 기우는데도 옷, 보석, 구두를 사느라 바빴다. 이것도 지겨워졌는지 베르사유 궁전 정원에 농가마을과 농장을 만들어 양, 토끼, 말을 키우

〈루이 16세 초상화〉, 앙투안 프랑수아 칼레, 1779. 나랏일은 모르겠고, 사냥과 열쇠따기에 몰두했던 루이 16세

〈마리 앙투아네트 초상화〉, 엘리자베트 비제 르 브룅, 1783, 프티 트리아농, 트민녀, 패션여왕 마리 앙투아네트

베르사유 궁전, 마리 앙투아네트의 침실

베르사유 궁전, **프티 트리아농**, 마리 앙투아네트의 가상체험 마을. 진짜 농가가 아니다. 궁전 안에 꾸며 놓은 마리 앙투아네트의 가상체험 마을이다.

며 전원생활 가상체험을 하기도 했다. 이러니 국민에게 왕비가 곱게 보일 리가 없었다. 더욱이 결혼 7년이 지나도록 아이를 낳지 못하자 그녀를 맹비난한다. 사실 문제는 루이 16세가 더 컸다. 하늘을 봐야 별을 딸 거 아닌가? 오직 먹고 노는 일에만 관심 있지, 왕비에게는 관심조차 없던 거다. 왕은 취미 생활만 즐겼다. 대체 뭘까? 바로 자물쇠 따기 놀이다. 밤새 열쇠만 따고 있으니, 애가 생길 턱이 없었다. 후사가 없자 사람들은 조롱했다. 왕은 성불구, 여왕은 음란한 요부라는 소문이 나고 그들은 국민 욕받이 부부가 되어 갔다.

앙시앵 레짐(Ancien Régime)? 혁명은 노빠꾸!

중세 이래 프랑스는 출신 성분에 따라 성직자, 귀족, 평민으로 나눠져 있었다. 이게 앙시앵 레짐^{Ancien Régime}, 구체제다. '너희들 다 모여봐.' 나랏돈이 거덜 나자 루이 16세는 재정난 해결을 위해 삼부회를 소집한다. 삼부회는 각 신분 대표들이 모인 국민회의로 기득권을 지키려는 1, 2신분과 인구의 98%를 차지하는 3신분이 의결권 문제로 극렬히 대립했다. 별 소득 없이 삼부회가 끝나자 열받은 평민들은 자신들만의 국민의회를 결성한다. 끝까지 해보겠다 선언하며 테니스코트

일요일의 바스티유, 바스티유 감옥이 있던 자리엔 혁명탑과 시장이 들어섰다.

에서 열었다고 해서 테니스코트 서약이다. 우유부단한 국왕은 국민의회를 탄압하려 군대를 파리로 집결시킨다.

이 소식을 들은 파리의 시민들은 분노해 눈이 뒤집혔다. 1789년 7월 14일 아침이 밝았다. '바스티유로 가자! 혁명이다.' 바스티유를 함락시킨 시민들은 여기서 끝낼 생각도 물러날 생각도 없었다. 맞다. 노빠꾸다. 이제 이들은 파리에서 20km 떨어진 베르사유 궁전으로 몰려갔다. 자신들의 요구를 말하기에 왕은 너무 멀리 있었다. 왕과 왕비를 궁전에서 몰아내고 파리로 데려왔다. 한데 이 눈치 없고 무능한 왕과 왕비가 몰래 오스트리아로 도망가려다 붙잡히고 만다. 이제 더는 참을 수 없었다. '이런 젠장! 국민을 버리고 적국으로 도망치는 왕이라니. 사형시켜라! 단두대로 보내라!' 결국 루이 16세와 마리 앙투아네트는 자신의 백성들에 의해 처형되고 말았다. 왕이 나라를 지배하는 천 년 이상의 유럽 체제와 제도가 무너지는 순간이었다.

혁명의 광인? 광고인! 로베스피에르(Robespierre)

공포정치, 프랑스 혁명하면 떠오르는 단어다. 말 그대로 공포스럽게 정치했다. 혁명에 반대하면 처형, 왕이 그립다고 말하면 처형, 마담$^{Madam, 귀족과 왕족의 여성을 귀하게 일컫는 호칭}$, 무슈$^{Monsieur, 귀족과 왕족의 남성을 귀하게 일컫는 호칭}$라고 불러도 처형, 빵이 옛날보다 맛없고 비싸다 투덜대면 처형, 화려한 패션? 액세서리? 처형, 조금이라도 구체제를 옹호하면 별별 죄목으로 단두대로 내몰렸다. 이 공포정치를 이끈 사람이 바로 막시밀리앙 드 로베스피에르$^{Maximilien\ de\ Robespierre}$다. '죽이는 건 너무하잖아.' 사람들이 머뭇거릴 때 왕과 왕비의 처형을 맨 앞에서 앞장선 인물로 말발이 곧 무기인 선동가였다. '말발', '선동' 그렇다. 광고인에게 제법 익숙한 단어다. 왕의 재판에서 그는 이런 말을 한다. '루이 16세는 이미 유죄! 혁명이 살기 위해선 루이가 죽어야 한다!' 게다가 마리 앙투아네트의 처형에도 적극적이었다. 결국 그녀도 왕이 죽은 지 9개월 후에 반역, 국고 탕진, 아들과의 근친상간 등의 죄목으로 같은 장소에서 처형된다.

단두대, 프랑스 혁명의 심볼

한 입 베어먹은 사과, 매끈하게 쭉 뻗은 칼날, 꼬리를 팔딱거리는 초록 인어. 맞다. 애플, 나이키, 스타벅스의 상징이다. 이를 광고인은 브랜드 심벌Brand Symbol이라 한다. 여기 광고인 로베스피에르가 퍼트린 프랑스 혁명의 심벌, 상징이 있다. 뭘까? 단두대다. 중세 이래 유럽은 사지 찢기, 교수형, 익사, 화형, 십자가형, 바위로 짓눌러 죽이기 등 다양한 처형 방법이 있었다. 고통 없이 죽는 참수형은 귀족들에게만 허락됐다. 더러운 세상이다. 한데 참수형도 쉽지만은 않았다. 칼날이 무디거나 풋내기 망나니가 칼을 내리치면 한 번에 목이 잘리지 않았다. 아야야, 아프고 고통스럽긴 매한가지였던 거다.

그래서 나온 게 자동 참수기계 바로 단두대 기요틴Guillotine이다. 프랑스 혁명정부는 죽음도 평등하게 하자는 취지로 기요틴을 개발했다. 처음 제안한 파리 대학 의학부 교수 기요탱J. Guillotine 박사의 이름을 따 기요틴이라 불렀다. 자신이 만든 제품에 자신의 이름이 붙으니 얼마나 좋았을

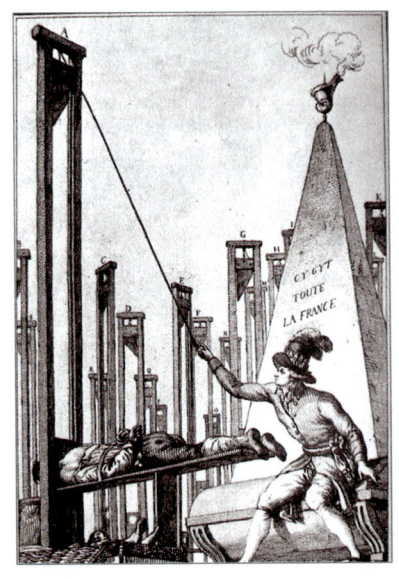

〈**처형자를 처형하는 로베스피에르**〉, 《기요틴(La Guillotine)》에 수록된 삽화, 1793, 더 이상 죽일 사람이 없자 사형집행인을 단두대에 놓는 로베스피에르, 결국 그도 자신이 사랑한 단두대에 목이 달아났다.

까? 샤넬, 아르마니에 비할 바 아니다. 아삽! ASAP! 게다가 빠르고 효율적으로 처형할 수 있었던 것이 로베스피에르가 단두대 마니아가 된 이유다. 파리에서만 매달 800명 이상 공개 처형당했다. 단두대 처형은 얼마나 잔인하고 끔찍했을까? 루이 16세가 자신이 죽을 단두대 칼날 아이디어를 줬다는 둥, 기요탱이 자신이 만든 기요틴에 죽었다는 둥 가짜 뉴스까지 생산에 재생산됐다. 하지만 과유불급過猶不及이라는 사자성어처럼 뭐든 지나치면 문제가 된다.

그의 끝은 어찌 되었을까? 단두대 마니아답게 그 역시 다른 혁명가들에 의해 단두대에서 최후를 맞았다. 칼날이 목에 내려오는 순간 그는 무슨 생각을 했을까? '아! 단두대 꽤 쓸만했구먼' 광고인의 시각으로 상상해 보자. 로베스피에르는 혁명 맹신자로 '공포만이 혁명을 구한다.'는 공포 슬로건과 프랑스의 국가 모토 '자유, 평등, 박애'를 만들었다. 그렇다. 혁명에 미쳐 있던 그가 프랑스의 브랜드 아이덴티티를 만든 광기의 광고인이다. 이제 또 다른 혁명에 미친 광고인은 만나 보자.

장 폴 마라(Jean Paul Marat)

욕조에 있던 남자의 심장에 칼을 꽂는 순간, 샤를로트 코르데는 생각했다. '이 미친 혁명을 끝내야 해.' 칼에 찔리는 순간, 남자는 생각했다. '젠장! 단두대에 올릴 명단을 내일까지 마무리해야 하는데.'

펜으로 사람 잡는 광고인

국왕이 죽자 혁명은 더 과격해져 갔다. 미쳐 날뛰고 있었다. 대환장 파티다. 이

대환장 파티를 선동한 이유로 남자는 암살당했다. 혁명이 언론의 자유를 확대시켰다. 이때 선동가이자 혁명 최고의 광고인 장 폴 마라가 등장한다. 젊었을 때 온갖 고생으로 피부병을 얻고 평생 치료용 욕조에서 생활했다. 삐뚤어질 테다. 세상에 쌓인 원한을 자신이 창간한 신문에 쏟아냈다. 한풀이한다. 분노와 적개심을 신문에 쏟아부었다. 어떻게 선동했을까? 그의 광고 카피를 보자! 심상찮다. '혁명에 필요한 것! 더 많은 목! 더 많은 피' 베르사유에서 왕과 왕비를 몰아낼 때도 한몫했다. 그가 쓴 사설 때문이다. 증오의 글들은 왕비를 몹쓸 빌런으로 만들어 나갔다. 믿거나 말거나, 시민들 사이엔 말이 돌았다. 마리 앙투아네트가 하지도 않은 말이다. '왜 굶어? 빵이 없으면 케이크 먹으면 되잖아!' 거짓말이다. 사실 그녀는 그렇게 가난하고 배고픈 사람을 본 적조차 없으니까. 가짜 뉴스인 셈이다. 아무튼 프랑스는 혁명 세력과 혁명 반대 세력으로 갈렸다. 또 글을 쓴다. 혁명 지지자들에게 감옥으로 쳐들어가 투옥된 반대 세력을 죽이라 선동한다. 이것도 성에 안 차는지 점점 더 광인狂人이 되어가던 마라는 이제 20만 명을 처형해야 한다고 선동한다. 제정신이 아닌 거다. 그의 말을 들어 보자. '일이 풀리지 않으면 몇

콩시에르주리, 대혁명 당시 단두대에서 처형되기 전 마리 앙투아네트와 로베스피에르가 수감되었던 감옥. 어쩐지 놀이 공원을 닮았다.

〈마라의 죽음〉 복제품, 자크 루이 다비드, 1793, 루브르 박물관, 마라의 죽음을 광고로 복제하다.

명의 목을 치면 된다. 그래도 안 풀린다고? 그럼 몇 명 더 치면 된다.' 무섭다. 그가 창간하고 글을 썼던 신문의 이름은 무엇이었을까? ≪인민의 벗≫이다. 결국 샤르로테 코르데에 의해 욕조에서 죽임을 당한다.

샤르로테 코르데^{Charlotte Corday}, 그녀의 뜻대로 혁명은 끝났을까? 천만에! 마라의 죽음은 혁명을 더 과격하게 만들었다. 그의 죽음은 혁명 화가 자크 루이 다비드가 그린 〈마라의 죽음〉으로 재탄생한다. 이것이 바로 대혁명 최고의 광고물이다. 광고인의 시각으로 그림을 보자. 어떤가? 마라야? 예수야? 죽은 예수가 십자가에서 내려온 피에타의 모습을 하고 있는 듯하다. 다비드는 마라를 혁명 최고의 순교자로 만들어 버렸다. 혁명세력은 〈마라의 죽음〉을 여러 복제화로 만들어 혁명에 앞세웠다. 〈마라의 죽음〉을 혁명의 브랜드 아이덴티티이자 감성 광고로 만든 셈이다.

이제 혁명은 어떻게 될까? 민중들은 잘 먹고 잘 살게 됐을까? 옆나라 왕과 왕비의 목이 댕강 날아갔는데, 이웃나라 왕들은 무슨 생각을 했을까? 약삭빠르고 악마의 재능을 가진 광고인, 화가 다비드는 이제 다음 광고주를 만족시킬 만반의 준비를 했다. 그 광고주는 누구일까?

> **TIP** 알아놓으면 떡이 되고 밥이 되는 '프랑스 대혁명'의 유산들
> #계몽주의 #루소 #볼테르 #베르사유의_장미 #단두대_매치 #브리오슈 #프로파간다 #라마르세예즈

2장
광고회사 made in 나폴레옹 :
나폴레옹 보나파르트, 자크 루이 다비드

수북한 가슴털, 떡 벌어진 벌크업 어깨, 록스타 같은 긴 곱슬머리와 초록색 옷을 입은 사나이. 대체 누굴까? 다름 아닌 산타클로스다. 뭐야? 깜놀이다. 발그레한 낯빛, 포동한 볼, 맘씨 좋아 보이는 얼굴과 길고 긴 흰 수염, 유튜브 먹방 크리에이터 같은 오동통한 몸매에 빨간색 옷의 할아버지가 아니잖은가? 어찌 된 일일까? 이게 다 코카콜라 탓이다. 코카콜라는 1931년부터 본격적으로 광고에 산타클로스를 등장시켰다. 맞다. 빨간색 옷, 흰 수염, 통통한 몸매, 웃음 가득한 표정의 그 친근한 산타 말이다. 그렇다. 우리가 아는 산타클로스의 이미지가 겨우 백 년도 안 된 거다. 이게 다 광고의 힘

〈스쿠루지의 세 번째 방문자〉, 존 리치, 1843, 떡 벌어진 어깨, 식스팩의 초록 사나이, 보라! 이것이 진짜 산타클로스다.

코카콜라 광고, 1931, 우리들이 아는 산타클로스는 코카콜라가 만들었다. 쉿! 아이들한테는 특급 비밀이다.

코카콜라 광고, 1956

이다.

　이것을 브랜드 리포지셔닝 Brand Repositioning이라 한다. 특정 브랜드나 제품이 소비자에게 폼나고 매력적으로 보이도록 의도적으로 브랜드의 이미지를 재구성하거나 재정의하는 거다. 대중의 인식을 바꾸고, 새로운 메시지와 이미지를 심어주는 아주 효과적인 방법이다. 맞다. 애초에 있던 녹색 산타 총각을 빨간 산타 할아버지로 만드는 거다. 이미지 세탁이다. 그런데 사실 이미지를 바꾸는 것, 이게 또 쉽지는 않다. 사람의 생각이 쉽게 바뀌지 않는 탓이다. 이게 바로 전 세계 수많은 기업이 광고에 그렇게 어마무시한 돈을 쏟아 붓는 이유다. 그렇다면 한 개인은 세상을 얼마나 바꿀 수 있을까? 지금부터 200여년 전, 불가능한 일을 가능케 한 키 작은 광고인이 있었다. 세상을 바꾼 브랜드 리포지셔닝의 대가다.

나폴레옹 보나파르트(Napoléon Bonaparte), 이미지 세탁이란 이런 거야!

'이런 빌어먹을! 이 무슨 개고생인가?' 얼어 죽을 것만 같았다. 추위에 윗니 아랫니가 다닥다닥거렸다. 알프스의 찬바람에 얼굴은 새파래졌고, 기우뚱거리는 노새 위에서 엉덩이는 피멍이 들 정도로 아팠다. 다크서클이 턱밑까지 내려온 그는 자신을 안내하는 산악 가이드를 애타게 바라봤다. 언제쯤 이 추운 산을 넘을 수 있을까? 쿠데타로 제1통령이 된 나폴레옹은 해발 2,500m의 알프스를 넘어 이탈리아로 진격했다. 군대가 알프스를 관통해 넘은 것은, 2,000년 전 카르타고의 한니발이 코끼리를 타고 넘은 후 처음이었다. 게다가 무거운 대포를 이고 지고 알프스를 넘어야 했으니 그와 그의 군대는 꼴이 말이 아니었다. 그는 왜 이런 정신 나간 짓을 한 걸까?

1800년 오스트리아는 프랑스의 동맹국인 이탈리아 북부를 장악하고 있었다. 나폴레옹은 오스트리아군을 기습하기 위해 누구도 예상치 못한 불가능한 공격 경로를 선택한다. 바로 알프스를 넘은 것이다. 고생 끝에 낙이라고 결국 오스트리아를 격파한다. 이 승리로 나폴레옹은 셀럽 중 셀럽이 된다. 그런데 그가 누군가? 맞다. 이미지 관리의 천재다. 뽐내야 직성이 풀린다. 〈마라의 죽음〉으로 최고의 혁명 광고를 그린 화가 다비드를 부른다. 최대한 간지나고 멋지게 그려 줘! 의뢰한다. 그가 그린 그림은 총 다섯 점으로 만들어져 유럽 이곳저곳에 걸리며 광고를 시작했다. 나폴레옹이 보기에 참 부듯했다. 현실의 추위와 개고생은 이미 온데간데없었다. 영웅만이 있었다.

운칠기삼(運七技三), 될놈될

나폴레옹은 코르시카에서 태어났다. 코르시카는 프랑스와 이탈리아 중간쯤 있

〈생베르나르 고개의 나폴레옹〉, 자크 루이 다비드, 1801. 광고는 간지다. 폼나야 한다.

는 지중해의 섬이다. 그가 태어나기 1년 전까지만 해도 이탈리아 땅이었기에 '차오! 본 조르노' 하마터면 바게트보다 피자를 더 좋아할 뻔했다. 조기 유학으로 10세 나이에 군사학교에 갔다. 코르시카 촌놈! 부오나파르테! 출신 성분 탓에 학교에서 부유한 귀족 자제들에게 놀림과 왕따를 당했다. 에라! 공부나 하자! 포병술과 군사학에 진심이었던 덕분에 16세, 빠른 나이에 소위로 진급한다. 1789년 혁명이 일어나고, 불과 몇 년 사이에 프랑스 남부 툴롱에서 공을 세워 장군이 된다. 그의 나이 24세 때다. 이게 가능한가? 능력자다. 물론 맞는 말이긴 한데, 혁명 기간 동안 군대 지휘관들이 하도 단두대에서 죽어 나가다 보니, 윗사람들이 없어서 고속 승진한 운도 한몫했다. 운칠기삼運七技三이라던가? 될놈될이다.

이때부터 그는 피도 눈물도 없어진다. 파리 시내 튈르리 공원에서 왕당파의 시위가 일어난다. 어떻게 했을까? 대포를 쏴버렸다. 지 한 몸 출세하려고 시민 300명을 죽이고 두 눈을 희번덕거리며 권력을 향해 달려든다. 30세 나이에 쿠데타로 제1통령이 되고, 1804년 35세의 나이에 국민투표로 황제에 오른다.

그런데 이해가 되지 않는다. 불과 10년 전 군주제가 싫어 왕과 왕비의 목을 잘라 버린 사람들 아닌가? 구체제의 특권을 없애기 위해 수많은 피를 흘리고 희생을 치렀는데, 돌고 돌아 다시 왕이라니. 아니 왕보다 더한 황제라니. 당시 투표 결과는 더 놀랍다. 국민투표 결과 황제 찬성 350만 표, 반대 달랑 2천5백 표였다. 99.93%의 압도적인 표로 나폴레옹은 황제가 된다. 왜일까? 프랑스 국민들 모두 잠시 정신이 나갔던 걸까? 그 이유는 이렇다. 왕이 없어지면 백성들은 다시 배곯지 않을 줄 알았다. 잘 먹고 잘살 줄 알았다. 그런데 오히려 사람들은 더 죽어 나가고 나라는 더 혼란스럽기만 했다. 이렇게 사느니 차라리 강력한 지도자가 출현해 사태를 수습하고 이끌어주길 간절히 바랐다. '권리는 모르겠고 지금 그냥 나 좀 살려 줘.' 여기

〈알프스를 넘는 보나파르트〉, 폴 들라로슈, 1850, 현실 나폴레옹의 얼어 죽을 알프스 등반

에 유명한 ≪나폴레옹법전 Code Napoléon≫을 만들고, 교회와의 갈등마저 해결하자 프랑스 최고의 인기남이 되었던 거다. 황제의 대관식은 참 성대했다. '이리 온!' 로마의 교황 비오 7세를 직접 불러들였다. 유럽 교회의 최고 권력자를 오라면 오고, 가라면 가는 팔자로 만들어 들러리 세운 거다. 게다가, 신의 권능으로 교황이 씌워 줘야 할 왕관을 스스로 쓰는 오만함을 보인다. 내가 뭔들 무섭겠어!

이제 나폴레옹은 알렉산드로스 대왕과 카이사르 같은 위대한 광고인이 되려 한다. 동전에 자기 얼굴을 넣고, 대법전을 만든다. 또한 자기 PR과 광고의 대가답게 일반인이라면 정신 나간 사람처럼 보일 말들을 하고 다닌다. 카이사르를 따라 3인칭 시점으로 말한 거다. 한번 들어 보자. '번개처럼 날아올랐고, 벼락처럼 내리쳤고, 나폴레옹은 모든 곳에 있었고, 모든 것을 다 보았다.' 이쯤이면 신 아닌가? 맞다. 천상

광고의 신이다. 아우스터리츠 전투에서 오스트리아, 러시아 연합군을 대파하고 유럽의 완전한 지배자가 된다.

이제 뭘 할까? 그렇다. 그가 누군가? 브랜드 리포지셔닝 전문가 아닌가? 아우스터리츠 전투의 승리를 영원히 남기려 한다. 이것은 광고인의 본능이다. 어떻게 했을까? 개선문을 세운다. 맞다. 프랑스 샹젤리제 거리에 있는 이 파리의 개선문은 나폴레옹이 세운 대형 광고판이다.

여기서 멈췄어야 옳았다. 사람의 욕심은 끝이 없다고 왕관 부리기 이벤트를 시전한다. 의붓아들에게 이탈리아, 형에게 나폴리와 스페인, 동생은 네덜란드, 처남은 독일, 여동생들에겐 이탈리아 지방의 공국들을 나눠 주고 왕들로 삼았다. 언론을 탄압하고 입을 막기 시작했고 사람들의 모임도 금지했다. 그는 서서히 독재자로 바뀌어갔다.

〈나폴레옹의 대관식〉, 자크 루이 다비드, 1808, 교황이고 뭐고 내 힘으로 황제가 됐으니 왕관도 내가 직접 쓸란다.

어느 광고인의 몰락, 영원한 광고란 없다.

    나폴레옹은 퀭한 눈으로 뒤를 돌아봤다. 동공이 풀린 만 명의 병사만이 그를 따르고 있었다. 분명 자신의 뒤에는 60만 명의 군대가 있었는데 말이다. 1812년 6월 60만 대군을 이끈 나폴레옹은 러시아로 진격했다. 이유는 이렇다. 몇 해 전 트라팔가 해전에서 영국의 넬슨에게 박살이 난 그는 체면이 말이 아니었다. '아! 바다에선 안 되겠는데' 침공은 틀렸고 눈엣가시인 영국을 왕따시키기로 한다. '유럽 국가들, 니들 내 말 잘 들어! 앞으로 재랑 놀기만 해 봐!'

    그렇다. 대륙봉쇄령이다. 그런데 갑자기 러시아가 홀라당 영국과 손을 잡는다. 나폴레옹은 열이 받았다. 자신과 프랑스에 대한 배신이니 이제 러시아에 본때를 보여줘야 했다. 러시아를 완전히 굴복시켜 제국의 지배를 확실하게 하려 했고 선배 광고인이었던 알렉산드로스 대왕, 카이사르가 이루지 못한 위대한 업적을 이루고 싶었던 거다. 거칠것 없이 진군한 나폴레옹은 9월 모스크바에 입성한다. 이제 러시아 황제의 항복만 받으면 끝이었다. 어라? 그런데 러시아 황제가 보이지 않는다. 항복을 받아야 집에 돌아갈 텐데 말이다. 사실 러시아의 작전은 이랬다. '나 잡아봐라~' 살살 약만 올리며 싸우지 않고 뒤로 계속 물러난 거다. 날씨는 추워지고, 먹을 음식은 없고, 엎친 데 덮친다고 러시아는 도망가며 자신들의 모든 도시에 불을 지르는 초토화 작전을 펼

파리의 개선문, 나폴레옹이 세운 대형 광고판은 여전히 광고 중이다.

친다. 춥고 배고픔으로 더 이상 버틸 수 없었던 나폴레옹은 결국 돌아가야 했다. 원정 실패 후 퇴각하는 길에 병사들은 얼어 죽고 굶어 죽어 갔다. 1/60로 줄어든 초라한 병사들만 그의 뒤를 따랐을 뿐이다. 천하의 나폴레옹도 러시아의 겨울은 이길 도리가 없었던 거다. 러시아 원정이 실패하자 유럽의 다른 국가들은 이제 나폴레옹을 만만하게 보았다.

1813년 라이프치히 전투에서 유럽연합군이 프랑스군에 승리한다. 나폴레옹은 폐위되고 파리에서 1,000km 떨어진 엘바섬에 갇히지만 이렇게 끝낼 나폴레옹이 아니다. 그는 엘바섬을 탈출하면서 딱 22일 만에 다시 황제에 오른다. 아마 이때 '내 사전에 불가능은 없다.'라는 불멸의 광고 카피를 남겼을지 모른다. 운칠기삼, 될놈될! 그러나 딱 여기까지였다. 워털루 전투에서 패배하며 그의 커리어가 끝나고 만다. 유럽연합국은 파리에서 6,000km 떨어진 남대서양의

〈**러시아에서 퇴각하는 나폴레옹**〉, 아돌프 노던, 1851, 그 많던 병사는 다 어디로 갔을까?

외딴섬 세인트헬레나섬으로 나폴레옹을 다시 유배 보낸다. 가까운 아프리카와도 1,500km이었으니 탈출은 꿈도 못 꿀 거리였다. 결국 6년을 머물다 병사한다. 한때 그는 유럽 대륙의 지배자였으나 섬에서 태어나 섬에서 죽고만 거다.

프랑스 혁명의 이상을 유럽에 리포지셔닝하다.

'나는 내가 너무나 사랑했던 프랑스 국민 사이, 센강 변에 내 유해가 묻히길 원한다.' 나폴레옹의 마지막 유언은 그가 평생을 바쳐 사랑했던 프랑스와의 영원한 연결을 바라는 간절한 광고 메시지였다. 죽음조차도 그에게는 또 하나의 브랜드 리포지셔닝이었을까? 19년 후, 그의 유해는 파리 앵발리드의 지하 영묘에 안치된다. 이제 나폴레옹은 역사 속에서 영원히 각인됐다. 프랑스 혁명의 이

나폴레옹의 관, 앵발리드 군사 박물관. 그가 남긴 이미지와 업적은 해피엔딩이었을까, 새드엔딩이었을까?

상을 유럽에 확산시키며 법전과 행정 제도를 개혁했지만, 과도한 정복 전쟁과 야망으로 몰락한 광고인. 그가 남긴 이미지와 업적은 해피엔딩이었을까, 새드엔딩이었을까? 어쩌면 나폴레옹에게 중요한 것은 어떤 결말이 아니라, 끝없는 브랜드 리포지셔닝 속에서 영원히 기억되는 것이었을지 모르겠다.

자크 루이 다비드(Jacques Louis David), 처세술과 재능을 겸비한 박쥐 광고인

나폴레옹이 직접 알프스를 넘는 자신을 그려 달라 의뢰했을 때, 자크 루이 다비드의 얼굴은 광대승천했다. 드디어 기회가 왔다. 이번에는 제대로 영웅을 그려야만 했다. 사실 최고의 신고전주의 화가와 나폴레옹의 3년 전 첫 만남은 그리 유쾌하지 않았다. 27세 청년 나폴레옹은 이탈리아 1차 원정 승리 후 명성이 급상승했다. 라이징스타가 된 거다. 이때다 싶은 다비드는 나폴레옹의 초상화를 그려주겠다고 제안한다. 다비드가 봤을 때 그는 될성부른 나무였다. 만일 나폴레옹이 영웅이 된다면, 그의 그림 비즈니스는 탄탄대로가 될 판이다. 미리 빨대를 꽂아 놓자!

〈보나파르트 장군의 초상화〉, 자크 루이 다비드, 1797, 압박 면접. 그는 합격했을까?

그렇다. 영업이다. 그림 그려 줄 테니 선심 쓰듯 자신의 작업실로 나폴레옹을 오라 한다. 어땠을까? '당신이 오던지, 나 바쁘거든.' 그것도 달랑 3시간 동안 그림을 그리라니! '넌 내게 모욕감을 줬어.' 다비드는 굴욕적이었다. 그가 누군가? 〈호라티우스의 맹세〉, 〈소크라테스의 죽음〉뿐만 아닌 〈마라의 죽음〉으로 이

루브르 박물관, 〈나폴레옹의 대관식〉 작품 앞, 여전히 나폴레옹과 다비드의 광고는 흥행대박이다.

미 프랑스 전역에 이름을 날리던 최고의 화가 아닌가? 결국 그가 그린 나폴레옹의 첫 초상화는 미완성을 남았다. 어쩌면 자신의 이미지 관리에 철저했던 나폴레옹의 성에 안 찼을지도 모를 일이다. 그렇다. 3시간 안에 그림 그리기는 나폴레옹의 압박 면접이었던 거다. 과연 그는 채용됐을까?

    나폴레옹은 다비드가 그린 〈생베르나르 고개의 나폴레옹〉을 보자. 아주 흡족했다. 알프스를 넘는 진짜 영웅으로 보였다. 어찌나 맘에 들었던지 자신의 황제 대관식 그림마저 다비드에게 의뢰한다. 그림은 과연 어떻게 되었을까? 2백 년이 지난 지금도 파리의 루브르 박물관에는 나폴레옹의 대관식을 보기 위한 관람객이 가득하다. 나폴레옹은 제대로 광고를 의뢰했고 다비드는 제대로 된 광고물을 만들었다. 서로가 윈윈Win-Win한 결과다.

    나폴레옹이 없었다면 그는 어떤 화가로 남았을까? 우리가 잘 알듯이 클래스는 영원하다. 나폴레옹에게 접근해 영업했던 것처럼 다비드는 쇼 비즈니스에 대가다. 〈사비니 여인들의 중재〉가 그 증거로 그림의 주제는 이랬다. 로마 건국 초기, 로마인들은 여성의 수가 부족했다. 어쨌을까? 이웃 사비니 부족의 여성들을 납치해 그녀들을 범하고, 강제로 결혼시키면서 부족 간의 전쟁이 터졌다. 한쪽은 아버지, 다른 한쪽은 남편, 그 사이에 아이들. 사랑하는 가족 간의 살육을 막기 위해 여인들이 나선다. '자! 동작 그만!' 다비드는 이 순간을 그림에 담았다. 이건 마치 혁명으로 서로가 죽고 죽이는 프랑스의 현실을 멈추자는 뜻의 공익 광고 아닌가? 〈마라의 죽음〉에서 보듯 정치적 메시지를 담아내는 데 그는 천재였

〈**사비니 여인들의 중재**〉, 자크 루이 다비드, 1799, 이제 관람객은 오페라글라스 대신 핸드폰에 그림을 담는다.

다. 게다가 전례 없는 유료 전시회를 연다. 여기에 작품 속 누드모델에 대한 팸플릿을 만들어 사람들을 홀렸다. 전시에서 일부 귀부인들이 오페라글라스로 그림 속 남자의 애플힙을 관찰했다는 소문까지 퍼졌다. 결과는 어땠을까? 보나 마나 흥행 대박이다.

혁명과 정치, 누드모델의 자극적 이야기가 입소문을 타며 전시관은 이후 수년간 관람객으로 넘쳐났다. 후대의 사람들은 그를 두고 말한다. 한때 왕실의 사랑을 받아 그림을 그렸고, 혁명의 한가운데서 또 다른 그림을 그렸고, 나폴레옹의 화가로 황제를 그린 철새 화가, 악마의 재능을 가진 처세술의 광고 대가. 그의 손바닥 뒤집는 처세술처럼 루브르 박물관엔 〈나폴레옹 1세의 대관식〉과 〈사비니 여인들의 중재〉가 서로 다른 주제로 나란히 걸려 있다.

> **TIP** 알아놓으면 떡이 되고 밥이 되는 '나폴레옹'의 유산들
> #내_사전엔_불가능이란_없다 #나폴레옹_콤플렉스 #베토벤_교향곡_제3번_영웅
> #톨스토이 #전쟁과평화 #박물관이_살아있다 #빅토르위고 #프리메이슨 #조세핀

3장
후방주의! 논란과 파격의 광고인들 :
프란시스코 고야, 귀스타브 쿠르베

아주 멀고 먼 옛날부터 광고회사에 내려오는 전설의 마법이 있다. 이 신비한 마법을 쓰면 다 죽었던 광고도 벌떡 일어난다. 기사회생의 명약인 거다. 이 마법을 3B라고 하며 아기^{Baby}, 미녀^{Beauty}, 동물^{Beast}을 뜻한다. 도저히 먹을 수 없는 맛 없는 김치찌개를 살리는 MSG처럼, 아무리 못난 광고도 이 세 가지를 모델로 넣으면 사람들이 일단 본다는 거다. 마른 빨래를 탈수기 돌리듯, 광고 아이디어를 짜내고 짜내도, 도저히 와우 포인트$^{Wow\ Point}$가 떠오르지 않을 때, 일단 넣어 보자. 이로 인해 논란이 되고, 세간에 이목이 집중돼도 좋다는 거다. 무플보다 악플이 낫다. 이게 바로 광고의 치트키, 스테로이드다. 이 중 미녀^{Beauty}는 모든 예술 분야의 1순위 마법이다. 예쁜 게 최고라는 거다. 더러운 세상이다. 전설의 마법이긴 하지만 이 마법이 모두 성공하는 것만은 또 아니다. 여기 미녀^{Beauty} 모델을 잘못 써서 당대 최고의 자리에서 쫓겨나고 목숨마저 잃을 뻔한 치명적 광고인이 있다. 얼마나 치명적이었을까? 그의 이야기를 해보자.

프란시스코 고야(Francisco Goya)

우연한 발견이 논란의 시발점이었다. 1808년 나폴레옹이 스페인을 점령하며 판도라의 상자가 열린다. 스페인 정권이 붕괴되자 스페인 왕실과 재상은 함께 프랑스로 유배된다. 그때 쫓겨난 재상의 빈 집에서 발견된 그림이 세상을 혼란에 빠트린다. 여긴 대체 뭐란 말인가? 재상의 미술 갤러리엔 수많은 그림으로 가득했다. 사실 여느 귀족의 미술 갤러리와 다를 바 없었다. 모든 그림이 누드화라는 것만 제외하면 말이다. 그중 유독 눈에 띄는 두 개의 그림이 있었다. 스페인의 대표 화가 프란시스코 고야가 그린 〈옷 벗은 마하〉와 〈옷 입은 마하〉다. 사람들은 너무 뻔뻔한 여인과 시선이 마주치자 당혹스럽고 불쾌함을 느꼈다. 선성모독으로 여기기까지 했다. 누드화는 고대부터 있었다. 맞다. 과거부터 흔하디 흔하게 누드화다. 그런데 무엇이 문제였을까?

나체로 표현되는 여성은 고대부터 인간이 아닌 신으로 아프로디테, 헤라, 아테나, 니케 등 여신만이 누드가 가능했다. 그렇다. 여신은 나체지만 나체가 아닌 거다. 일반인을 누드화의 주제로 한다는 건 있을 수 없는 일이었다. 벌거벗은 일반인이라고? 제정신인가? 교회의 교리에 어긋나고 타락하고 음란한 죄로 여겼다. 대신 신화 속 여신들의 누드를 핑계 삼아 은밀한 시선으로 감상했다. 뭐가 다르다고 볼 거 다 보고 아닌 척 위선 떠는 거다. 뻔뻔하다. 아무튼 고야는 이 분야에서 최초로 일반인 여성을 나체의 대상으로 그린 파격적인 광고쟁이다.

스페인 최고의 티저 광고는 이렇게 탄생했다.

그림을 주문한 광고주, 즉 의뢰인은 스페인 재상 마누엘 데 고도이[Manuel de Godoy]였다. 먼저 〈옷 벗은 마하〉를 1800년에 주문한 다음 〈옷 입은 마하〉를 1803년에 주문했다. 티저 광고^{Teaser}라는 게 있다. 티저 광고란 상품의 정체를 일시적으로 숨겨 소비자를 궁금하게 만듦으로써 상품에 대한 기대와 인지도를 넓혀 가는 방식의 광고다. 메인 광고를 노출하기 전에 호기심을 유발하는 일종의 사전 광고인 거다. '자! 이런 광고가 곧 나올 건데 궁금하지? 궁금하니까 조금 더 기다려 봐! 눈이 휘둥그레질 거 보여 줄게.' 이런 식으로 군불을 지피고 대중이 궁금해 미치도록 만드는 것이 티저 광고의 핵심이다. 고도이는 여성의 누드화만 걸어 놓은 방을 따로 만들어, 방문하는 VIP 손님들에게 마하 연작을 은밀히 보여 줬다. 어떤 방식이었을까?

광고인의 시선으로 상상을 해보자. '아무나 보여 주는 거 절대 노노! 특별히 공작님께만 오늘 보여 드릴게요. 보시죠! 어때요?' 먼저 〈옷 입은 마하〉를 천천히 선보인다. 홍조 가득한 얼굴, 갈색의 머릿결, 속살이 보일 듯 말 듯 한 얇은 시스루, 풍만한 가슴과 잘록한 허리, 실루엣이 드러나는 몸매, 스페인 최고의 화가 프란시스코 고야의 작품이다. 온갖 음탕한 상상이 동한다.

옷 입은 마하라고? 옷 입은 마하가 있다면, 다른 마하도 있다는 건가? 궁금하지? 보고 싶지? 자 60초 후에 공개합니다. 분명 이랬을 것이다. 관객의 갈증과 호기심이 최고조에 이르렀을 때 짜잔! 〈옷 벗은 마하〉를 공개한다. 그렇다. 스페인 최고의 티저 광고는 이렇게 탄생했다. 나체의 한 여인이 초록색 침대에 길게 누워있다. 희고 투명한 피부가 고혹적이다. 물론 광고적 시각으로 보면 예쁘거나 매력 있는 얼굴도 그렇다고 비율이 좋은 것도 아니다. 누가 봐도 평범한 일반인같다.

그렇다. 문제는 평범한 일반인이라는 점에 있었다. 두 팔은 머리 위로, 신체를 전혀 가리지 않고 뻔뻔하면서 당당한 자세와 태도, 게다가 여인의 음모까지 그려진 점이 당시 가장 큰 충격이었다. 그때까지 누드화는 음모를 그리지 않는 것이 불문율이었기 때문이다. 맞다. 고야의 그림은 당대의 포르노그라피였던 거다.

나폴레옹의 군대에 의해 이 그림이 세상에 알려지자, 고야는 일생일대의 큰

〈옷 입은 마하〉, 프란시스코 고야, 1803

〈옷 벗은 마하〉, 프란시스코 고야, 1800

고난을 겪는다. 스페인은 유럽에서 가장 보수적인 가톨릭 국가로 1478년 문을 연 종교재판소가 300년 넘게 유지되고 있었다. 이 재판소에서만 3만 명 이상이 화형에 처해졌고 30만 명 이상이 희생당했다. 한 달에 열 명꼴로 300년간 죽어라 화형당한 셈이다. 무섭다. 유럽 각국의 여러 종교재판소 중에서도 가장 살벌

했다. 1815년 고야는 이런 악명 높은 종교재판소에 끌려가 해명해야 했다. 결국, 스페인 최고의 화가는 자격이 박탈되고 궁정에서 쫓겨나는 수모를 겪는다. 외설죄라는 오명과 함께 그림은 몰수되고 이후 100년간 비공개의 운명에 처한다.

너무 뻔뻔한 나체, 누구냐 너?

여기에 또 다른 논란은 그림 속 여인이 누구냐는 거다! '옷을 홀딱 벗고 이렇게 뻔뻔한 시선을 던지는 저 여인은 대체 누구인가? 모델! 누구냐 너?' 심문 끝에 고야는 '자신이 사랑하는 여자'라고 이야기했다. 모델로 추정되는 첫 후보는 그림의 주문자 마누엘 데 고도이의 정부였던 페피타 투도$^{Pepita\ Tudó}$다. 국왕 카를로스 4세의 왕비인 마리아 루이사의 내연남이었던 고도이의 또 다른 숨은 내연녀. 그러니까 내연남의 내연녀. 두 번째 후보는 스페인 최대 명문 가문의 알바 공작부인으로 고야가 그린 그녀의 초상화를 보면 고야의 이름이 새겨진 반지를 끼고 있다. 커플링인 셈이다. 반지 낀 손가락은 '오직 고야'라고 쓰인 땅을 가리킨다. 이쯤이면 커플 인증샷이다. 더욱이 알바 공작부인은 후에 고도이의 내연녀가 된다. 맞다. 또 고도이다. 호사가들은 과거 알바 공작부인의 내연남이었던 화가 고야가 현재 내연남을 위해 정부의 누드화를 그렸을 거로 추측했다. 묘한 관계다.

마하는 특정 이름이 아닌 그녀, 아무개 정도의 의미로 처음 〈옷 벗은 마하〉, 〈옷 입은 마하〉를 보았을 때 사람들은 지금의 포르노그래피 광고를 연상했을지 모른다. 이런 추문이 얼마나 억울했던지 알바 가문의 후손들은 1945년 실제로 그녀의 무덤을 열고 법의학자에게 〈옷 벗은 마하〉와 알바 공작부인의 유골을 비교하도록 의뢰했다. 결과는 어떠했을까? 분석 결과 그럴 수도, 아닐 수도 있다는 애매모호한 결론만 남긴다. 이제 '오직 고야'만이 그 비밀을 알고 있을 테다. 고야가 마하 연작을 제작한 지 66년 후 더 노골적으로 미녀^Beauty, 3B를 사용한 자기애의 화신, 사실주의 자존심 만렙의 광고인이 나타난다. 논란의 광고 제작자다.

귀스타브 쿠르베(Gustave Courbet)

귀스타브 쿠르베는 프랑스 사실주의를 대표하는 화가다. 농부의 아들로 태어난 그는 대학에서 법학을 포기하고 과감히 화가의 길을 걷는다. 자신이 직접 본 것만 '있는 사실 그대로' 그린다는 것이 그의 신조였다. 자신이 추구하는 예술 철학에 대한 강한 신념, 화가로의 강한 자존심만으로 똘똘 뭉쳐 있었다. 천사를 그려 달라는 의뢰인의 주문에 '내 앞에 천사를 데려오쇼. 그럼 똑같이 그려 주겠소.'라 한다. 캬~ 이 얼마나 간지나는 멘트인가? 대단한 자존심의 광고 카피며 자신감 끝판왕이다.

빨간 방에 있었던 전무후무한 그림

그런 쿠르베의 작품 한 점이 한 세기 이상 가장 비밀스럽고 은밀한 그림이 된다. 46×55cm의 작은 그림 〈세상의 기원〉이다. 이 그림을 주문한 터키의 전직 외교관 카릴 베이^(Khalil Bey)는 〈옷 벗은 마하〉의 마누엘 데 고도이를 뛰어넘는 역사상 가장 유명한 에로틱 미술 수집가였다. 야동 수집가인 셈이다. 이미 장 오귀스트 도미니크 앵그르의 〈터키탕〉을 자신의 에로틱한 컬렉션, 소위 '빨간 방'에 소장한 그다. 쿠르베는 이 음란마귀 의뢰인을 위해 일련의 외설적이고 호색적인 그림들을 그린다. 침대에서 벌거벗은 채 서로 끌어안고 잠들어 있는 레즈비언 커플의 〈잠〉과 시트로 머리를 가린 채 노골적으로 자신의 가슴과 성기를 노출한

〈터키탕〉, 장 오귀스트 도미니크 앵그르, 1862, 열쇠 구멍으로 몰래 보는 듯한 착각, 이게 다 의도한 거다.

〈세상의 기원〉이 그것이다.

그가 누군가? 사실주의 대표 화가 아닌가? 의뢰인의 입맛에 맞게 쿠르베는 벌거벗은 여성의 음부와 가슴만을 클로즈업하여 화면 가득 담아 에로티시즘을 부각했다. 맞다. 지금의 포르노그래피, 직박구리 폴더인 거다. 쿠르베는 여기에 〈세상의 기원〉이라는 거창한 작품 제목을 붙이며 세상의 모든 것이 여기서부터 비롯되었다는 뜻을 담는다. 원래 말을 번지르르하게 하는 그는 프랑스 기성 미술계의 위선을 조롱하기 위함이라 했다. 사실 그림의 거창한 제목과는 별개로 얼굴이 드러나지 않은 여성의 특정 신체 부위만을 부각함으로써 여성을

〈잠〉, 귀스타브 쿠르베, 1866

남성들의 성적 욕망으로 대상화했다는 비판은 지금까지도 계속된다.

아무튼 〈세상의 기원〉은 마지막 소장자였던 정신분석학자 자크 라캉^{Jacque Lacan}이 죽고 난 후 1995년 프랑스 오르세 미술관에 기증되어 전시될 때까지 130년을 숨어 지

〈세상의 기원〉, 귀스타브 쿠르베, 1866, 흠칫. 후방주의다.

내야 했다. 여성의 누드를 이렇게 생생하고 적나라하게 묘사한 그림이 화가의 손에 의해 그려진 것은 전무후무한 일이었기 때문이다. 지금도 〈세상의 기원〉은 오르세 미술관의 어두운 갤러리에서 은밀하게 관람객을 맞이하고 있다. 흠칫. 후방주의다.

세상이 날 버리게 하지 않겠어.

쿠르베는 창작자로서 프랑스 아카데미의 엄격함을 경멸했다. 신고전주의와 낭만주의의 예술 사조 모두를 배격했으며 아름답게 미화하거나 이상적으로 그리는 모든 작업을 거부했다. 어떠한 구라도 치지 않고 오직 사실만을 그리려 했다. 성격도 기분파에 좌충우돌했고 무엇보다 자신의 그림에 대한 자부심과 자기애만은 은하계 최강이었다. 1855년 파리 세계 박람회에 작품 전시가 거절된다. 의기소침했을까? 천만에 말씀. 좌절 금지다. '젠장! 감히 내 작품을 거부한다고? 내가 세상을 버릴지언정 세상이 날 버리게 하지 않겠어!' 어찌했을까? 박람회장 바로 옆에 가건물을 직접 짓고 자기 작품 44점을 전시한다. 입장료 또한 파리 세계 박람회와 똑같이 책정한다. 대단한 깡이다. 이것이 역사상 최초, 개인 전시회의 시작이다. 이 정도는 돼야 나르시시즘의 끝판왕이다. 전시회는 어땠을까? 물론 망했다. 그렇지만 중꺾마! 중요한 건 꺾이지 않는 마음이다. 광고인이라면 마땅히 가져야 할 소양이다.

쿠르베는 1870년 나폴레옹 3세가 수여하는 프랑스 최고 명예인 레지옹 도뇌르 훈장을 거부한다. 왜일까? 거부 당시 그의 말을 들어보자. '내 나이 오십, 항상 자유롭게 살아왔소. 이런 자유로운 삶으로 내 삶을 마감할 수 있도록 해주시오. 내가 죽은 후 사람들이 이런 말을 할 수 있도록. 이 자는 어떤 유파에도, 어떤 교회에도, 어떤 조직에도, 어떤 아카데미에도, 특히 어떤 제도에도 속하지 않았

⟨파이프를 문 남자⟩, 귀스타브 쿠르베, 자화상, 1848, 그림에서 자기애가 뚝뚝 떨어진다.

던 자이다. 그가 유일하게 속했던 것은 자유였다.' 캬~광고 카피라이터들이여 보고 배우자! 그렇다. 쿠르베는 뼛속까지 자유롭고 싶었던 자기애 만렙의 광고인이었던거다.

> **TIP** 알아놓으면 떡이 되고 밥이 되는 '고야', '쿠르베'가 남긴 유산들
> #자식을_잡아먹는_사투르누스 #프라도_미술관 #종교재판 #자기애 #안녕하세요_쿠르베씨 #레지옹도뇌르슈발리에 #파리코뮌 #오르낭의_장례식

4장
광고 스토리보드, 콘티의 명인 :
윌리엄 호가스

'감독님 콘티 안에는 모든 디테일이 그려져 있어요. 이 모든 게 이미 머릿속에 있구나 싶어 놀랐어요.' 영화 〈기생충〉 출연 배우 최우식의 말이다. 봉준호 감독의 작업 스타일은 스토리보드에 배우의 연기, 카메라 앵글, 조명, 동선, 배경 등

광고 스토리보드, 콘티

의 모든 세세한 디테일이 담긴다. 달리 '봉테일(봉준호+디테일)'이라는 별명이 있는 게 아니다. 왜일까? 불안함을 없애 주기 위함이란다. 스태프들과 배우, 감독이 머릿속에 같은 그림을 그려야 한다는 거다. 그렇다. 이 정도는 해야 아카데미 감독이 된다. 광고 제작도 다르지 않다. 현장엔 언제나 스토리보드와 콘티가 날아다닌다. 스토리보드^{Storyboard}란 영화나 광고 등 영상 제작을 위한 문서다. 콘티는 좀 더 현장에 맞게 장면^{scene}의 번호, 화면의 크기, 촬영 각도와 위치에서부터 의상, 소품, 대사, 액션 따위까지 촘촘히 적혀 있다.

한 번 쓱 보고 모든 상황을 단박에 이해했다면 좋은 스토리보드다. 스토리텔링이 보인다고? 그렇다면 더할 나위 없다. 성공한 광고가 만들어진다. 그런데 이게 말처럼 쉽지 않다. 모두가 잘 만들었다면 모두가 아카데미상을 받았을 테니까. 18세기 영국, 스토리보드와 콘티의 대가가 있다. 그의 이야기를 들어 보자. 아카데미 감독상 수상감이다.

스토리텔링, 단 하나의 장면에 내 모든 것을 건다.

우리는 지금 오른편에 위치한 #2. 테트 아 테트$^{Tête à Tête}$를 본다. 연작 그림 〈결혼 세태〉의 두 번째 씬이다. 어지러운 방 안, 의자에 기댄 남녀가 보인다. 남자는 혼이 나가 있다. 밤새 술을 퍼마시고 들어온 듯싶다. 눈이 반쯤 풀려 손수건이 코트 주머니에 꽂혀 있는 것으로 보아 외간 여자와 뜨거운 밤을 보낸 모양이다. 여자는 기지개를 켠다. 남자를 바라보는 그녀의 표정이 아주 묘하다. 너만 놀았냐? 나도 놀았다! 이런 표정이다. 이들은 부부다. 그것도 막 결혼한 신혼이다. 이들의 앞날은 어떻게 될까?

〈결혼 세태 연작, 2편〉, 윌리엄 호가스, 1743, 행복한 결혼? 딱 한 씬만 봐도 안다.

윌리엄 호가스(William Hogarth)

윌리엄 호가스는 영국의 대표적인 화가이자 판화가로 호가스 이전까지만 해도 영국은 회화 흙수저였다. 변변한 화가가 없었다. 맞다. 음식도 회화도 미각상실, 미맹$^{味盲, 美盲}$인 거다. 그런 이유로 궁정화가도 독일이나 네덜란드 출신 한스 홀바인$^{Hans\ Holbein}$, 앤서니 반 다이크$^{Anthony\ van\ Dyck}$가 맡았다. '에라! 난 내 길이나 가련다.' 호가스는 당시 유행한 이탈리아나 프랑스 회화를 따라 하지 않고 자신만의 회화 스타일을 개척한다. 뭘까? 바로 풍자화다. 사회 풍자와 도덕적 주제를 다룬 연작 그림과 판화로 이름을 날렸다. 호가스는 소년가장이었다. 교사인 아버지는 빚 때문에 학교보다 감옥살이를 더 했다. 학교 가랬더니 다른 학교에 열심히 다닌 셈이다. 판화 공방에서 그림으로 근근이 생활하던 그에게 어느 날 영감이 떠오른다. 시리즈물을 만들어 보면 어떨까? 그림으로 스토리보드를, 콘티를 만들어 보면 어떨까? 지금까지 그 누구도 시도해 보지 않은 방법이었다. 어떻게 하면 될까? 비싼 물감 그림 대신 판화로 찍으면 그만이다. 판화는 비싸지 않으니 많은 사람들이 그림을 살 거다. 지긋지긋한 가난을 면할 수 있다. 그렇게 대량생산 대량연재의 시장을 보고 제목부터 아주 자극적으로 만들어, 대중의 관심을 확 잡아끌었다. 그의 첫 시리즈의 이름은 다름 아닌 〈어느 매춘부의 일대기〉다. 어떤가? 빅히트의 냄새가 난다. 런던 사람 모두의 취향저격이었다.

어느 매춘부의 일대기(A Harlot's Progress), 시골 소녀의 인생 막장 상경기

시작부터 확 시선강탈이다. 예쁜 이 여인은 이제 막 런던에 도착한 시골 소녀 몰 해커바웃이다. 그런데 웬 중년여성이 접근한다. 얼굴에 검은 점들이 보이는 것으로 보아, 아마 매독에 걸린 매춘부 마담처럼 보인다. '쉽게 돈 벌고 싶지 않아?' 유혹한다.

〈어느 매춘부의 일대기 1-6편〉, 윌리엄 호가스, 1731, 이런 소재는 거두절미 언제나 히트다. 히트!

2편을 보면 결국 꾐에 넘어가 늙은 고리대금업자의 정부가 된 여인이 테이블을 걷어차고 있다. 왜일까? 질펀하게 사랑을 나눈 여인의 젊은 애인을 몰래 달아나게 할 속셈인 거다. 슬슬 막장의 냄새가 난다.

3편이다. 이제 여인은 매춘부가 됐다. 침대에 앉아 있는 여인의 방문으로 욕망에 가득한 남자들이 줄 서 있다. 그녀를 잡으러 온 치안판사는 음흉한 눈길을 보낸다. 범죄자로 감옥에 갇혔다가 풀려난 그녀는 이미 몸이 쇠약해졌다. 심각한 병에 걸린 거다. 이야기의 결말이 궁금하다.

결국 그녀는 23세 나이에 성병으로 죽고 만다. 그녀의 장례식이 치러지는 방 안에 둘러앉은 사람들은 죽음에는 관심이 없다. 참석한 영혼 없는 성직자는 매춘부에게 야릇한 눈길을 보낸다. 심지어 그녀의 아이마저 그녀의 죽음을 모르는 듯하다. 씁쓸하다.

그림이 연재되자 폭발적 반응이었다. 사람들은 작품이 한 편 한 편 나올 때마다 스토리텔링에 열광했다. 더욱이 판화에 등장하는 몇몇 인물은 당시 런던에 살던 실존 인물들로 난봉꾼 귀족, 악명 높은 포주마담, 사람 잡는 돌팔이 의사, 성性에 눈뜬 성직자가 그들이다. 생각해 보자. 매일같이 포털뉴스에 나오는 인물을 그림에 넣었으니 대박이 날 수밖에 없다. 흥행대박이 나자 그는 두 번째 시리즈를 낸다. 이번엔 타락해 가는 여인 대신, 어느 망나니 남자의 이야기였다.

탕아의 일대기(A Rake's Progress), 개망나니 상속자의 대환장 인생기

부유하지만 구두쇠였던 아버지가 죽자, 하루아침에 엄청난 유산을 상속받은 톰 레이크웰이 주인공이다. 시리즈는 그가 어떻게 인생을 야무지게 망치는지 8편의 작품으로 보여 준다.

1편이다. 드라마 속 망나니 주인공들은 졸부가 되면 제일 먼저 뭘 할까? 맞다.

〈탕아의 일대기 1-8편〉, 윌리엄 호가스, 1733-1734

집을 뜯어고치고, 명품 옷을 사 입고, 좋은 차를 산다. 예나 지금이나 똑같다. 톰도 사치에 빠져든다. 이때 자신의 아이를 임신한 약혼녀가 찾아온다. 어쩔까? 뻔하다. 아 몰라! 인제 그만 만나자고 하며 돈 몇 푼 주며 돌려보낸다.

2편은 유산 탓에 사람들이 몰리면서 보디가드, 음악가, 정원사, 춤 선생, 펜싱 선생 등이 톰에게 돈을 쓰라고 꾀어낸다.

3편은 돈도 있겠다. 이제는 술과 도박, 매춘부에 빠져든다. 내일은 또 내일의 태양이 떠오를 테니 오늘만 사는 거다.

4편을 보자. 얼마나 먹고 놀았는지 빚더미에 앉아 사채업자들에게 쫓기기까지 한다. 이런 이런, 이때 버림받은 약혼녀가 사채업자에게 대신 돈을 갚는다. 그녀가 뼈 빠지게 일한 돈이다. 은혜에 보답할까? 천만의 말씀이다. 이건 막장 아침 드라마가 아닌가?

5편에서 약혼녀를 또 버린 톰은 결국 돈 많은 늙은 여인과 결혼한다. 결혼식엔 톰의 어린아이와 약혼녀 사라가 보이고 그녀의 어머니는 눈이 뒤집혀 난동 중이다. 뭔들 어떤가? 그러면서도 제 버릇 개 못 준다고 늙은 여인의 젊고 예쁜 하녀를 탐하려 한다.

다음 6편이 궁금하지만 뻔하다. 결혼하여 아내가 된 늙은 여인의 돈을 또 흥청망청 쓴다.

이제 7편을 보자. 맞다. 감옥행이다. 빚쟁이들은 여전히 돈을 갚으라 위협 중이고, 톰은 정신이 반쯤 나가 있다.

이 이야기의 결말은 어떨까? 대망의 8편이다. 벌거벗은 채 정신병원의 바닥을 뒹구는 톰, 그의 곁에 약혼녀가 보이지만 미친 톰은 그녀를 알아보지 못한다. 그는 아마 이곳에서 삶을 마감할 거다. 정신병원에 방문한 귀부인들은 이 미친 남자를 구경거리 삼아 쳐다본다.

호가스의 그림엔 탐욕, 부패, 위선 등을 비꼰 사회풍자가 넘친다. 그림 속 인물들은 시리즈 뒤로 갈수록 얼굴에 검은 점들이 생긴다. 뭘까? 성병 중 하나인 매독의 증상이라 한다. 당시엔 불치병이었으니 호가스의 그림은 이에 대한 경고라 하겠다. 그렇다. 건강증진 광고다. 세상은 예나 지금이나 똑같다. 두 개의 시리즈가 초대박이 나자 여기저기 따라쟁이들이 생겼다. 리미티드 에디션, 한정판 판화였으니 그의 작품을 무단복제하기 시작한 거다. 불법 복제품, 짝퉁이 난무하자 호가스는 저작권법이 만들어지게 힘썼다. 18세기 당시 획기적인 일이며 이는 시각 예술과 개별 예술가의 저작권을 인정한 최초의 저작권법 Engravers' Copyright Act, Hogarth Act이 된다. 참 남다르다.

결혼 세태(Marriage à la Mode-The Marriage Contract), 남녀상간, 범죄, 살인, 막장불륜 비극 드라마

앞서 우리는 신혼부부의 따로 또 같이 몰래 한 불륜의 사랑을 봤다. 이 시리즈는 당시 영국 사회의 결혼풍습에 대한 풍자다.

1편을 보면 귀족과 돈 많은 부르주아 간의 결혼 거래다. '난 족보를 줄 테니, 당

〈결혼 세태 연작, 1-6편〉, 윌리엄 호가스, 1743

신은 돈을 줘.' 몰락한 귀족은 부를, 돈 많은 부르주아는 귀족의 지위를 얻으려 한다. 가만 있어 보자, 그런데 결혼할 커플은 서로에게 별 관심 없어 보인다. 결혼할 신부는 기생오라비 같은 변호사와 썸을 타고 있고 뺀질뺀질하게 생긴 신랑은 이미 매독에 걸려 있는 걸 보니 벌써 한참 방탕하게 산 모양이다. 다음 편이 궁금하다. 정오가 넘은 시간에 밤새 여자를 만나고 돌아온 남편, 밤새 파티를 한 아내는 남편의 눈치를 살핀다. 아내 역시 바람난 모양이다. 맞바람이다.

    3편으로 넘어가자. 남편이 10대 매춘부에게 매독을 옮겨 놓고 의사에게 검사를 받는 모습이다. 이 정도면 인간 말종이다. 그사이 아내는 아내대로 정부인 변호사를 집안으로 끌어들여 노닥거린다. 맞다. 막장불륜 드라마다. 5편의 부제는 바뇨^{Bagnio}로 바뇨는 터키식 목욕탕이다. 당시 남녀가 묻지도 따지지도 않고 하룻밤 보낼 수 있는 그렇고 그런 장소였다. 그렇다. 최신식 원풀욕조완비, 러브호텔이다. 이곳에서 남편은 칼에 찔려 죽어가고, 아내의 정부는 윗도리만 입은 채 창문으로 도망치고 있다. 자, 이야기의 결말이 궁금하다. 결국 아내는 과부가 됐고 정부마저 떠났다. 친정으로 돌아온 그녀는 아이를 남겨놓은 채 자살하고 만다. 아이의 얼굴엔 커다란 검은 점이 눈에 들어온다. 아이 역시 매독에 걸린 것이다. 부부의 성병이 자식에게 유전된 거다. 업보다. 이것이 바로 돈과 신분을 주고받은 계약결혼의 비극적 결말이다.

장사천재, 광고천재 호가스 선생

    불륜, 도박, 살인, 자살, 상류층 사람들의 사치, 향락, 쾌락의 이야기는 언제나 자극적 소재다. 여기에 호가스는 광고인다운 혁신적인 방식으로 그림을 연재했다. 뭘까? 바로 선불 구독제다. 웹툰 작가 기안84인 셈이다. 방법은 이렇다. 먼저 유화로 그린 첫 작품을 전시했다. '와! 이거 재미있겠는데!', '다음 편 너무 궁

〈윌리엄 호가스와 그의 퍼그〉, 윌리엄 호가스, 자화상, 1745

금해!' 대중의 기대감과 관심을 확 끌며 구독자를 모집하고 이를 판화로 대량 제작해서 판매했다. 맞다. 유화는 미끼 샘플 광고이다. 여기에 구독자 모집을 위한 광고 카탈로그까지 만든다. 이쯤 되면 광고천재다. 게다가 선불제다. 이거 이거 남는 장사다. 사람들은 미리 구독료를 지불하고 작품이 완성될 때마다 시리즈의 각 판화를 받을 수 있었다. 한 번에 한 개씩 받아 보다 보면 전체 풀세트로 시리즈를 모을 수 있으니, 수집욕까지 자극했다. 여기에 집으로 배달까지 해줬으니 새벽 배송 부럽지 않았다. 왜 사람들은 호가스의 그림에 열광했을까?

광고인의 시선으로 보자. 자극적이기 때문이다. 여기에 현실 속 사회 문제를 날카롭게 조롱하고 풍자했다. 내 주변에 있을 것만 같은 이야기에 극적인 스토리를 입히고 대중의 관심을 높였다. 소비자의 구매심리를 알고 새로운 비즈니스 모델을 만들었다. 그렇다. 타겟의 취향을 딱 맞게 맞췄다. 매력적인 그림 실력이야 더 말할 필요도 없었다. 완벽한 스토리보드로 돈도 벌고 예술도 하고. 가만 있어 보자! 이거 진정한 광고인이다. 중요체크다.

TIP 알아놓으면 떡이 되고 밥이 되는 '윌리엄 호가스'가 남긴 유산들

구독료는 한 편당 약 1기니(guinea, 영국의 구 금화) 정도였다. 1기니는 당시 약간의 고급품을 구입할 수 있는 금액으로, 오늘날로 환산하면 수백 파운드에 해당한다. 그래도 이는 대중이 부담할 수 있는 수준으로, 상류층뿐 아니라 중산층도 접근할 수 있도록 한 가격 전략이었다. 연재 기간은 적게는 4-6개월, 길게는 1-2년이었다.
#최초의_좋댓구알이다.

5부

비로소
낯섦이
밥 먹여 주다.

Strange

1장
벨 에포크 광고 종합 학교:
몽마르트르, 물랭루주, 파리의 카페들

광고인의 시각으로 보는 경제 지표는 무엇일까? 게임 광고, 소주 광고, 담배, 립스틱, 라면, 콘돔 광고가 많이 보이면 경기가 좋지 못하다는 증거다. 최소한의 돈으로 놀고, 먹고, 즐길 수 있는 것을 찾아야 하기 때문이다. 인간은 유희의 동물이니까, 복권, 대부업 광고도 마찬가지다. 하늘에서 돈이 비처럼 내려오기를 꿈꾸는 것은 다 먹고살기 힘들어서다. 아이러니하지만 명품 광고, 명품 차, 고급 시계, 스마트폰 광고가 많아지기도 한다. 이를 베블런 효과 $^{Veblen\ Effect}$라 한다. 가격이 오르는데 수요가 증가하는 요상한 현상으로 우리 같은 광고쟁이들이 상대적인 과시욕을 자극해 리미티드 에디션, 한정판 등 달콤하고 현란한 수식어를 붙여 적은 수량으로 판매하는 대신 고급화 전략으로 수익을 높이는 방식이다. 그러니 속지 마시라.

반면 럭셔리 가전, 카드, 아파트, 여행, 항공, 리조트, 호텔, 백화점, 쇼핑, 와인, 위스키 광고가 많이 보인다면 경기 호황기다. 이제 감춰 뒀던 돈을 쓱 꺼내 주식에 투자할 때다. 모든 것을 다 떠나 광고인에게 광고가 많아지고 광고인이 많아진다면 호시절, 좋은 시절이다. 이런 시기가 바로 벨 에포크다. 벨 에포크$^{Belle\ Époque}$

는 프랑스어로 '아름다운 시절'을 뜻한다. 19세기말부터 제1차 세계 대전 발발 전까지 프랑스의 정치, 경제, 사회, 문화가 더할 나위 없이 발전하며 번영을 누린 좋은 시절이란 말이다. 전 세계 수많은 지식인, 예술인이 빛의 도시 파리로 몰려든다. 거리는 불야성을 이루고 도시 곳곳은 예술과 문학으로 가득했다. 그 시절 벨 에포크 광고 종합 학교를 찾아가 보자.

몽마르트르(Montmartre)

몽마르트르의 풍경

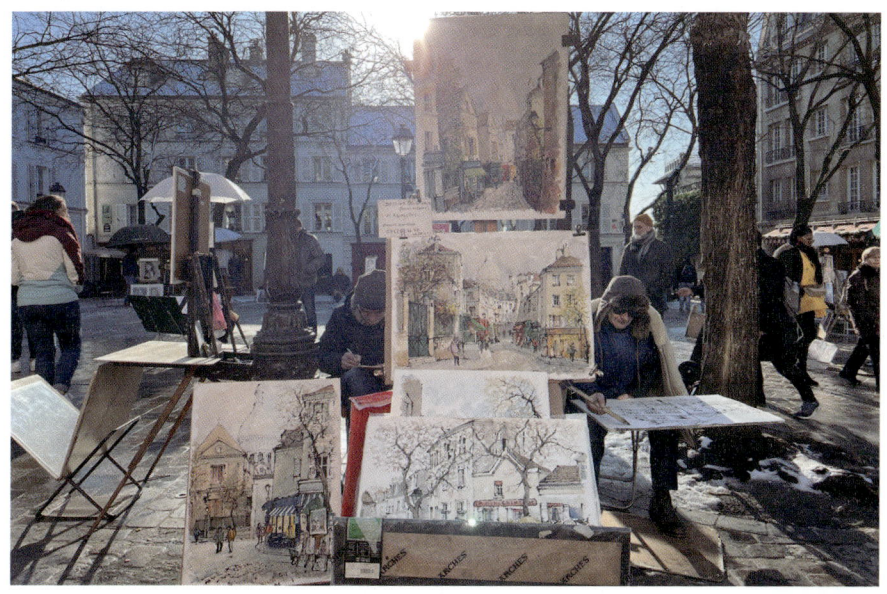

몽마르트르의 풍경

　몽마르트르라는 이름을 모르는 사람은 없다. 이름만으로도 뭔가 예술적 낭만이 가득할 것 같다. 이 언덕이 얼마나 유명하면, 우리나라 대법원 옆 공원이 몽마르트르일까. 파리를 걷다 보면 어디서나 보이는 곳이 있다. 에펠탑과 몽마르트르로 파리에서 가장 높은 장소다. 1860년대 조르주외젠 오스만$^{Georges-Eugène\ Haussmann}$ 남작이 파리 대개조 사업으로 6층 이상의 건물이 없는 탓이다. 그렇다. 파리는 참 평평한 도시다. 몽마르트르는 순교자의 산이란 뜻이다. 3세기 수많은 기독교인이 이곳에서 참수형을 당한다. 사실 산이라기보다는 조그만 언덕이다. 높이를 알면 더욱 놀란다. 기껏해야 해발 130m, 서울 남산의 딱 절반 수준이다. 그런데 이 언덕이 어떻게 벨 에포크 시대의 광고 종합 학교가 될 수 있었을까? 수많은 예술가는 왜 이곳에 모여들어 창작 활동을 했던 걸까?

예술가인척 한 번쯤 몽마르트르를 걸어 보자.

파리 메트로 12호선을 타고 아베스^{Abbesses}역에 내린다. 지상으로 올라가는 200개의 계단을 따라 그려진 벽화를 보거나, 근처 뤽튀 공원$^{Square\ Jehan-Rictus}$의 사랑의 벽$^{Le\ Mur\ des\ Je\ t'aime}$에서 인스타그램용 사진 한 장을 찍어도 괜찮다. 낭만이 곧 광고다. 이제 예술가들의 흔적을 찾아보자. 몽마르트르 초입 에밀 구도 광장$^{Place\ Émile\ Goudeau}$ 근처 특색 없고 초라한 초록색 건물이 있다. 소위 세탁선$^{Le\ Bateau-Lavoi'r}$이라 불리던 장소다. 이곳은 이름만 대면 알만한 예술가들의 아지트였다. 광고 종합 학교인 거다. 이곳에는 예술과 낭만이 가득했다. '낭만'은 다른 말로 '배고프다'는 말이다. 값싼 월세에 가난한 예술가들은 꿈을 안고 이곳에 들어와 뒤엉켜 살았다.

과거 연회장과 피아노 공장으로 쓰이다가 1889년 무단 점유되어 20개의 작

몽마르트르, 세탁선(Le Bateau-Lavoi'r), 이곳은 예술가들의 아지트이자 벨 에포크 시대 광고 종합 학교다.

은방으로 나뉘었다. 맞다. 쪽방촌, 판자촌인 셈이다. 이 어둡고 더러운 쓰레기 더미 건물은 폭풍우가 치는 날이면 그야말로 최악이었다고 한다. '흔들리고 삐걱거리는 게, 마치 센강 빨래배 같다.'해서 붙여진 이름이 바로 '세탁선'이다. 언덕에서 내려오는 빗물에 우르르 몰려나와 길바닥에서 더러운 의복을 세탁한 것은 물론이다. 기욤 아폴리네르, 조르주 브라크, 후안 그리스, 마리 로랑생, 모딜리아니, 막스 자코브 등 수많은 시인, 작가와 화가, 예술가들이 이곳에 모여 살았다. 피카소는 브라크와 밤낮으로 침대 하나를 교대로 쓰며 〈아비뇽의 처녀들〉을 완성한다. 입체주의^{Cubism}가 탄생한 고향인 거다.

길을 따라 좀 더 올라가다 보면 뜻밖의 풍차를 만난다. 물랭 드 라 갈레트$^{Moulin\ de\ la\ Galette}$다. 도심에 웬 풍차? 이러겠지만 19세기까지도 이곳은 수십 개의 풍차와 포도밭, 공동묘지가 있던 파리 외곽의 버려진 시골 언덕이었다. 변화는 19세기 중반부터다. 나폴레옹 3세가 오스만 남작에게 대대적인 파리 개조 사업을 맡긴다. 바리케이드가 세워졌던 좁은 골목들은 커다란 직선 도로로 바뀌고 지저분한 거주지는 모조리 밀어 버린다. 시민들이 봉기하지 못하게 하고, 빠르게 시위와 혁명을 진압하겠다는 목적이었다. 그럼 여기 살던 집 없고 돈 없는 사람들은 어떻게 되었을까? 달동네 몽마르트르로 몰려들었다. 집값 싸고 술값 싸고 밥값 싼 몽마르트르는 가난한 예술가들에게도 자신의 꿈을 이루기 위한 유일한 안식처가 되었다.

제분업이 불황을 맞자 풍차 소유주는 잽싸게 업종을 전환해 와인과 함께 빵을 만들어 판다. 이 빵이 갈레트다. 빵 맛집으로 소문이 나자 이제 풍차는 카바레로 바뀌고 '와인과 빵, 센강뷰 그리고 뜨거운 만남, 여성 무료 입장'이라는 광고가 파리에 퍼지자, 파리지앵들이 몽마르트르로 몰려들었다. 이곳은 일요일 오후면 아주 힙한 동네가 됐다. 물랭 드 라 갈레트는 슬픔을 모르는 화가 오귀스트 르누아르$^{Auguste\ Renoir}$의 〈물랭 드 라 갈레트의 무도회〉로 잘 알려져 있다. 생동감 있는 이 그림은 일요일 한때, 몽마르트르에 모인 힙스터들의 즐거운 일상을 보여 준

물랭 드 라 갈레트

5부 비로소 낯섦이 밥 먹여 주다.

다. 헌팅을 하고 부킹을 하고 춤추고 술 마시고 19세기 몽마르트르의 파리지앵의 모습으로 예나 지금이나 다르지 않다. 지금의 클럽인 거다. 이 풍차는 르누아르 외에도 반 고흐, 피카소, 로트레크, 위트릴로 등 많은 화가들의 작품에 광고 모델이 되었다.

순백색 사크레쾨르 대성당의 그림자가 닿는 내리막 골목 어귀에 핑크색 건물이 눈에 띈다. 몽마르트르의 카바레 라팽 아질 Cabaret Au Lapin Agile이다. 지금은 잊혀졌지만 한때, 우리나라에서 불륜의 온상처럼 여겨진 곳이 카바레다. '사모님, 제비 한 마리 키우시죠.' 사회 문제로 9시 뉴스에도 여러 번 나왔다고 한다. 원래 카바레는 다양한 음악, 노래, 춤, 토크 등이 공연되는 종합 엔터테인먼트 공간이다. 카바레가 바다를 건너와 바람이 난 거다. 벨 에포크 시절, 카바레는 이곳 몽마르트르의 가난하고 젊은 예술가들에게 지친 영혼을 달래 주는 성소, 사교의 장, 작품의 모

〈물랭 드 라 갈레트의 무도회〉, 피에르 오귀스트 르누아르, 1876, 일요일 오후, 몽마르트르는 힙스터들의 천국이다. 물 좋다.

티브를 제공하는 공간이었다. 그들이 나누는 시시껄렁한 잡담은 브레인스토밍 광고 회의였고, 압생트와 같이 그들이 마시는 독주는 빅 아이디어를 만드는 마법의 묘약이었다. 누군가는 뮤즈를 찾고 누군가는 그들과 사랑을 나누며 예술가의 꿈을 꿨다. 카바레 라팽 아질이 바로 그런 곳이다.

물랭루주의 화가이자 상업 포스터와 광고의 달인인 툴루즈 로트레크^{Toulouse-Lautrec}, 모가지가 길어 슬픈 모델을 그린 아메데오 모딜리아니^{Amedeo Modigliani}, 20세기 대표 화가 파블로 피카소^{Pablo Picasso}, 페르낭 레제^{Fernand Lger}, 몽마르트르의 화가 모리스 위트릴로^{Maurice Utrillo}, 캘리그램^{Calligram}을 만든 시인 기욤 아폴리네르^{Guillaume Apollinaire}, 20세기 현대 시의 개척자 막스 자코브^{Max Jacob} 등이 가장 좋아했던 장소다. 그렇다. 이들이 바로 카바레 라팽 아질의 죽돌이들이다. 싼값에 술 마시고 놀고, 이야

몽마르트르를 오르는 길, 핑크빛 라팽 아질이 눈을 사로잡는다.

기하고, 즉석 만남 갖고, 뮤즈를 섭외할 수 있는 젊은 예술가들에겐 최고의 놀이터였다. 지금의 라운지 바이자 헌팅 포차인 거다. 게임 광고와 영화 〈인셉션〉 OST를 부른 프랑스 국민 가수 에디트 피아프^{Edith Piaf}가 무명 시절 노래한 장소이기도 하다.

지금은 사라졌지만, 카바레 검은 고양이, 르 샤 누아르^{Le Chat Noir}도 수많은 예술가가 즐겨 찾은 곳이다. 에이스 침대의 광고 음악을 만든 에릭 사티^{Erik Satie}는 카바레 최초 피아노 연주자였다. 랭보의 연인이었던 시인 폴 베를렌^{Paul Verlaine}, 에밀 구도^{Emile-Goudea}, 작곡가 클로드

루 샤 루아르, 지방 투어 '커밍 순' 광고, 광고 제목은 '커밍 순'이다.

드뷔시^{Claude Debussy}, 화가 폴 시냐크^{Paul Signac}, 에릭 사티가 좋아했던 화가 수잔 발라동^{Suzanne Valado} 등이 이곳을 사랑했다. 특히 르 샤 누아르는 광고 잡지와 포스터 광고로 유명하다. 카바레 투어 광고는 지금도 몽마르트르와 파리를 대표하는 상징으로 광고 카피는 '커밍 순^{proehainement}'이다. 검은 고양이 모델이 놀다 가라고 유혹한다.

물랭루주(Moulin Rouge)

꿈과 낭만! 19세기 말 몽마르트르에는 두 개의 세계가 공존했다. 값싼 임대료와 저렴한 음식, 술을 마시며 예술의 꿈을 좇는 화가들과 시인들의 몽마르트르가 하나. 또 하나는 쾌락과 환락, 끝없는 축제가 펼쳐지던 몽마르트르다. 예술과 방탕, 열정과 자유가 함께 꿈틀대던 이 언덕은 당대의 예술가들이 불꽃 같은 삶을 태우던 곳이자, 환락의 이면에서 새로운 예술적 영감이 피어오르던 전설의

밤의 물랭루주. 정말 아주 빨갛다. 물랭루주는 시각적으로 최적화된 광고다.

무대였다. 쾌락, 환락, 축제…. 가만 있어 보자! 제법 전문적인 광고 용어다. 그렇다. 여기 이런 환상을 심어 준 광고 종합 학교가 있다. 어딜까? 바로 물랭루주$^{Moulin\ Rouge}$다. 물랭루주는 빨간 풍차란 뜻이다. 이름부터 어째 좀 야릇하다.

벨 에포크 시대 가장 뜨겁고, 가장 화끈하고, 가장 새빨간 풍차

1889년 에펠탑이 세워진 파리에서 세계박람회가 대박을 터트린다. 유럽은 물론 아메리카와 아시아 등 전 세계인들이 엄청나게 파리로 몰려들었다. 사업 수완이 있던 조셉 올레$^{Joseph\ Oller}$와 샤를르 지들러$^{Charles\ Zidler}$는 '여인의 첫 궁전$^{Le\ Premier\ Palais\ des\ Femmes}$'이라는 광고 슬로건을 내걸고 물랭루주를 오픈한다. 상상을 자극하

5부 비로소 낯섦이 밥 먹여 주다.

고 호기심을 동하게 하는 꽤나 괜찮은 광고 카피다. 먼저 타겟팅을 했다. 빈민가인 이곳 몽마르트르에 파리 최고의 부자들이 놀러 올 수 있게 만드는 것이 이들의 목표였다. 눈에 번쩍 띄는 새빨간 풍차와 커다란 코끼리 장식으로 사람들을 홀렸다. 노동자나 지역주민, 예술가, 부르주아, 사업가, 세련된 여성, 여행객 너나 할 것 없이 모두가 어울려 흥청망청한다.

 힙한 물랭루주의 컨셉이 모두를 취향저격한 거다. 대박이 난다. 여기에 물랭루주를 상징하는 춤 '캉캉'이 센세이션을 일으킨다. 슬릿 팬티를 입은 댄서들은 음악에 맞춰 치마를 흔들고 다리를 치켜들었다. 입이 떡 벌어지는 파격으로 지금까지 이런 춤은 없었다. 슬쩍슬쩍 자신의 몸을 보여 준 거다. 당시 조각과 회화를 제외하고 여성의 몸은 결코 드러나지 않았기 때문이다. 소문에 소문을 타고

〈물랭루주에서〉, 앙리 드 툴루즈 로트레크, 1890, 캉캉, 지금까지 이런 춤은 없었다.

앙리 드 **툴루즈 로트레크**, 폴 세스카우, 1894 〈물랭루주에서〉, 앙리 드 툴루즈 로트레크, 1890.

파리의 남성들이 미친 듯 몰려들었고 샴페인도 미친 듯이 팔려 나갔다. 캉캉 춤이 최고의 셀링 포인트가 된 셈이다. 뮤즈를 찾아 예술가들이 몰려온 것은 물론이다. 이러한 성공은 로트레크의 현대적이고 감각적인 광고가 있었기에 가능했다. 그의 그림과 광고 포스터를 본 사람들이 물랭루주에 열광한 거다.

앙리 드 툴루즈 로트레크^{Henri de Toulouse-Lautrec}는 물랭루주의 작은 거인으로 불린다. 벨 에포크 시대 파리 밤 문화의 대변자이자 몽마르트르와 물랭루주 하면 빼놓을 수 없는 상징적 인물이다. 화가이자, 광고 디자이너, 일러스트레이터다. 로트레크는 남프랑스의 귀족 집안에서 태어난 금수저 중 백작 금수저다. 어려서부터 천재 소리를 듣지만, 척추를 다쳐 그만 142cm에서 성장이 멈추고 만다. 이후 예술가와 보헤미안적 삶을 꿈꾸며 파리의 몽마르트르로 흘러 들어와 수많은 그림과 광고를 남긴다.

　여기서 잠깐, 영화 〈보헤미안 랩소디〉는 알겠는데 이 보헤미안^{Bohemian}이란 게 대체 뭘까? 원래 보헤미안은 체코의 보헤미아 지방의 유랑 민족인 집시를 일컬었다. 19세기 후반 사회적 관습에 구애받지 않고 자유로운 삶을 사는 방랑자, 예술가, 문학가, 배우, 지식인들을 뜻한다. 한마디로 한량이란 거다. 그래서 그의 작품은 격식을 차리거나 형식에 얽매여 있지 않다. 댄스홀의 삼류 가수, 매춘부, 광대 등 소외계층, 상처 입은 영혼들을 알아보는 눈이 있었다. 몽마르트르는 매춘과 동성애가 횡횡했다. 〈침대〉는 이를 표현한 작품이다. 파리 사람들은 로트레크가 그린 이 작품을 보고 충격에 빠진다. 매춘과 동성애 때문이 아니었다. 그럼, 무엇 때문일까? 바로 그림 속 여자들의 짧은 머리가 문제였다. 영화 〈레 미제라

〈침대〉, 앙리 드 툴루즈 로트레크, 1893, 바보야! 매춘과 동성애 문제가 아니야! 문제는 패션이야!

블) 팡틴의 짧은 머리를 기억하는가? 가난 때문에 자신의 머리카락을 잘라 내다 판 거다. 당시 파리 여성들에게 짧은 머리는 치욕이었다. 짧은 머리는 마리 앙투아네트처럼 단두대에서 머리가 잘려 나갈 때나 하는 것쯤으로 여겼다. 맞다. 파리가 어떤 곳인가? 루이비통과 샤넬의 도시, 패션 피플의 도시다. 매춘과 동성애에 대한 혐오보다 패션에 대한 관대함이 더 없었던 거다. 역시 파리다. 파리를 여행할 땐 옷 잘 입어야 한다.

곳간에서 인심 난다는 속담이 있듯 귀족 출신이었던 로트레크는 자신의 핸디캡에도 불구하고, 가난한 예술가들에게 늘 친절했다. 세잔, 고갱, 쇠라와는 압생트 친구였다. 몽마르트르의 외톨이였던 고흐에게도 따뜻한 친구가 되어 줬고 그에게 프랑스 아를^{Arles}을 추천해 준 사람도 바로 로트레크다. 고흐를 위해 목숨까지 건다. 고흐가 동료 화가 앙리 드 그루$^{Henri\ de\ Groux}$에게 비난을 받자, 고흐의 명예를 지켜 주고자 결투를 신청한다. 19세기의 결투는 그냥 주먹다짐하고 코피나 조금 흘리는 수준이 아니다. 실제 총으로 결투하는 거다. 목숨 내놓고 고흐 편이었던 거다. 그렇다. 의리! 광고인이라면 가져야 할 덕목이다.

파리의 카페들

파리의 카페는 커피만 마시는 곳이 아니다. 카페는 예술가, 작가, 철학자, 정치인 등 다양한 인물들이 모여 아이디어를 교환하고 토론하고 창작하던 일종의 광고 종합 학교다. 시대를 움직인 아이디어와 혁신의 불씨가 자라난 곳, 카페는 단순한 공간을 넘어 창의와 사상의 인큐베이터이자, 광고와 예술이 태동하던 무대였다.

파리의 카페, 카페인 중독과 친구를 얻는 곳

파리의 카페들, 카페 르 프로코프(Café Le Procope), 나폴레옹이 외상값 대신 맡긴 모자

대표적인 카페를 둘러보자. 카페 르 프로코프$^{Le\ Procope}$는 파리 6구 생제르맹 데 프레$^{Saint-Germain-des-Prés}$ 지역에 1686년 오픈한 파리에서 가장 오래된 카페다. 오래된 카페답게 역사적 인물들의 흔적이 가득하며 프랑스 혁명가와 철학자들의 아지트로도 유명하다. 볼테르, 루소, 몰리에르, 로베스피에르, 디드로, 달랑베르, 나폴레옹, 쇼팽, 조르주 상드, 프랭클린, 폴 베를렌 그리고 전 세계를 누비고 다닌 헤밍웨이가 즐겨 찾은 카페다. 아직도 볼테르가 사용한 책상과 나폴레옹의 모자가

방문객을 반긴다. 르 프로코프는 코코뱅이 유명하다. 닭고기에 레드 와인을 두세 병 넣고 푹 삶는 코코뱅은 나폴레옹의 최애 요리였다 한다. 맛이 어떠냐고? 옆집에 안동 찜닭집을 오픈한다면 한 달 안에 300년 넘은 이 카페 문을 닫게 할 수도 있다. 물론 개인 취향이다. 꼭 한 번 먹어 보자.

파리엔 유서 깊지 않은 카페가 없다. 뮤지컬 〈오페라의 유령〉의 배경인 파리 오페라 극장 앞 카페 드 라 페$^{Café\ de\ la\ Paix}$도 마찬가지다. 1862년, 나폴레옹 3세 시절 오픈한 이 카페는 극장 바로 앞이다 보니 언제나 셀럽이 바글바글했다. 이른바 1열 셀럽 역세권인 셈이다. 공연이 끝나면 이곳으로 모인 배우들과 관객들이 뒤섞여 부어라 마셔라 했다. 파리의 카페는 커피는 물론, 와인과 각종 술, 음식과 음악이 있는 라운지 바인 거다. 빅토르 위고, 차이코프스키, 플로베르, 오스카 와일드, 에밀 졸라, 모파상이 즐겨 찾았다. 20세기 들어서는 이브 몽탕, 로만 폴란스키의 단골 카페다. 아! 유명한 곳이란 곳엔 빠지지 않는 헤밍웨이도 물론이다.

19세기 후반 몽마르트르 시대가 저물자, 파리의 예술가들은 생제르맹 데 프레로 활동 무대를 옮긴다. 이때가 두 라이벌 카페의 시대다. 레 뒤 마고$^{Les\ Deux\ Magots}$와 카페 드 플로르$^{Café\ de\ Flore}$, 생제르맹 거리의 대표 카페다. 레 뒤 마고는 《좁은 문》의 앙드레 지드, 브르통, 사르트르의 단골 카페다. 사르트르가 자주 앉던 의자와 테이블에 이름이 새겨져 있다. 광고전략이다. 피카소, 카뮈, 생텍쥐페리 그리고 역시나 빠지지 않는 헤밍웨이를 만날 수 있다. 바로 옆 카페 드 플로르엔 피카소, 사르트르와 연인 보부아르, 앙드레 말로, 앙드레 드랭, 카뮈, 에디트 피아프, 알랭 드롱, 칼 라거펠트, 아르마니 등 수많은 사람들이 이 카페를 찾았다. 죽돌이들이다. 물론 헤밍웨이도 끼지 않을 수 없다. 맞다. 카페에 맥북을 끼고 몇 시간씩 앉아 있는 우리들은 헤밍웨이의 먼 친척일 테다.

20세기 초 아주 핫한 지역으로 떠오른 파리 몽파르나스 지역에 집중적으로 카페가 들어선다. 지금의 성수동이다. 라 로통드, 르 셀렉트, 르 돔, 라 쿠폴 등의 카페다. 피카소, 모딜리아니, 장 콕토, 막스 자코브, 디에고 리베라, 페기 구겐하

파리의 카페들, 카페 레 뒤 마고(Café Les Deux Magots), 여전히 많은 사람들이 예술가의 향기를 찾아 이곳 카페에 모인다.

임, 발터 벤야민, 사무엘 베케트, 고갱, 칸딘스키, 레닌 등 수많은 창조적 인물이 패거리로 이 카페, 저 카페 몰려다녔다. 헤밍웨이? 당연하다. 벨 에포크와 20세기 초, 파리의 카페는 수많은 예술가와 철학자, 정치인, 셀럽들이 모인 창조적 용광로였다. 광고인의 눈으로 보면 예술과 사상의 연대, 자유와 철학, 토론과 창조의 아이디어가 차고 넘치는 커다란 광고 종합 학교였던 거다. 그래서 광고인에게 카페인 중독은 타고난 팔자다.

TIP 알아놓으면 떡이 되고 밥이 되는 '벨 에포크'가 남긴 유산들
#인상주의 #미드나잇_인_파리 #압생트 #파리세계박람회 #보헤미안_랩소디 #퀸 #팝아트 #캉캉 #리도쇼 #크레이지_호스_쇼

2장
B급의 전성시대 :
에두아르 마네, 클로드 모네

'별이 다섯 개!' 국민 10명 중 9명이 안다는 돌침대 광고다. 브랜드 인지도가 90%를 넘는다는 말이다. 톱모델이 나오는 것도 엄청난 광고비가 든 것도 아니다. 처음 광고를 보면 '이게 뭐, 되지도 않는 광고냐?' 한다. 한마디로 후지다. 그런데도 우리는 이 광고를 오랜 기간 기억한다. 이를 B급 광고 흔히 병맛 광고, 약 먹은 광고라 한다. 그런데 이상하게 끌린다. 이런 광고는 대체 왜 성공할까? 인간이 반항의 동물이기 때문이며 삐딱한 것에 열광하는 못된 습성 탓이다. 모든 비주류 문화는 주류에 대한 반발에서 나온다. 비주류가 주류의 자리를 차지하게 되면 끝이냐고? 아니다 또 다른 비주류가 나온다. 광고 역시 도전과 응전의 역사다. 여기 B급 문화 전성시대를 이끈 전설적인 비주류들이 있다. 한때 조롱의 대상이었던 이들은 이마에 별이 다섯 개 박히는 강렬한 장르를 만든다. 이 반항아들을 만나 보자.

인상주의(Impressionism)

챗GPT가 난리다. 세계 최대의 AI연구소인 오픈 AI가 만든 딥러닝 프로그램인 챗GPT는 '언어를 만들도록 개발된 인공지능' 즉, 대화형 인공지능 챗봇이다. 언론은 연일 이 챗GPT에 영향받을 직업에 대해 떠들어 댄다. 회계사, 수학자, 금융 애널리스트, 프로그래머, 통역사, 작가, 광고 카피라이터, 디자이너 등은 어쩌면 가까운 미래에 직업을 잃을 수도 있다. 신문물이 내 밥줄을 죄어 온다. 불안하고 등골이 서늘하다.

이게 망할 놈의 사진 탓이다!

예술이 태동한 이래 일류 화가의 기준은 언제나 자연과 인물을 실물과 똑같이 표현하는 능력이었다. 그러기 위해 수년 수십 년 똑같이 그리는 훈련 지옥에 빠졌었다. 르네상스 시대의 위대한 화가들이 원근법, 투시법, 인체 해부학, 광학, 동물학, 지리학, 자연 관찰 등의 다양한 학문을 지겹고 신물나게 연구한 이유다. 똑같이 그려야 하니까! 그런데 1826년 사진이 세상에 나온다. 천지개벽이다. 똑같이 그리는 데 사진 이상이 있을 수 없다. 이제 수개월 수년 걸리던 화가의 그림이 단 몇 시간 만에 뚝딱 만들어지는 시대가 된 거다. 여기에 물감을 쳐발쳐발한 비싼 초상화 대신 값싼 인물 사진의 인기가 높아졌다. '여보, 아버님 댁에 초상화 하나 놔드려야겠어요.' 서민의 수요가 폭발한다. 자연스럽게 사진작가들이 넘쳐나기 시작했고 사진은 이제 미래형 신사업이 되었다. 멘붕이다. 사진만큼 잘 그리지도, 빠르게 그리지도 못한다. 게다가 비싸다. 화가들은 앞날이 막막했다. 어떻게 먹고살아야 할까? 제일 먼저 고민하고 움직인 사람들은 기존 미술계의 근엄한 아카데미 사람들이 아닌, 비주류화가들이었다. 맞다. 별로 잃을 게 없는

B급 사람들 말이다.

이게 뭐 되지도 않은 그림인가? 에두아르 마네(Édouard Manet)

에두아르 마네$^{Édouard\ Manet}$의 그림이 전시되자마자 관람객은 조롱과 비난을 쏟아냈다. 사실 이 전시회에 온 사람들은 작정하고 비웃고 조롱하기 위해 온 사람들이 대부분이었다. 프랑스 루이 14세부터 시작된 살롱전^{Salon}은 매년 예술가들의 작품을 모아 전시를 했다. 입상만 하면 화가로 성공보장이었다. 지금의 TV오디션 프로그램인 거다. 심사 위원단은 언제나 늘 보수적이었고 사진처럼 이상화된 그림만을 최고로 인정했다.

4,000점 이상이 출품된 1863년 살롱전에서 사건이 터진다. 출품작의 2/3가 우수수 다 떨어진 거다. '얘도 탈락, 쟤도 탈락.' 보수적인 위원단 입맛에 하나같이 안 맞은 결과다. 떨어진 화가들이 워낙 많은 데다가 항의가 빗발치자, 나폴레옹 3세는 그만 징징대라는 여론 무마용으로 떨어진 B급 작품들만 모아 전시회를 열어 준다. 이른바 낙선전$^{Salon\ des\ Refusés}$이다. '얼마나 못 그렸으면 살롱전에서 거부된 건가?' 매일 수천 명의 방문객이 낙선전에 몰려든다. 호기심과 스트레스 풀이용 뒷담화를 위해서다. 전시장 안은 탄식과 비웃음으로 가득했다. 그렇다. '거봐! 니들은 떨어질 만하니까 떨어진 거야! 그러니 그만 징징거려.' 이런 의도였던 거다.

그중 압권이 바로 마네의 그림 〈풀밭 위의 점심〉이다. 젊은 남녀가 한가히 호숫가 근처 숲에 앉아 있다. 소풍인가? 잘 갖춰 입은 두 남자 사이에는 벌거벗은 여인이 있다. 부끄럽지도 않나? 그들 뒤로 시스루의 여인도 보인다. 원근법과 비율조차 맞지 않는다. 가만 있어 보자. 시스루의 여인은 자신의 주요 부위를 물로 씻고 있는 거 아닌가? 게다가 벌거벗은 여인은 턱을 괸 채 빤히 관람객을 응시하

〈풀밭 위의 점심〉, 에두아르 마네, 1863. 흠칫, 그녀가 쳐다본다. 너도 나랑 놀았잖아.

고 있다. 마치 '너도 지난 주말에 나랑 여기 불로뉴 숲에서 이렇게 놀았잖아!' 속삭이는 듯했다. 그림을 본 귀족과 부르주아들은 얼굴이 화끈거렸다. 충격적이었다. '이건 얼마 전 불로뉴 숲의 바로 내 모습이 아니던가?' 마네는 사람들 앞에서 격식 있는 척을 하지만 뒤에서는 매춘을 일삼던 당대 귀족과 부르주아 계층을 현장 저격한 거다. 맞다. 사회 고발 광고다. '참 뻔뻔한 그림이다. 한심한 수준의 그림 실력이다. 진짜 찐 B급이다.' 사람들은 각종 말로 마네를 비난하고 디스했다. 자신들의 치부가 들킨 것에 대한 못된 복수였다. 사실 마네 역시 뼛속까지 부르주아였다. 그런데도 현장 고발자가 된 거다. 마네는 법무부 고위관료인 아버지와 스웨덴 왕실의 후손이자 외교관의 딸로 부유한 집안의 어머니 사이에 태어났다. 집안의 바람인 법률가와 직업군인을 거부하고 화가의 길을 걷는 반항아다. 그러면서도 살롱전에 입상하기를 열망했고 화가로 보란 듯이 성공하고 싶었던 마네. 낙선전의 악명 때문인지 그림들은 여전히 팔리지 않았고 아버지의 유산으로 살던 중 마네는 또 한 번 반항한다.

낯설다. 혹시 이것이 미술의 미래 아닐까?

마네가 〈풀밭 위의 점심〉으로 욕받이가 된 지 2년 후인 1865년 살롱전, 이번에는 이름부터 대놓고 어그로를 끌었다. 〈올랭피아〉다. 올랭피아가 대체 뭔가?

〈올랭피아〉, 에두아르 마네, 1863 사람들은 고양이의 꼬리를 보고도 화냈다. 욕받이 씬스틸러다.

올랭피아^{Olympia}는 당시 파리의 매춘부들이 가장 많이 사용한 닉네임이었다. 그렇게 아름다워 보이지 않는 여인이 벌거벗은 채 침대에 비스듬히 누워 있다. 관람객은 그림의 제목 〈올랭피아〉로 대번에 이 여인이 매춘부라는 사실을 알아차린다. 게다가 머리에 꽂은 커다란 꽃, 목을 묶은 가죽 초커, 검은 고양이의 말려 올라간 꼬리는 영락없이 음탕하고 천박한 누드화로 보였다. 흑인 하녀가 스폰서의 꽃다발을 막 전달하려는 순간, 그림 속 여인은 또 한 번 관람객을 뻔히 쳐다본다. '그래? 지난번 또 너냐?' 속삭이는 듯하다.

아니나 다를까, 〈풀밭 위의 점심〉 때보다 더 많은 욕을 먹는다. 우아하고 아름다운 누드화를 기대한 관람객은 당황하고 분노했다. 당시 살롱전을 찾은 사람들에게 마네의 그림은 누드화가 아닌 포르노그래피였던 거다. 그림을 찢어 버리겠다는 사람들로 인해 주최 측은 손이 닿지 않는 곳으로 그림을 옮겨 놓아야만 했다. 그렇다. 분노 유발자. 비난은 꼬리에 꼬리를 물고 수많은 관람객을 그림 앞으로 이끌었고 너나 할 거 없이 시원하게 욕 배틀을 한다. 한 비평가는 '시체 앞

〈비너스의 탄생〉, 알렉상드르 카바넬, 1863, 당시 살롱전에 입상한 누드화. 누드가 이 정도는 돼야지. 살롱전에서 나폴레옹 3세는 이 작품을 냉큼 구매한다.

〈바티뇰의 아틀리에〉, 앙리 팡탱 라투르, 1870. 그림을 그리고 있는 마네, 르누아르, 에밀졸라, 바지유, 모네 등의 패거리가 큰 형님 마네를 따르고 있다.

에 모인 사람들, 그림 수준이 너무 낮아 내뱉는 말조차 아깝다.' 평했다.

그런데 이 스캔들이 마네의 추종자들을 만든다. 작용에는 반작용이 있는 법이다. '똑같이 그려 봐야 사진만도 못한 것을' 신화나 역사화가 아닌 현대 생활을 느낌대로 그린 마네의 그림에 매료된 거다. 신박했다. 개중에 모네, 르누아르, 피사로, 드가 같이 '어라 뭔가 다르다! 낯설다. 혹시 이것이 미술의 미래 아닐까?'라고 생각하는 몇몇 젊은 화가들이 나타난다. 우리가 알고 있는 인상주의 화가들이다. 물론 이들이 자신의 추종자라는 사실을 알기까지는 몇 년이 더 걸린다.

'어이~ 입선 축하해!' 1866년 마네는 짜증이 났다. 이전 해 〈올랭피아〉의 엄청난 비난으로 가뜩이나 열받은 상태인데 자신과 비슷한 이름의 젊은 화가가 나타나 살롱전 입선을 한 거다. 사람들은 비슷한 이름 탓에 마네에게 축하까지 건넸다. '누구냐 너?' 마네? 모네? 우리만 헷갈리는 게 아니다. 당시 파리 사람들도 두 사람을 헷갈렸다. 단단히 짜증이 나서인지 모르지만, 마네가 모네를 친구로 받아들이기까지는 3년의 세월이 더 필요했다. 속 좁다. 그림 〈올랭피아〉의 운명은 어찌 되었을까? 엄청난 비난과 스캔들 때문인지 어떤 미술관, 어느 수집가, 어느 누구도 〈올랭피아〉를 사려하지 않았다. 마네가 세상을 떠나고 열린 경매에서조차 팔리지 않자 결국 그의 아내가 되사야만 했다. 1889년 미국의 한 수집가가 사려 들자, 마네의 추종자인 모네와 친구들은 돈을 모아 그림을 국가에 기증하기로 한다. 루브르 박물관에 걸어 달라는 조건이었다. 루브르는 이를 받아들였을까? 천만의 말씀이다. 루브르는 제안을 거부한다. 〈올랭피아〉는 돌고 돌다 1986년에 오르세 미술관에 겨우 전시된다. 루브르는 끝까지 비주류 반항아, 마네를 주류로 인정하려 하지 않았던 거다. 여기도 저기도 참 속 좁다.

그림 뒤 벽지가 차라리 낫네 그려, 클로드 모네(Claude Monet)

마르모탕 미술관, 〈인상, 해돋이〉, 클로드 모네, 1872

'이게 그림인가? 쓰레기인가?', '내가 발가락으로 그려도 이것보다 낫겠다.' 전시회에 몰려든 관람객은 모두 그림들을 보고 아연실색한다. 제대로 완성도 되지 않고 거칠고 투박하게, 대충 쳐 발라 그려진 형편없는 그림들을 보고 있자니 입장료 50상팀 centime, 프랑스어권 국가 화폐 단위이 아깝기만 했다. 특히 어이없는 제목의 그림을 보자 할 말을 잃었다. 〈인상, 해돋이〉다.

모네가 자신의 고향인 항구도시 르아브르를 그린 그림이다. 자욱한 안개 뒤로 태양이 떠오른다. 항구의 희미한 실루엣, 수면에 비친 붉은 잔상과 떠다니는 배. 대충 물감을 뒤섞어 붓질을 한 이 그림을 보고 사람들은 경악한다. '인상, 해돋이라 감동적이구먼, 인상적이네. 가관이야. 그림 뒤 벽지가 차라리 낫네. 그려' 평론가 루이 르루아$^{Louis\ Leroy}$는 즉각 조롱 섞인 비평은 내놓는다. '인상주의^{Impressionism}'라는 미술 사조, 브랜드가 최초 탄생하는 순간이었다. 사실 대부분의 미술 사조는 이런 비아냥에서 출발한다. '번들거리기만 한 찌그러진 진주' 바로크, '천박한 조개껍데기' 로코코, '애들 장난감 같은' 큐비즘, '기성품을 그대로 제시하는' 레디메이드가 그렇다. B급이 주류가 된 사례다.

1874년, 무명 예술가들은 기존 미술계에 불만이 가득했다. 살롱전은 여전히 보수적이고 권위적이었다. 기껏해야 사진만도 못하는 그림들만 잔뜩 선호한 탓이다. 반항한다. 심사도, 탈락도 없는 자신들만의 전시회를 열기로 한다. 모네는 물론, 드가, 피사로, 르누아르, 시슬레 등 30명의 젊은 작가가 165점 넘는 작품을 출품한다. 이것이 〈제1회 인상주의 전시회〉다. 4천 명의 관람객이 몰렸다. 조롱과 비아냥이 입소문을 타고 서로 욕배틀을 하기 위해 몰린 결과다. '임산부나 심신 미약자, 노약자는 관람에 주의하십시오', '부인, 감당할 수 있겠어요?', '회화의 혁명, 그 공포의 시작' 같은 기사와 비평 덕분이다. 나쁘진 않았다. 나름 어그로 제대로 끈 거니까.

〈제1회 인상주의 전시회〉에 대한 신문 삽화 비평, 회화의 혁명, 공포의 시작

마네가 잃을 것 없는 젊은 반항아들에게 인상주의 길을 열어 준 화가라면, 모네는 그 자체로 인상주의의 시작과 끝인 화가다. 노르망디 인근 항구도시 르아브르에서 자란 모네는 노르망디의 아름다운 자연과 풍경을 보고 자라며 자연스럽게 빛에 매료된다. 그가 스튜디오가 아닌 야외에서 그림의 소재를 찾게 된 이유다. 그는 어려서부터 그림 실력이 뛰어나 캐리커쳐를 그리며 돈을 벌었다. 될 성부른 나무다. 화가를 꿈꾸며 파리로 유학을 떠나 바지유, 르누아르, 시슬레를 만난다. 이들 모두 훗날 인상주의 대표 화가가 된다. 인상주의 어벤져스인 거다. 화실의 권위주의적 교육은 죽을 만큼 싫었다. 이내 친구들과 함께 화실을 뛰쳐나와 스스로 그림 연구를 시작한다. 천상 반항아들이다.

빛 시리즈에 대한 집착남

〈카미유의 죽음〉, 클로드 모네, 1879, 자신도 모르게 빛을 쫓아 그림을 그린 모네도 그런 자신이 무서웠다 한다.

젊은 화가들은 가난하고 배고팠지만 유난히 모네는 궁핍했다. 때때로 바지유, 시슬레, 마네 등의 경제적 도움을 받으며 그림에 매진한다. 돈도 없는데 사랑에 빠진다. 상대는 자신의 모델인 카미유다. 그림은 팔리지 않고, 집안에선 결혼 결사반대다. 덮어놓고 애 둘을 낳는다. 모네는 물론 카미유와 아이가 굶는 날도 다반사였다. 지긋지긋한 가난으로 여기저기 더부살이한다. 그렇게 근근이 살아가기를 13년, 서서히 모네의 이름이 알려지기 시작한다. 이제 그림이 조금씩 팔려나간다. 밝은 미래가 펼쳐질 것만 같다. 우리는 안다. 이럴 때면 늘 슬픈 일이 발생한다. 자궁암으로 카미유가 그만 사망한다. 모네를 위해 모든 것을 희생한 그녀의 죽음 앞에 모네는 무엇을 했을까? 붓을 꺼내 들었다. 죽음의 빛에 의해 서서히 변해가는 그녀의 모습을 옆에서 그린 거다. 이제 좀 무섭다.

〈생 라자르 역〉, 클로드 모네, 1887. 모네가 광고한다. 여행을 떠나요!

〈생 라자르 역〉, 〈에트르타〉, 〈포플러나무〉, 〈건초더미〉, 〈루앙 대성당〉 등 모네의 연작 시리즈는 유명하다. 카미유의 죽음으로 말미암은 빛에 대한 집착이 만든 결과다. 집착남이었다. 19세기 근대화와 산업화에 영향을 받은 인상주의 화가들은 자신들의 그림으로 현대생활백서를 그려나갔다. 기차는 시간과 공간의 확장을 가져온 근대화의 산물이다. 이제 빠르게, 더 먼 곳까지 갈 수 있었다. 역은 또 다른 시공간으로 현대인을 인도하는 환상적인 출발점이었다. 모네는 증기를 내뱉는 기차와 현대인의 역동적인 일상을 열두 점의 〈생 라자르 역〉 시리즈에 담아낸다. 일종의 여행 권장 광고다.

〈에트르타〉 시리즈는 노르망디의 아름다운 에트르타 해안과 절벽을 그린 연작이다. 생 라자르 역에서 출발하는 기차는 19세기의 예술가들을 장대한 자연으로 이끌었다. 노르망디는 당시 힙한 예술가들의 핫플레이스였다. 모네는 이곳 노르망디의 변덕스러운 날씨와 그에 따라 시시각각 변하는 빛을 쫓았다. 약 오십 점의 연작 시리즈를 남긴다. 지역 관광 광고다.

〈건초더미〉 시리즈는 특별할 게 없었다. 대단한 소재가 아닌 그냥 건초더미다.

1883년 지베르니에 정착한 모네는 지베르니의 아름다운 풍경, 계절의 변화에 따른 다채로운 빛과 색의 변화에 매료된다. 대문 밖 쉽게 눈에 띄는 것이 바로 건초더미였다. 모네는 이 건초더미를 주제로 하루 중 다른 시간, 계절, 다양한 날씨에 따른 빛 변화의 순간을 캔버스에 붙잡아 놓으려 했다. 결국 집착이 성공한다. 시리즈가 모네를 성공 화가로 만들어 주고 그 결과 지베르니의 집과 부지를 모두 매입해 수련 연못을 만들 수 있었다. 〈건초더미〉는 여전히 인기가 높다. 2019년 소더비 경매에서 1억 1천만 달러, 한화 약 1,500억 원에 거래되었다. 1억 달러를 돌파한 최초의 인상주의 작품이다. 환경운동가들의 으깬 감자 테러로 해외토픽에 단골 뉴스가 되는 그림이다. 이게 다 인기 탓이다.

아예 방을 잡고 1년간 그림만 그리기도 한다. 〈루앙 대성당〉 연작으로 역시 시

〈건초더미〉, 클로드 모네, 1890, 작품 사상 소더비 경매 최고 낙찰가

간에 따른 빛의 변화를 쫓는다. 열다섯 개의 캔버스를 동시에 쫙 펼쳐놓고 아침부터 저녁까지 시간별로 그림을 그린 거다. 멀티 태스킹이다. 집착이 무섭다. 인스타그램 필터 같은 〈루앙 대성당〉 연작은 이렇게 탄생했다.

빛과 시각을 맞바꾼 위대한 B급 광고인

파리 센강 우안을 따라 걷다 보면 튈르리 공원의 끝자락, 길게 자리 잡은 오랑주리 미술관을 만나게 된다. 이 미술관에는 모네가 생의 마지막까지 열정을 다한 그의 역작이 전시되어 있다. 〈수련〉(1914-1926)이다. 수련은 모네가 가장 사랑한 주제로 31년 동안 250점의 〈수련〉을 그린다.

파리, 모네의 〈수련〉 연작이 전시된 오랑주리 미술관. 아침 일찍 오픈런하면 조용히 홀로 그림을 감상할 수 있다.

그런데 오랑주리의 수련이 더욱 특별한 이유는 무엇일까? 생의 말년, 그의 두 눈은 시력을 거의 상실한다. 평생 빛을 쫓은 결과다. 소리를 듣지 못하는 베토벤과 같이 잔인한 형벌이었다. 절망한다. 더욱이 사랑했던 두 번째 부인 앨리스와 큰아들 장 모네를 잃고 만다. 더 이상 삶의 의미를 찾지 못했다. 이런 모네가 화가로서 마지막 의지를 불태운다. 다시 일어나 그린 작품이 바로 오랑주리의 〈수련〉 연작이다. 8개의 연작은 총길이가 100m에 이르는 대작이다. 제1차 세계 대전의 승리와 희생자를 위한 추모의 뜻이 담겨 있다. 모네는 기증의 조건으로 자연 채광과 타원형의 전시실을 마련해 줄 것을 파리 시에 요구했고 오렌지 키우던 온실, 오랑주리l'Orangerie를 미술관으로 개조해 작품을 전시하게 됐다. 모네의 의도에 따라 아침에는 동편, 해 질 녘엔 서편 갤러리를 감상하는 게 더없이 좋다.

모네를 제외한 대부분의 인상주의 화가들은 가난 속에 생을 마감했다. B급이라 무시당하며 수십 년간 모욕과 조롱을 당하던 이들은 그들의 퇴장과 함께 현대 생활과 인상을 그린 화가들로 인정받게 된다. 다행히 모네는 장수했다. B급 전성시대에 별이 되려면 버티고 살아남아야 한다. 잊지 말자. 끝까지 포기하지 않는 거다. 강한 놈이 살아남는 게 아니라 살아남은 놈이 강한 법이니까. 만고의 진리이자 광고의 진리다.

TIP 알아놓으면 떡이 되고 밥이 되는 '인상주의', '마네', '모네'가 남긴 유산들
#사진 #나다르 #오르세_미술관 #지베르니 #압생트 #현대생활백서 #보들레르 #에밀_졸라 #고흐 #고갱 #세잔 #피카소 #인공지능 #챗GPT

3장
아를 별 밝은 밤에 압생트 옆에 차고 :
빈센트 반 고흐

　죽일 만큼 싫은 사람은 광고회사에 취업시키라는 말이 있다. 극심한 스트레스, 술과 담배의 일상, 출퇴근도 없고 주말도 없는 회의와 업무의 연속, 그리고 쥐꼬리 연봉. 평생 누군가의 선택과 평가를 받아야만 하는 '을' 중에 '을' 그런데 왜 이 죽을 만큼 힘들일을 계속하는 걸까? 폼나기 때문이다. 그렇다! 업계용어로 '간지'가 난다. 광고인은 간지로 먹고사는 사람들이다. 평생을 '을'로 살아도 내가 만든 광고가 세상에 나올 때면 그 모든 설움과 고통, 오욕의 시간이 눈 녹듯 사라진다. 낭만이다. '낭만浪漫', 사전적 의미로 현실에 매이지 않으며 감상적이고 이상적으로 사물을 대하는 태도나 분위기. 당장 쓰러질 듯 허기지고 굶주리지만 꼿꼿이 밤하늘에 별을 바라보는 것이 낭만이다. 광고는 낭만이다. 드라마 〈낭만닥터 김사부〉는 말했다. '우리가 왜 사는지, 무엇 때문에 사는지에 대한 질문을 포기하지 마라. 그 질문을 포기하는 순간 우리의 낭만도 끝이 나는 거다.' 광고인뿐 아닌 우리 모두가 가져야 할 용기다. 낭만은 용기가 필요하다. 배고프기 때문이다. 19세기 말, 삶에 대한 질문을 절대 포기 하지 않고 자신의 길을 걸어간 낭만 광고인이 있다. 물론 압생트도 필요하다.

빈센트 반 고흐(Vincent van Gogh)

〈압생트 마시는 반 고흐의 초상〉, 앙리 드 툴루즈 로트레크, 1887, 로트레크는 카페 탐브랭에서 압생트에 빠진 고흐를 그린다. 간이 남아나질 않겠다.

'이봐 고흐, 거 적당히 작작 좀 마셔! 그러다 간이 남아나지 않겠어!' 카페 탐브랭 Café du Tambourin 에 들어서던 로트레크는 압생트에 눈이 풀린 고흐를 마주한다. 몽마르트르의 소문난 주정뱅이 로트레크가 걱정할 정도로 고흐는 압생트와 열두 살 연상의 카페 여주인 아고스티나 세가토리 Agostina Segatori 에게 빠져 있었다. 우울했다. 파리에 온 지 벌써 1년, 돈도 없고 그림도 뜻대로 안 되니 술이 당겼다. 그림이 뜻대로 되지 않을 때면 르빅 가에 있는 집을 나서 피갈 거리로 어슬렁어슬렁 언덕을 내려갔다. 예나 지금이나 피갈 거리는 매춘과 유흥으로 넘쳐난다. 집에서 5분 거리에 있는 이 카페에서 고흐는 일주일에 5일 이상 머물며 압생트를 마시고 또 마셨다. 죽돌이다. 매일 그림이 뜻대로 안 된 거다. 돈이 없으니 술값은 그림으로 대신 치렀다. 훗날 카페가 파산하자 고흐의 그림은 10개씩 묶여 한 묶음에 1프랑씩 팔려나갔다 한다. 싸구려 점포 정리 품목이었던 거다.

에미, 애비도 몰라보는 예술가의 찐 술

압생트Absinthe, 벨 에포크 시대의 전설적인 술이며 독주다. 독해서 독주가 아니라 먹으면 죽는다는 진짜 독주다. 고대 이집트에서는 의학용, 최음제 등으로 사용됐다 한다. 향초 식물인 향쑥의 줄기와 잎이 주원료다. 19세기, 제조법의 개발과 값싸다는 이유로 대중화된다. 리큐어Liquor 술의 색이 초록색이다 보니 '녹색 요정'이라 불렸다. 그러나 깜찍한 별명과 달리 악명 높은 술로 알코올 농도가 70%나 된다. 불타오른다. 파이어. 19세기 파리 밤의 실질적 지배자였다. 강력한 환각작용은 당시 예술가 사이에 창조의 원천으로 엄청난 인기를 끌었다.

모파상, 랭보, 보들레르, 에드거 앨런 포, 오스카 와일드, 로트레크는 물론

〈압생트 마시는 사람〉, 빅토르 올리바, 1901, 녹색 요정을 몽롱한 시선으로 바라본다. 압생트가 이렇게 무섭다.

〈압생트〉, 에드가 드가, 1876. 드가의 그림은 도시와 예술, 그리고 고독이 느껴진다.

마네, 드가, 고갱, 르누아르, 마티스, 피카소, 헤밍웨이 등에 이르기까지 헤아릴 수 없는 예술가들이 압생트에 빠진다. 안 먹어 본 사람은 있어도 한 번만 먹어 본 사람은 없다는 말처럼 모두의 술이었던 거다. 싸니까! 취하니까! 그만큼 매력적이지만 또 그만큼 치명적이었다. '압생티즘'이라는 부작용을 유발한다. 신경계 장애, 분별력 약화, 충동조절장애, 분노, 흥분, 불면증, 발작, 환각, 정신착란, 혼수상태가 주 증상이었다. 사회적 문제가 커지자 결국 프랑스는 1915년 압생트의 제조와 판매를 금지한다. 요즘도 압생트 술을 팔지만 진짜 압생트가 아닌 추억팔이, 낭만팔이 레플리카 광고다. 과거 압생트의 감성을 팔되 먹어도 죽지 않는 녹색 요정인 거다. 물론 뭐든 많이 마시면 누구나 죽는다.

에드가 드가$^{Edgar\ Degas}$의 〈압생트〉를 보자. 피갈 광장 근처 카페 누벨 아텐$^{Café\ de\ la\ Nouvelle-Athènes}$이다. 그림 속 두 인물은 여배우이자 모델 엘렌 앙드레$^{Ellen\ Andrée}$와 조각가로 유명한 마르슬랭 데부탱$^{Marcellin\ Desboutin}$이다. 테이블 위엔 압생트 한 잔이 놓여 있다. 정신이 반쯤 나간 걸까? 초점 없는 멍한 눈은 목적 없이 허공을 응시한다. 사실 드가의 이 작품 탓에 당시 인상주의 화가들과 모델, 작가들 모두 싸잡아 욕을 먹었다. 사회의 유해한 주정뱅이 부랑아들로 보인 탓이다. 그림 속 주인공들의 지친 삶이 묻어난다. 고독하다.

    고흐 역시 고독했다. 그림 한 장 팔리지 않았다. 화가의 꿈을 안고 파리에 왔건만 되는 일이 없었다. 뭔가 돌파구가 필요했다. 1888년 로트레크는 슬럼프에 빠진 고흐에게 프랑스 남부의 프로방스 지방 아를^{Arles}을 소개한다. 춥고 배고픈 파리를 벗어나 따뜻한 아를이 제법 마음에 들었고 여기에서 고흐 특유의 화풍이 만들어진다. 아주 강렬했다. 물감을 두툼하게 올려 거칠고 풍부한 질감과 감정 표현을 시작했다. 임파스토^{Impasto} 기법으로 이제야 자신만의 스타일을 찾은 거다. 임파스토 기법은 재료비 신경 쓰지 않고 아낌없이 쳐발쳐발 그리는 물감 플렉스^{Flex}다. 물론 파리에서와 마찬가지로 비싼 재료비와 생활비는 모두 동생 테오 반 고흐의 몫이었다. 하지만 아를에서도 고흐의 못된 습관은 여전했다. 밤이면 밤마다 카페에 앉아 압생트를 들이켰다. 이번 생에 철들긴 아예 글러 먹었다.

고흐와 고갱, 브로맨스는 개나 줘버려!

    고흐는 파리의 동료 화가들에게 아를에 예술공동체를 세우자고 제안한다. 예술공동체 분양 광고였다. 그런데 다들 반응이 영 뜨뜻미지근했다. 고흐가 편히 어울리는 타입이 아니었기 때문이다. 그러던 중 10월 고갱이 아를에 도착한다. 사실 그도 고흐의 제안이 그리 마음에 들지 않았다. 그가 아를에 온 이유는 간단했다. 고흐의 동생 테오가 미술상으로 일하며 자신을 경제적으로 후원했기 때문이다. 결국 울며 겨자 먹기로 합류한 셈이다. 스폰서가 원하니 따를 수밖에 없었다. 이 사실을 모른 채 고흐는 뛸 듯 기뻐했다. 고갱을 위해 노랗게 집을 칠하고, 방을 장식할 해바라기 그림을 일주일 동안 네 점이나 그렸다. 처음 고흐는 고갱이 자신과 비슷한 화가라 생각했다. 자신처럼 정식으로 그림을 배우지도 못했고 뒤늦게 화가로의 삶을 살아가는 그가 아주 맘에 들었던 거다. 브로맨스를 꿈꿨다.

증권거래인이었던 폴 고갱Paul Gauguin은 돈도 좀 있고 처음에는 취미로 그림을 그리다가 점점 인상주의 화가들과 교류한다. 1882년 프랑스 주식시장이 갑자기 붕괴하자 35세의 나이에 늦깎이 전업 화가가 된 거다. 생각과 달리 둘은 성격이 달라도 너무 달랐다. 증권거래인답게 칼 같고 냉철하고 다소 거만한 고갱, 이상주의 성향의 몽상가이자 다혈질 낭만주의자 고흐. 결국 두 사람의 불편한 동거는 두 달 만에 파국을 맞는다. 1888년 12월 23일 저녁, 두 화가는 술집에서 심하게 다툼을 벌인다. 마침 동생 테오의 결혼 소식을 듣고 동생이 자신을 떠나 버릴 거라는 불길한 생각 마저 들었다. 결국 압생트가 문제다. 환각과 발작에 고흐는 면도날을 꺼냈고 고갱은 자리를 급히 피했다. 그날 밤, 고흐는 자신의 왼쪽 귀를 싹둑 잘라 어느 매춘부에게 '널 위한 거야.'라며 종이에 싸서 선물한다. 무섭다. 그래서인지 고갱은 다음 날 뒤도 보지 않고 파리로 떠나 버린다. 1889년 봄 고흐는 고독했다. 이제 아를에서의 생활도 우울하기 짝이 없다. 왼쪽 귀를 자른 고흐가 멍하니 거울을 바라본다. 압생트 한 잔이 그립다.

〈귀에 붕대를 감은 고흐의 자화상〉, 빈센트 반 고흐, 1889, 아! 압생트 당겨!

낭만이 밥 먹여주는 길

1889년 5월, 고흐는 아를을 떠나 스스로 생 레미의 정신병원에 들어갔지만, 병원에서도 불안과 발작은 계속됐다. 한번 발작이 일어나면 그림 그리던 튜브 물감을 입안 가득 아이스크림 짜 먹듯 빨아먹기 일쑤였다. 그럼에도 붓을 놓지 않고 아를에서 생 레미까지 1년 반 남짓 150점의 작품을 남긴다. 3일에 하나씩, 마치 오늘만 살 사람처럼 그리고 또 그린 거다. 그의 대표작 〈별이 빛나는 밤〉도 이 시기로, 파리 앙데팡당 살롱전에 〈별이 빛나는 밤〉, 〈붓꽃〉 두 점이 전시되어 나름 좋은 평가를 받는다. 이 시기에 그려진 〈붉은 포도밭〉은 벨기에 한 전시회에서 동료 화가이자 수집가였던 안나 보흐에게 400프랑에 팔린다. 고흐의 그림 중 생전에 팔린 유일한 단 한 점의 작품이다. 그렇다. 돈 버는 재주라곤 눈곱만큼도 없던 화가였다. 화가로 활동한 10년, 800여 점을 그렸으니 0.125%의 성공률이다. 낭만이 없다면 결코 배팅할 수 없는 길이다. 맞다. 투자 가치 제로다.

스스로 입원했지만, 좀처럼 그의 증상은 호전되지 않고 점점 더 우울해졌다. 요양원 생활이 견디기 힘들자 급기야 동생 테오에게 다른 곳으로 보내 달라 떼쓰고 졸랐다. 동생 잘 두고 볼 일이다. 화가인 피사로와 세잔의 도움으로 파리에서 30km 떨어진 조용한 마을로 거처를 옮긴다. 그가 생의 마지막 70일을 머문 오베르 쉬르 우아즈다. 아마추어 화가이자 우울증 전문 의사였던 폴 가셰 박사가 고흐를 돌봤고 처음 아를에 도착했을 때와 마찬가지로 고흐는 다시 기분이 좋아진다. 창작욕이 불타오르며 마치 내일은 없다는 듯 하루에 한 점 이상 미칠 듯이 그림을 그렸다. 이대로라면 정상적인 삶도 가능할 것 같았다. 우리는 안다. 싸늘하다. 비수가 날아온다. 맞다. 이러면 언제나 불안하다.

테오는 미술상으로 직장에서 심각한 갈등 상황을 겪고 있었다. 가족의 생계비, 철없고 정신없는 형의 생활비와 치료비까지 스트레스가 이만저만이 아니었던 거다. 이때 눈치마저 없는 형은 자신의 그림 관리가 소홀하다며 테오를 타박

〈까마귀가 나는 밀밭〉, 빈센트 반 고흐, 1890, 그의 마지막 작품, 이 그림을 그리고 자살했다고 알려져 있다.

빈센트 반 고흐와 테오 반 고흐의 무덤, 오베르 쉬르 우아즈,
형제의 무덤 옆에 해바라기가 피었다. 함께 묻힌 이들은 스토리텔링을 완성한다.

하고 큰 다툼을 벌인다. 형에게 화가의 길을 열어 준 것도, 버는 것 한 푼 없이 10년간 그림만 그린 형을 지치지 않고 응원한 것도 테오다. 폭발한다. 고흐는 자신이 묵고 있던 나부 여관에서 압생트를 마시고 또 마셨을지 모른다.

평생 자신을 돌봐 준 동생에 대한 미안함, 동생의 처와 자신의 이름을 그대로 물려받은 조카에 대한 부끄러움, 거부할 수 없는 예술에 대한 열망과 현실의 초라함 모든 감정이 그의 그림 속 밤하늘처럼 머릿속에서 빙글빙글 돌고 돌았을 거다. 고흐는 생의 마지막 작품으로 〈오베르의 교회〉와 〈까마귀가 있는 밀밭〉을 그린다. 그리고 1890년 7월 29일 동생 테오가 지켜보는 가운데 숨을 거둔다. 이틀 전 어디서 구했는지도 알 수 없는 낡은 권총으로 자살을 시도한 탓이다. 고흐가 세상을 떠난 지 6개월 후 테오도 생을 마감한다. 그가 자살을 시도한 밀밭에서 걸어서 3분, 오베르 묘지의 야트막한 담장 아래 고흐와 동생 테오가 나란히 묻혀 있다.

제수씨 없었으면 어쩔 뻔했어?

어쩌면 낭만적인 마무리일지도 모르겠다. 그런데 생전에 단 한 점 밖에 팔리지 않은, 듣보잡 화가 고흐는 어떻게 세계적인 화가가 될 수 있었을까? 죽기 전 조금씩 고흐의 이름이 알려지고는 있었지만, 테오의 젊은 아내 요한나 반 고흐 봉거Johanna van Gogh-Bonger의 노력이 무엇보다 주요했다. 요한나는 남편 테오가 죽자 어린 아들과 어떻게 살아갈지 앞길이 막막했다. 집에 남아 있는 것이라곤 죽은 시아주버니 고흐의 팔리지 않고 쌓여만 있던 수백 점 그림뿐이었다. 뭐든 해야만 했다. 이제부터 그녀의 기가 막힌 광고 전략이 펼쳐진다. 우선 인지도를 높이기 위해 고흐의 그림 수백 점을 보험에 들고 가치를 끌어올렸다. 파리, 헤이그, 브뤼셀, 앤트워프 등 유럽 여러 도시에서 크고 작은 회고전을 수십 회 개최했다.

영국 런던 내셔널 갤러리, 〈해바라기〉, 빈센트 반 고흐, 1888

드가 같은 동료 화가들이 그림을 구매하게 만들어 대중들에게 영향을 미친다. 영향력 있는 유명 미술상, 출판, 비평가들에게 고흐를 적극 알렸다. 인지도가 쌓이니 작품 가치가 크게 높아졌다. 동시에 그녀는 일반인들을 집으로 초대해 자신이 소유한 그림을 슬쩍슬쩍 보여 줬다. 전문가는 물론 일반인들에게도 작품의 인지도가 올라가며 더욱 높은 시장 가치를 만들었다. 천재다. 광고천재! 게다가 요한나는 런던 내셔널 갤러리에 고흐의 대표작 〈해바라기〉를 판매한다. 이제 전 세계에서 가장 큰 미술관에 고흐의 작품이 걸린 거다. 야호! 대성공이다.

두 번째 전략으로 스토리텔링을 시전했다. 그림 이외에 고흐와 테오가 평생에 걸쳐 주고받은 수백 통의 편지가 집에 쌓여 있었다. 652통의 편지는 안부와 생활, 그리고 고흐가 어떤 그림을 그리고 있는지, 목적과 의도를 설명해 준 해설이 주 내용이었다. 요한나는 이 편지를 책으로 발간해 세상에 알린다. ≪반 고흐, 영혼의 편지≫다. 형제의 우정, 예술에 대한 사랑과 낭만이 대중을 홀렸고 그들에게 감정 이입했다. 대성공한다. 인스타

〈론강의 별이 빛나는 밤에〉, 빈센트 반 고흐, 1888

그램이든 유튜브든 남는 건 기록밖에 없다. 퍼스널 브랜딩은 꾸준함, 꾸준한 기록이다. 명심하자. 우리도 고흐가 될지 모른다. 여기에 요한나는 형제애를 기린다는 의미로 테오의 무덤을 오베르로 옮겨와 고흐의 무덤 옆에 나란히 묻는다. 죽음도 갈라놓지 못한 두 형제의 스토리텔링은 이렇게 완성됐다. 낭만은 배고프다. 하지만 폼 나고 멋지다. 함부로 갈 수 없는 길이기 때문이다. 별이 빛나는 밤에 압생트 옆에 차고 있는 고흐가 폼 나는 이유다.

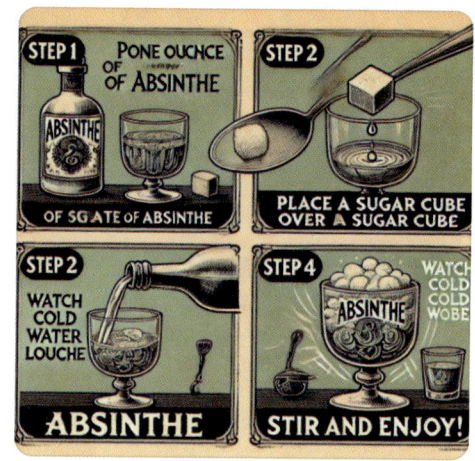

광고인답게 압생트 한번 시원하게 말아 보자!

> **TIP** 알아놓으면 떡이 되고 밥이 되는 '고흐', '압생트'가 남긴 유산들. 광고인답게 압생트를 한번 말아 보자!
>
> 1. 우선 압생트 리큐어를 잔에 따르고, (뭐 오늘 밤 집에 가기는 싫고, 응급실에서 하루 숙박을 해보고 싶다거나, 잠시 심장이 멎는 짜릿한 저승 체험을 해보고 싶다면 한 잔 가득 따라 마시기를 추천한다.)
> 2. 준비된 압생트 스푼에 각설탕을 올려놓고, (다이어트 제로 압생트 취향이라면 각설탕 없이 마시기를 권장한다. 간과 위장이 녹아 내리는 새로운 경험을 할 수 있다.)
> 3. 얼음물을 각설탕이 녹을 때까지 잔에 타고, (왜 하필 얼음물인지 묻지 말자. 지옥행 티켓이니 좀 차가운 게 좋지 않을까 싶다.)
> 4. 마시면 혼수상태에 빠지기 딱 좋은 뿌연 녹색이 되면, 목젖을 열고 맛나게 마시면 된다. 자! 원샷! (다음 세상에서 보자!)

4장
광고 지옥을 조각하다.:
오귀스트 로댕

　잡힐 듯 잡히지 않고 머릿속에 맴도는 광고 아이디어가 있다. 몇 날 며칠, 머리를 쥐어 짜내 아이디어를 뽑았다. 언뜻 봐도 대박이다. 빅 아이디어다. 오! 신이시여 진정 제가 이런 생각을 해냈단 말입니까? 이제부터는 이상과 현실의 싸움이다. 프로덕션은? 모델 섭외는? 촬영 감독은? 촬영 로케이션은? 카메라, 음향, 조명, 미술 스텝은? 편집은? CG는? 밥차와 커피차는? 광고 제작비는? 매체비는? 프로모션은? 쉬운 게 단 하나도 없다. 그렇다. 머릿속에 있던 빅 아이디어를 현실로 구현하는 것은 차원이 다른 일이다.

　생각처럼 뚝딱 만들어지지 않는다. 좌절한다. 마음먹은 대로 생각한 일을 현실에서 만든다는 것이 얼마나 '지옥!' 같이 어려운 일인지 깨닫게 된다. 광고는 현실이 되지 못하면 쓰레기다. 그래서 광고회사의 쓰레기통에는 죽은 광고들이 넘쳐난다. 여기 자신의 아이디어를 현실로 만들 때마다 논란이 된 광고인이 있다. 자신만의 통찰로 세상을 창조하려 했기 때문이다. 한 여자에게는 비록 쓰레기였지만, 현대 조각의 아버지라 불리우는 사람이다.

마음먹은 대로, 생각한 대로, 말하는 대로, 오귀스트 로댕(Auguste Rodin)

'아니 아무리 못났다 해도 이건 아니잖아. 이따위 것이 조각이라고?' 이건 청동 쓰레기 뭉치의 괴물 아닌가? 마치 영화 〈스타워즈〉에 나오는 '자바 더 헛Jabba The Hutt'이다. 추하고 기괴하다. 발자크의 동상을 처음 본 순간 프랑스 문인협회 일대는 충격에 빠졌다. 더욱이 협회가 제작을 의뢰한 작가는 미켈란젤로의 현신이라 하는 천재 조각가 로댕 아니던가? 로댕이 문인협회로부터 대문호 발자크의 조각상을 의뢰받은 것은 1891년이다. 당시 협회장이었던 에밀 졸라Émile Zola는 오직 로댕만이 발자크의 사실주의 사

〈발자크〉, 오귀스트 로댕, 1898, 맙소사! 발자크 조각은 정말로 깜짝 놀랄 만큼 못생겼다.

상을 현실에 구현할 수 있는 유일한 조각가라고 생각했다. 아! 그 말을 듣지 말아야 했다. 원래 납품 기한을 못 맞추는 것으로 유명했던 로댕이다. 아니나 다를까 의뢰받은 지 7년이 지난 1898년에서야 겨우 조각상은 납품한다. '맙소사! 이딴 괴물 같은 조각을 만드느라 그리 오랜 세월 걸렸단 말인가?' 어찌 되었을까? 뻔하다. 수취인 거부다. 이후 협회는 조각가 알렉상드르 팔기에르에게 재의뢰를 한다. 당시 어마 어마한 스캔들이었다.

오노레 드 발자크$^{Honoré\ de\ Balzac}$는 엄청난 작업량으로 유명한 작가다. 18년간 100권 이상의 소설을 집필했는데 이는 두 달에 소설 한 편씩 내놓은 격이다. 하루 18시간씩 글을 썼다. 주 120시간 초과 근무다. 잠자는 시간도 아깝다. '나 잠든 사이에 요래 요래 써 놔.' 잠들 때면 조수들에게 대필마저 시켰다. 사실 이 엄청난 창작 활동은 빚을 갚기 위함이었다. 빚투로 끊임없이 엄청난 사업을 벌이고 늘 망했다. 다시 빚을 갚기 위해 글을 쓰고 또다시 망하고 또 쓰고 또 망하고 또 썼던 생계형 작가다. 사치와 과소비, 허세, 지칠 줄 모르는 먹방으로 흥청망청했다. 게다가 어머니뻘인 수많은 연상 여성과의 스캔들로 유명하다. 그의 꿈은 단 하나, 귀족 부인과 결혼해서 평생 돈에 구애받지 않고 야무지게 사는 거였다. 스스로 이름에 '드^{de}'를 붙인다. 귀족처럼 보이고 싶어서다. 이게 다 여자를 꾈 속셈이었다. 맞다. 셔터맨! 고귀함 따윈 모르는 철저한 속물 작가였다. 그러나 19세기 프랑스 사회와 시대에 대한 예리한 통찰로 《인간희극》, 《고리오 영감》 등 수많은 명작을 남긴다. 스탕달, 에밀 졸라, 빅토르 위고가 숭배한 작가다.

아무리 속물이었다지만 위대한 대문호를 이따위로 표현한 로댕의 조각상을 문인협회는 받아들일 수 없었다. 더군다나 프랑스 문인협회를 만든 장본인이 바로 발자크 아니던가! 이 조각상은 1939년이 돼서야 파리 몽파르나스 부근 도로변에 겨우 세워진다. 의뢰한 지 50년이 지난 후 간신히 수취된 거다. 로댕은 욕받이를 감수하며 수취인 거부의 굴욕 조각을 만들었다. 왜일까? 광고인의 시각으로 보자. 그는 형태에 대한 본질, 발자크의 정신만을 표현하고 싶었다. 더 이상 고정된 규범이나 형태에 얽매이지 않고, 인간의 감정과 내면의 본질을 탐구하고 싶었던 거다. 맞다. 이것이 현대 조각의 출발이다. 발자크가 실제 자신의 조각상을 봤다면 어땠을까? 호방하고 열정적인 그의 삶을 봤을 때 분명 꽤 만족했을 터다. 뭐, 아니면 말고.

무플보다 악플, 노이즈 마케팅의 광고인

〈코가 부러진 사나이〉, 오귀스트 로댕, 1864

1840년, 파리 하급 경찰 공무원의 아들로 태어난 오귀스트 로댕은 심한 근시로 어릴 때부터 글을 읽지 못했고 글을 못 읽으니 공부에도 영 관심이 없었다. 그림과 조각에 재능을 보였지만 프랑스 예술학교인 에콜 데 보자르에 수차례 떨어진다. 17세부터 생계를 위해 공방에서 일한다. 24세의 로댕은 그의 첫 조각 〈코가 부러진 사나이〉를 살롱전에 출품한다. 이웃에 사는 거리의 늙은 짐꾼이 모델이었다. 작품은 아주 강렬했다. 부러지고 납작하게 휜 코, 사라져 버린 뒷머리, 감정이 강조되고 질감은 뚜렷했다. 어찌 됐을까? 맞다. 슬픔 예감은 틀린 적이 없다. 낙선이다. 다시 생계를 위해 공방에서 일한다.

〈노예〉 연작, 미켈란젤로 부오나로티, 1513-1516

그러던 중 돈을 모아 학창 시절 흠모했던 미켈란젤로의 작품을 보기 위해 이탈리아를 여행한다. 이때 조각에 대한 로댕의 철학이 형성된다. 미켈란젤로가 조각한 메디치가의 영묘와 피렌체 아카데미아 미술관에서 〈다비드〉를 만난다. 그보다 더 큰 충격은 미완성 조각인 〈노예〉 연작이었다. 작품이 그를 사로잡은 거다. 작품은 마치 갇혀 있는 바위의 속박에서 벗어나기 위해 몸부림치는 모습 같았다. 이게 미완성이라고? 거짓말! 그가 보기에 이미 너무나 완벽한 완성작이었기 때문이다.

〈청동 시대〉, 오귀스트 로댕, 1877, 여전히 갤러리에 들어서는 관람객들은 의심의 눈초리를 보낸다. 이거 사기다! 사기

이는 미켈란젤로가 사용한 조각 방법과 조각에 대한 철학적 통찰이었다. 뭘까? '모든 돌덩이 안에 갇혀있는 생명을 발견하고 이를 해방시켜 주는 것이 바로 조각가의 사명'이라는 거였다. 캬~ 멋진 카피다. 이탈리아에서 돌아온 로댕은 이제 자신도 재질 안에 숨겨져 있는 대상에게 생명력을 불어넣기로 결심한다.

그 결과물이 바로 〈청동 시대〉다. 노이즈 마케팅 Noise Marketing 이라고 많이 들어봤을 것이다. 마치 소음이나 잡음처럼 각종 논란이나 이슈를 인위적으로 만들어 구설수에 오르게 함으로써 단기간에 최대한 호기심과 관심을 불러일으키는 광고 기법이다. 특히 시장에 처음 진

출하거나 인지도가 낮은 기업들에 아주 효과적이다. 듣보잡에게 더없이 좋다는 거다. 그렇다. 그때까지 듣보잡 로댕에게도 딱이었다. '사기다! 사기' 엄청난 비난이 쏟아진다. 〈청동 시대〉를 처음 본 사람들은 조각이 아니라고 생각했다. 실제 사람에게 그대로 석고를 입혀 본을 뜬 것으로 의심했다. 너무나 자연스러워 조각 같이 보이지 않았기 때문이다. '이거 진짜 조각 맞다니까!' 얼마나 억울했던지 로댕은 신문에 모델의 실제 사진과 글까지 기고한다. 조각가협회는 조사를 착수했고 다행히 허위 혐의에 대한 무죄를 선고받는다. '아 몰라' 그럼에도 비평가들은 여전히 그를 비난했다. '젠장 속임수다!', '조각을 뭐로 보고 뻔뻔하게 사람을 본 떴단 말인가?', '대체 어떤 조각이길래, 얼마나 사람 같길래 이렇게 소란인가?' 악소문에 악소문이 퍼졌다. '무플보다 악플'이라는 오스카 와일드의 말처럼, 대중의 입에 논란이 일자 인지도가 폭발할 듯 높아졌다. 노이즈 마케팅이 제대로 성공한 거다. 이제부터 승승장구다. 별 볼 일 없던 조각가에게 프랑스 정부와 지방 도시에서 연달아 작품 의뢰가 들어온다.

수취인 거부는 나의 힘

1884년, 프랑스 북부의 항구도시 칼레는 자신들의 영웅 조각상을 로댕에게 의뢰한다. 얼마나 자랑스러웠는지 시청 앞에 우뚝 세울 요량이었다. 프랑스와 잉글랜드는 프랑스 왕위 계승 문제로 무려 116년간이나 치고받고 싸운다. 백년 전쟁^{Hundred Years' War, 1337-1453}이다. 당시 칼레 시를 구한 영웅들의 이야기가 바로 이 조각상의 주제였다. 잉글랜드의 국왕 에드워드 3세가 칼레 시를 점령한다. 1년간의 껄끄러운 전투였다. 칼레 시민의 끈질긴 저항은 에드워드 3세에게 여간 성가신 게 아니었기에 분노한다. '젠장! 이 꼴 저 꼴 다 보기 싫다! 그냥 다 죽여라.' 명한다. 시민 학살이 잔인하기도 하고 주위의 만류가 계속되자 자신의 말을 이내 줏대 없이 철회한다. 대신 '여섯 명을 뽑아 오라, 칼레 시민을 대표해 처형하겠다.' 선뜻 나서는 사람이 없었다. 당연하다. 이때 칼레의 부유한 상인 외스타슈 드 생 피에르Eustache de St. Pierre가 1열로 나선다. 희생하겠다는 거다. '저요, 저요.' 여기에 나머지 부자와 지도자들이 자진해 희생을 결심한다. 칼레 시를 구하기 위한 숭고한 선택이었다. 스스로 목에 밧줄을 걸고 목숨을 바치려는 여섯 사람이 나온 거다. '고귀한 신분에는 의무가 따른다.'라는 노블레스 오블리주Noblesse Oblige가 여기서 나왔다고 한다. 이들이 바로 〈칼레의 시민〉이다.

〈칼레의 시민〉, 오귀스트 로댕, 1895

5부 비로소 낯섦이 밥 먹여 주다.

'얼마나 대단한 작품을 만들었길래?' 칼레 시는 프랑스 최고의 조각가 로댕이 11년에 걸쳐 완성한 이 작품에 어마어마한 기대를 걸었다. 시의 역사적 자부심이니 당연했다. 그런데 이게 웬일인가? 단호한 의지의 초인적인 영웅은 어디에 있는가? 이건 죽음 앞에서 두려움에 떨고 있는 너무나 평범한 인간들 아닌가? 이 초라한 몰골은 대체 뭔가? 로댕은 칼레를 구하는 여섯 명의 어벤져스 히어로가 아닌 고뇌하고 두려워하며 당혹감과 혼란에 싸인, 처연하고 체념하는 인간들의 군상을 창조했다. 얼굴에는 공포와 고통의 감정이 사실적으로 흘렀다. '이건 우리의 영웅이 아니다!' 이상적인 영웅상을 기대했던 칼레 시민들은 엄청난 비난을 쏟아냈고 다시 만들어 달라는 요구까지 나왔다. 어찌 되었을까? 맞다. 또 결국 수취인 거부다.

시민들의 비난이 거세진 나머지 칼레 시는 애초 세우려 했던 시청 앞을 포기하고 인적 드문 공원에 〈칼레의 시민〉을 스리슬쩍 세워 놓는다. 그렇다. 언제 어떤 오물이 날아올지 몰랐을 테니까. 〈칼레의 시민〉이 시청사 앞에 다시 세워진 것은 로댕 사망 7년 후인 1924년의 일이다. 영웅들은 30년이 지나서야 겨우 환영받을 수 있었던 거다. 로댕은 또다시 욕받이가 되어 가며 수취인 거부의 조각을 만들었다. 왜일까? 광고인의 시각으로 보자. 그는 영웅 이전에 한 사람의 삶을 보았던 거다. '죽음 앞에서 모든 인간은 두렵다. 영웅도 인간이다. 고로 영웅도 두렵다.' 장엄한 로댕식 삼단논법이다.

〈칼레의 시민〉에서 눈길을 끄는 부분은 과장되게 표현된 커다란 손과 발이다. 비례를 벗어난 로댕의 연출은 보는 이로 하여금 더욱 장엄하고 인상적인 감정을 끌어낸다. 엄밀히 말해 손과 발은 로댕이 만든 게 아니다. 다른 사람이 작업한 거다. 누굴까? 바로 카미유 클로델이다. 그렇다. 협업, 공동 작업을 한 일종의 컬래버레이션^{Collaboration} 광고인 셈이다.

로댕 당신 정말 최악이군!

카미유 클로델, 에티엔 카르자, 1886

카미유 클로델^{Camille Claudel}, 로댕에겐 빼놓을 수 없는 여인이다. 예쁘다. 어려서부터 조각에 재능이 있던 카미유는 1883년 19세 나이에 당시 43세인 로댕의 제자가 된다. 워낙 재능과 미모를 겸비하고 있어서인지 로댕이 홀딱 반한다. 그로부터 2년 뒤 카미유는 로댕의 연인이 되어 서로 폭풍 같은 사랑을 한다. 이제부터 막장이다. 로댕에게는 이미 20년간 사실혼 관계였던 로즈 뵈레라는 여자가 있었다. 나쁘다. 로댕!

파리 미술계에는 둘의 부적절한 관계에 대한 소문이 파다했다. 로댕의 내연녀, 정부라는 낙인이 찍힌다. 무슨 일인지 연인이 된 1년 후 로댕은 증서 하나를 카미유에게 쓰윽 내민다. 로즈와 헤어지고 그녀와 결혼하겠다는 증서였다. 로댕의 약속을 찰떡같이 믿으며 조수이자 뮤즈로 〈키스〉, 〈지옥의 문〉 등 수많은 작품에 영감을 주고 컬래버레이션을 한다. 로즈와 헤어졌을까? 예상한 바다. 끝내 헤어지지 않는다. 구라쟁이다. 그러면서도 예쁘고 재능 있는 카미유에게 계속 질척거렸다. 여기에 카미유가 자신의 아이를 임신한 사실을 알고 낙태까지 종용했다고 한다. 로댕 당신 정말 이런 사람이었어? 최악이다. 결국 그녀는 10년간의 사랑을 뒤로하고 로댕을 떠난다. 두 사람이 결정적으로 파국을 맞게 된 것은 그녀의 작품 〈중년〉 때문이다.

중년의 남자가 늙은 여인에게 이끌려 간다. 젊은 여인은 무릎을 꿇고 애원하고 있다. 누가 봐도 로댕과 카미유, 로즈로 그들의 삼각관계를 표현한 조각이다.

〈중년〉, 카미유 클로델, 1899

로댕이 처음 작품을 봤을 때 어떤 감정이었을까? '이런 젠장! 감히 네가 나를 돌려 까는 거냐?' 부끄러워하기는커녕 충격과 분노에 휩싸였다. 대단한 멘탈이다. 카미유에게 했던 지원을 끊고 프랑스 예술부에 후원마저 중단하도록 압력을 행사한다. 뻔뻔하다. 이후 카미유는 작곡가 드뷔시의 사랑을 받지만, 그 역시 내연녀가 따로 있었다. 아! 예술가들이란! 그 후 정신병원에 무려 30년간 갇혀 있다가 결국 무연고자로 안타까운 삶을 마감한다.

돌과 석고, 청동으로 빚은 인상주의

　1880년, 프랑스 정부는 새로 짓고 있던 파리 장식미술 박물관의 입구 장식을 로댕에게 의뢰한다. 어떻게 사람들의 마음을 홀릴까? 오랜 고민 끝에 빅 아이디어 하나가 떠오른다. 이탈리아 피렌체, 장엄하게 솟아오른 대성당과 조토의 종탑, 그리고 위대한 르네상스 조각가 로렌초 기베르티가 남긴 산 조반니 세례당의 〈천국의 문〉이 그의 머리를 스친 거다. 빙고! '천국문이 있는데 지옥문이라고 없을까?' 로댕은 〈천국의 문〉에 대한 응답으로 단테의 ≪신곡≫을 묘사한 높이 6m의 〈지옥의 문〉을 만들겠다고 계획한다. 인간의 고뇌와 절망을 강렬하게 드러낼 새로운 광고 역작이 시작되는 순간이었다. 그의 작업 방식은 유별났다. 로댕의 아틀리에는 수많은 누드모델이 넘쳐났고 그들이 마음 내키는 대로 돌아다니게 내버려뒀다. 일단 마음에 드는 동작을 발견하면 '동작 그만!' 포즈를 유지하게 한 채 즉시 자신의 느낌을 점토로 만들었다. 모델비 꽤 들었을 테다. 로댕은 〈지옥의 문〉에 ≪신곡≫의 에피소드를 180개 이상을 조각한다.

　여기에 문 중앙 상단에

〈**지옥의 문**〉, 오귀스트 로댕, 1917, 중년의 부부가 지옥의 문을 열려 한다. 안 돼요! 문 상단에 턱을 괸 생각하는 사람이 내려다보고 있다.

〈생각하는 사람〉, 오귀스트 로댕, 1880, 지옥의 문 맞은편으로 생각하는 사람이 깊은 시름 중이다.

세상에서 가장 잘 알려질 조각상 하나를 만든다. 크기 69cm의 작은 조각은 생각의 무게 때문인지 등을 잔뜩 웅크린 채 오른손에 턱을 괴고 있다. 바로 전 세계 수많은 광고와 패러디물로도 유명한 〈생각하는 사람〉이다.

〈지옥의 문〉은 프랑스 정부에 제대로 수취되었을까? 맞다. 슬픈 예감은 틀린 적이 없다. 신축 중이던 박물관 프로젝트가 10년 만에 폐기되고 만다. 또 수취인 거부! 어쩌면 이 천재 조각가에게도 생각을 현실로 구현한다는 것은 평생 지옥 같은 일이었을지 모른다. 로댕 필생의 역작 〈지옥의 문〉은 30년 동안 작업했지만 끝내 미완성으로 남는다. 그가 존경했던 미켈란젤로의 미완성 작품 〈노예〉 연작처럼, 미완성의 완성을 이룬 거다. 사람들은 로댕을 일컬어 돌과 석고, 청동으로 빚은 인상주의 화가라 한다. 마치 다듬지 않고 형체를 뭉개 놓은 인상주의 회화처럼, 그의 작품이 강렬한 인상을 심어 주기 때문이다. 로댕의 〈지옥의 문〉은 우리나라를 포함한 세계 각지에 총 7개의 리미티드 에디션이 있다. 지옥의 문이 열린다. 전 세계에 숨겨져 있는 7개의 헬게이트를 찾는 광고적 상상을 해본다. 모험할 준비되었는가?

> **TIP** 알아놓으면 떡이 되고 밥이 되는 '로댕'이 남긴 유산들
> #스타워즈_자바헛 #미켈란젤로 #컬래버레이션 #어벤져스 #카미유_클로델 #헬게이트 #키스 #세망령 #이_그_노벨상 #패러디 #인상주의 #앙투안_부르델

5장
미술 보조 나부랭이, 광고 스타가 되다.:
알폰스 무하

계급장 떼면 세상이 뒤바뀐다. 오직 품질로, 맛으로, 실력으로만 평가하면 그렇다는 거다. 로고를 떼 버리면 샤넬은 달랑 가죽 쪼가리, 천 쪼가리다. 빨간색을 지워 버리면 코카콜라는 그저 설탕물이다. 눈 가리고 먹으면 미슐랭 맛집은 김밥천국보다 못하다. 그렇다. 대중은 제품을 사는 것이 아닌 이미지를 먹고 마시고 산다. 브랜드가 쌓아 놓은 인지도와 가치를 빼면 그놈이 그놈이란 거다. 그래서 1등 기업은 언제나 계급장을 붙이려 한다. 광고는 계급장이다. 오랜 시간 브랜드의 긍정적 이미지를 끊임없이 이야기해야 하는 이유다. 그런데 광고도 하지 않았는데 벼락스타가 되는 경우가 더러 있다. 언더독Underdog의 반란이다. 이럴 때 넘버투는 넘버원이 된다. 투견장에서 위에 올라탄 개는 탑독Topdog, 아래 깔린 개가 언더독이다. 이길 확률이 그만큼 낮다. 가진 것 없고 알려진 것 없고 경험 없는 불리한 상황이니 당연하다. 19세기 말 별 볼 일 없는 언더독에서 자신만의 스타일로 세상을 발칵 뒤집어 놓은 깜짝 광고인이 있다. 그의 이야기를 들어 보자.

'어이, 그럼 자네가 한번 해볼 텐가?'

'어이, 그럼 자네가 한번 해볼 텐가?' 매니저 모리스 드 브뤼노프는 선뜻 이 말이 튀어나오지 않았다. 등골이 서늘했다. 마른침을 삼켰다. 그렇지만 어쩔 수 없었다. 크리스마스 연휴로 인쇄소는 텅 비어 있었고, 그나마 그림 그릴 수 있는 화가라곤 이 무명의 풋내기 삽화가 달랑 한 명만 있었으니까.

알폰스 무하(Alphonse Mucha)

알폰스 무하는 체코 모라비아 남부, 지지리 가난한 집안에서 태어났다. 가족들이 반대했지만, 독학으로 그림을 배우며 화가가 되기로 한다. 성공했을까? 천만의 말씀! 이상과 현실은 다르다. 이렇다 할 재능도 능력도 없었다. 이쯤에서 끝내야 했는데 무대장치, 묘비 작업 등 온갖 잡일을 하며 예술가의 꿈을 꾼다. 잘됐을까? 안 되는 건 안 되는 거다. 뮌헨에서 파리까지 미술 공부를 후원해 준 귀족을 만났지만, 눈곱만큼도 성공하지 못한다. 1878년 예술의 도시 파리에 왔지만, 하루하루 벌어먹는 하루살이 인생이었다. 그도 그럴 것이, 파리에는 재능 있는 화가들이 넘쳐났다. 그래도 마음만은 따뜻했다. 제 한몸 건사하기 힘든데 고갱에게 숙식까지 제공한다. 맞다. 우리가 아는 그 고갱이다. 그가 누군가? 동료 화가들 사이에 냉혈한으로 불린 인물이다. 싸움박질 끝에 고흐와 결별하고 타히티를 돌고 돌아 파리로 돌아온 무일푼 거렁뱅이. 그림 그리겠다고 아내와 다섯 자식을 내팽개치고 고흐의 장례식도 참석하지 않은 고갱이었다. 언뜻 이해되지 않는다. 대인배 무하다.

1894년 겨울, 34세의 알폰스 무하는 여전히 별 볼 일 없는 파리의 화가였다. 우울했다. 일도 없고 돈도 없고 남들 다 가는 크리스마스 휴가는 언감생심이었다. '에라! 인쇄소에 남아 잡일이나 하자.' 눈 내리는 크리스마스 연휴에 갈 곳 없는 청승이었다. 바로 그 시각, 출판사 매니저가 뛰어 들어왔다. 정신은 반쯤 나가 있었다. 왜일까? 사라 베르나르^{Sarah Bernhardt}가 직접 자신의 공연 지스몽다^{Gismonda} 광고 포스터를 재주문한 거다. 그녀가 누군가? 파리, 런던, 미국 전역에서 가장 인기 있는 대배우, 우주 대스타 아니던가? 테일러 스위프트, 안젤리나 졸리, 킴 카다시안을 합한 셀럽의 셀럽이었던 셈이다. '이따위 포스터라니' 불같은 성격의 사라는 전날 주문한 포스터가 성에 안 찼다. '크리스마스고 뭐고, 당장 다시 그려와!' 화가 난 그녀가 직접 전화한 거다. 게다가 무조건 1월 1일까지는 파리 시내에 포스터가 걸려야 할 판이다.

사라 베르나르, 나다르, 1865

시간이 없었다. 죽을 맛이었다. 인쇄소에 있는 사람이라곤 달랑 미술 보조 한 명 아닌가? 아! 어쩌란 말인가? 에라 모르겠다. 고민 끝에 일을 맡긴다. '그럼 너라도 한번 해볼래?' '슈얼! 와이낫?' 그전까지 단 한 번도 석판화 작업을 해본 적 없었지만 알폰스 무하는 물러날 것도 하지 않을 이유도 없었다. '뭐 어떻게든 되겠지.' 극장으로 달려간 그는 리허설 중인 사라 베르나르를 스케치하기 시작했다.

미술 보조 나부랭이, 광고 스타가 되다.

파리의 광고탑, 1895, 새해 첫날, 파리의 광고탑에는 사라 베르나르의 포스터가 남아나지 않았다.

사라 베르나르 지스몽다 포스터, 알폰스 무하, 1895, 여신인가? 지금까지 이런 광고는 없었다.

5부 비로소 낯섦이 밥 먹여 주다.

'아! 망했는데!' 무하가 작업한 포스터를 본 매니저와 사장은 경악했다. 눈앞이 깜깜했다. 늘 봐왔던 포스터가 아니었던 탓이다. 게다가 실물 크기의 2m 포스터라니. 이젠 어쩔 수 없었다. 죽는 심정으로 포스터를 들고 사라 베르나르를 찾아간다. 어찌 됐을까? 이 불같고 까탈스러운 우주 대스타는 단박에 알아봤다. '나를 여신으로 만들어 주다니' 마음에 쏙 들었던 거다. 지금까지 단 한 번도 본 적 없는 아름다운 그림이었다. 1895년 새해 첫날, 파리 시내는 난리가 난다. 시내 곳곳 광고탑으로 사람들이 몰려들었다. 생전 처음 보는 포스터에 홀딱 반해버린 거다. 어떻게든 포스터를 손에 넣으려 했고 하룻밤 사이 거리의 모든 포스터가 사라져 버렸다. 모두 떼간 거다. 그 하룻밤으로 미술 보조 나부랭이, 알폰스 무하는 최고의 광고인이 되었다.

무엇이 사라와 파리 시민의 마음을 홀린 걸까? 화려하고 신비로웠다. 무엇보다 아름다웠다. 사라 입장에선 더할 나위 없었다. 50대 초반이었던 그녀를 뽀샤시하고 어여쁜 20대로 그려 준 거다. 얼마나 예뻤던지 즉시 무하를 불러 6년 전속계약을 맺는다. 포스터뿐만 아니라 무대장치와 의상까지 담당해 달라고 했다. 그렇다. 스타일리스트, 메이크업 아티스트, 무대감독까지 맡은 셈이다.

한번 보면 안 사고는 못 배길걸?

이제 우주 대스타의 아트 디렉터가 된 무하는 일복이 터진다. 광고 일이 쏟아져 들어왔다. 샴페인, 담배, 비스킷, 이유식, 초콜릿, 맥주, 브랜디, 자전거, 여행에 이르기까지 수많은 상업광고를 디자인한다. 그가 손댄 광고 포스터는 알폰스 무하만의 스타일로 세상에 나왔다. 어땠을까? 통장이 텅장이 되는 소비욕 자극 광고였다. 안 사고는 못 배기게 만들어버린 거다. 샴페인 광고 만들어 달라 하니, 술 한 잔에 여신이 되거나 여신의 애인이라도 될 것처럼 만들어 놓는다. 제니, 한

JOB 담배지 광고 포스터, 알폰스 무하, 1898

모엣 샹동 크레망 임페리얼 샴페인 광고 포스터, 알폰스 무하, 1899, 제니, 한소희, 아이유가 부럽지 않다.

라 플륌의 별자리 달력, 알폰스무하, 1897

5부 비로소 낯섦이 밥 먹여 주다.

소희, 아이유 소주 광고 모델 부럽지 않다. 고주망태 주정뱅이가 되면 또 어떤가! 120년 전 광고다. 게슴츠레 치켜뜬 고혹적인 눈, 아랫입술을 살짝 문 붉은 입술, 담배말이 종이광고 만들어 달랬더니, 이 무슨 예술놀음인가? 금연? 다 틀렸다. 다음 생으로 미뤄야 할 판이다. 별자리 달력 하나 제작하랬더니, 판타지 영화 속 엘프를 세상에 떡하니 내놓았던 거다. 그의 광고와 포스터, 장식에 사람들은 열광했다. 남다르니까. 이쁘니까. 그렇다. 그에게는 대중을 현혹하는 영업비밀이 하나 있었다. 뭘까? 바로 아르누보$^{Art Nouveau}$다.

아르누보, 새로운 예술이란 뜻이다. 일단 예쁘다. 식물, 꽃, 자연에서 모티프를 얻은 화려한 장식의 디테일이 가득하다면 그게 바로 아르누보다. 딱 보면 안다. 무하의 작품엔 아름다운 꽃 장식, 화려한 드레스, 긴 머리 나풀대는 여성들이 한결같이 담겼다. 아르누보를 사람들은 '무하 스타일'이라 불렀다. 별 볼 일 없고 하찮은 미술 보조는 이제 미술사에 하나의 장르가 됐다. 한데 극혐! 아르누보로 부귀영화를 누렸지만, 알폰스 무하 자신은 죽는 날까지 아르누보의 대표 작가로 불리는 것을 끔찍이 싫어했다고 한다. 왜일까? 상업적인 아르누보 작가보단 평생 예술가로 평가받길 원한 탓이다. 이게 다 배부른 소리다. 그래서인지 돈도 벌 만큼 벌었겠다, 1910년 조국 체코로 돌아간다. 이후 남은 여생을 슬라브 서사시$^{The Slav Epic}$에 몰두했다. 이 그림은 20개 대형 연작으로, 슬라브 민족의 영광과 고난, 민족적 자긍심을 그렸다. 지금도 체코의 국민들은 그를 '프라하의 별'이라고 부른다.

광고인과 예술가 사이 그 어디쯤

그의 바람과는 달리 사람들에게 알폰스 무하는 여전히 아르누보로 기억된다. 광고인의 시각으로 보자. 미술 보조 무하의 깜짝 성장 스토리를 대중은 환호하고 응원했다. 약자에게 정서적 유대감을 느끼고 응원하는 심리 탓이다. 우리 모두 '흑수저', '을'이기 때문이다. 언더독 효과$^{Underdog\ effect}$다. 여기에 지금까지 없었던 무하만의 광고 스타일을 세상에 알렸다. 화려하고 아름다워 사람을 현혹시켰다. 지금도 여전히 알폰스 무하는 광고와 예술 사이 그 어디쯤에서 핸드폰 케이스, 타로카드, 서브컬처 콘텐츠, 아트 상품과 광고로 되살아난다.

> **TIP** 알아놓으면 떡이 되고 밥이 되는 '알폰스 무하'가 남긴 유산들
>
> 아르누보는 19세기 유럽에 유행한 일본풍의 자포니즘(Japonism)과 목판으로 찍은 풍속화 우키요에의 평면성과 장식성에 영향을 받았다. 언젠가 K-콘텐츠에 영향받은 새로운 예술 사조와 광고를 기분 좋게 기대해 보자. 안 되면 말고.

〈슬라브 서사시〉, 알폰스 무하, 1926.
체코의 민족화가를 꿈꿨지만 그의 바람과는 달리 사람들은 여전히 그를 아르누보의 대표 화가로 기억한다.

6부

퍼스널 브랜드의 아이콘들

Icon

1장
시대를 앞서 간 모난 돌:
오스카 와일드

출출하다! 신라면을 먹을 것인가? 진라면 매운맛을 먹을 것인가? 핸드폰 바꿀 때가 됐다. 아이폰을 살까? 갤럭시를 살까? 술 당긴다. 카스냐 테라냐? 뭘 선택할 건가? 매일같이 새로운 상품이 수천수만 가지씩 개발되고 생산된다. 계속 쏟아져 나오는 물건을 따라 잡기도 여간 힘들다. 어느 기업에서 어느 제품이 나오는지 도대체 알 수도 없다. 혼란스럽다. 기업도 미치고 팔짝 뛴다. 제품 개발에 엄청난 비용을 지출했는데, 경쟁 제품이 넘쳐난다. 야속한 소비자는 내 금쪽같은 제품을 몰라 준다. 이럴 때 광고가 필요하다. 평범을 거부하는 새로운 광고 말이다. USP^{Unique Selling Proposition, 고유 판매 제안}라는 게 있다. 제품이나 서비스가 경쟁사와 차별화 된 고유의 강점을 찾고 그 강점을 대중에게 어필하는 전략이다. 그러니까 자신이 얼마나 매력 있는지, 얼마나 섹시한지, 얼마나 잘났는지, 장점을 발견하고 적극적으로 뽐내라는 거다. 그래야 살아남는다. 맞다. 둥글둥글 살지 말고 모난 돌이 되라는 거다. 그래야 한 번이라도 더 쳐다봐 줄 테니까. 빅토리아 시대, 지구상에 단 하나의 유일무이한 USP로 자신만의 퍼스널 브랜드를 만든 광고의 대가가 있다. 그를 만나 보자.

오스카 와일드(Oscar Wilde)

빅토리아 시대^{Victorian era}라 들어봤는가? 안 들어봤다면 이제부터 알아가자. 19세기 중반부터 20세기 초까지, 영국 빅토리아^{Victoria} 여왕의 통치 기간(1837-1901)을 말한다. 이 시기는 영국분만 아니라 세계사에서도 매우 중요한 변화와 사건들이 벌어지던 때다. 2022년 타계한 엘리자베스 여왕의 통치 기간이 70년이다. 그 이전까지 가장 오랫동안 통치한 군주가 바로 빅토리아 여왕이다. 무려 63년이다. 맞다. 장수 집안이다. 그녀의 재위 기간 동안 영국은 세계 곳곳을 식민지로 확장했다. 국제적 영향력이 가장 막강했던 시기로 '해가 지지 않는 나라, 대영제국'이란 말이 이때 나온다. 산업 혁명도 절정에 달한다. 기계화와 산업화가 빠르게 진행되고 도시는 번성했다. 문화적으로는 미술, 음악 등 다양한 예술 분야가 발전

〈베이스워터 옴니버스〉, 조지 윌리엄 조이, 1895, 빅토리아 시대의 명과 암, 상류층들의 화려하고 풍요로운 일상

런던 호스텔, 작자 미상, 1900년경, 옴마나! 끔찍한 관? 천만에! 지금의 에어비앤비다. 4페니 잠자리, 런던 번 스트리트 호스텔, 남자 침실

빅토리아 시대의 명과 암, 4페니의 돈이 없는 사람들은 줄로 만든 2페니 잠자리를 이용했다.

했고 패션은 더 이상 화려해질 수 없을 만큼 화려해졌다. 문학의 황금시대이기도 하다. 찰스 디킨스 Charles Dickens, 에밀리 브론테 Emily Brontë, 제인 오스틴 Jane Austen 등의 작가들이 활동했다. 반면 엄숙한 도덕주의로 대중의 삶이 억눌리던 시기이기도 하다. 상류층은 번영했지만, 서민의 삶은 고달팠다.

평범, 개나 줘 버려!

오스카 와일드는 아일랜드 더블린 출신의 시인이자 작가다. 의사인 아버지와 작가였던 어머니 사이에서 태어난다. 그냥 동네 의사가 아니라 작위를 받은 빅토리아 여왕의 주치의다. 그렇다. '어의御醫'다. 어머니 또한 성공한 아일랜드 민족주의 유명 시인이었다. 뼛속까지 엄친아, 금수저였던 셈이다. 아홉 살부터 왕립학교에 다니고 옥스퍼드에서 고전 문학과 시를 전공한다. 대학도 장학금을 받고 최우수 성적으로 졸업한다. 공부마저 잘한다. 이거 정말 반칙 아닌가? 세상 불공평하다. 졸업 후 유미주의 Aestheticism 강연자로 런던과 파리에서 명성을 날린다.

유미주의, 탐미주의, 심미주의는 모두 같은 의미다. 이들은 예술의 목적으로 아름다움 자체를 최고의 가치로 삼는다. 쉽게 말해 뭐든 '예쁜 게 최고'라는 거다. '예술을 위한 예술'이라는 광고 슬로건 아래 뛰어난 언변, 남다른 말발로 유미주의의 떠오르는 리더가 된다. 뛰어난 글솜씨, 화려한 말재간, 수려하고 잘생긴 외모, 자신감에 찬 언행으로 오직 예술의 멋과 아름다움을 추구했다.

오스카 와일드 스스로 자신을 자아도취, 심미주의와 나르시시즘의 완성으로 봤고 신세대는 이런 그에 미칠 듯이 열광했다. 반면 기성세대는 아주 위험한 동물로 봤다. 우리는 잘 안다. 신세대가 열광하면 구세대는 조롱한다. 아니 구세대가 조롱하니 신세대가 열광하는 건가? 아무튼,

오스카 와일드, 나폴레옹 사로니, 1889, 시대를 앞선 패션 피플

예나 지금이나 똑같다. 스스로 확신에 찬 USP, 시대를 앞선 패션 감각으로 어디를 가나 사람들의 시선을 한몸에 받았다. 그렇다. 관종이다. 빅토리아 시대의 스타일리스트이자 패셔니스타였다. 그의 패션을 한번 보자. K-아이돌도 울고 갈 183cm의 모델 몸매, 록스타 같은 웨이브 단발, 가수 GD도 따라잡기 힘든 레이스 블라우스, 망토, 밍크 코트, 호박 보석 달린 지팡이, 크롬하츠 스타일의 알반지, 챙 넓은 모자, 원색의 넥타이 등은 당시 오스카 와일드의 패션 아이템들이다. 공

작 깃털, 백합, 해바라기 등을 손에 들거나 옷에 코르사주로 꽂고 다닌다. 맞다. 패션 피플이다. 성수동, 압구정 로데오 거리에서 마주치면 어떨까? 생각해 보자! 150년 전이다. 시대를 앞섰다.

내 천재성 말고 뭐가 더 필요해?

이제 오스카 와일드는 빅토리아 시대 셀럽 중 셀럽, 최고의 인플루언서가 된다. 유니크한 외모와 말발이 그를 글로벌 대스타로 만든 거다. 명성이 런던, 파리를 너머 뉴욕까지 이르게 된다. 강연을 위해 뉴욕항에 도착한 그에게 세관 직원이 묻는다.

'당신 신고할 거 없소? (Do you have anything to declare?)'
'내 천재성 말고는 없는데! (I have nothing to declare except my genius!)'

캬~ 이 얼마나 미친 말발의 카피인가. 구라왕이다. 이런 유머와 위트로 미국 투어, 순회강연을 한다. 어땠을까? 그렇다. 초대박이다. 4개월 예정이던 강연은 1년 넘게 계속되는 대단한 인기를 누린다. 자기애와 자기 확신의 화신으로 세상의 시선을 즐겼다. 나이 28세 때다. 35세에 인생 절정기를 맞는다. 소설 ≪도리언 그레이의 초상≫과 희곡 ≪살로메≫, ≪윈더미어 부인의 부채≫가 연이어 성공한다. 잘나간다. 거칠 게 없다. 싸늘하다. 비수가 날아와 꽂힌다. 이럴 때 우리는 잘 알고 있듯이 시련이 몰려온다. 거침없이 성공 가도를 달렸지만 그만큼 거침없이 쇠락의 길을 걷게 되는 '퀸즈베리 사건'이다. 아내와 두 아들이 있던 오스카 와일드는 공공연한 동성애자였다. 퀸즈베리 후작의 막내아들인 16세 앨프레드 더글러스와 사랑에 빠진다. 이를 알게 된 후작 부부는 사람들이 들끓는 시내

한복판에 포스터를 붙여 온갖 욕설로 오스카 와일드를 비난했다.

맞다. 지금으로 치면 트위터, 페이스북, 인스타그램, 카페 온갖 SNS에 복붙 폭로한 격이다. '아니, 감히 나를 건드려?' 열받은 오스카 와일드는 후작을 명예훼손 혐의로 고소한다. '내 아들을 네가 건드렸잖아!' 후작 역시 동성애 혐의로 맞고소하며 세기의 재판이 열렸다. 예나 지금이나 셀럽의 구설수만큼 재미있는 게 없다. '가만! 나보다 말 잘하는 변호사가 세상에 어디 있다고' 명예훼손과 동성애 관련 재판 중 자기보다 말 잘하는 변호사가 없다는 이유로 선임된 변호사를 무시하고 자신이 직접 변론했다. 어찌 됐을까? 자신감인지 자만심인지 모를 이유 탓에 결국 소송에 패한다. 당시 동성애는 중범죄였다. 재판으로 인한 파산과 2년 중노동에 처해진다. 출소 후 영국에서 추방당한 오스카 와일드는 프랑스에서 뇌수막염으로 생을 마감한다.

광고인의 시각으로 보자. 여기 평범을 수치로 여기는 한 관종이 있다. 그는 입만 열면 유머와 위트 가득한 광고 카피를 쏟아낸다. 게다가 대중의 시선을 한 번에 사로잡는 스타일리스트이자 패셔니스타다. 무엇보다 남녀를 가리지 않고 사랑하는 박애주의, 휴머니스트다. ≪도리언 그레이의 초상≫은 청년 도리언 그레이가 아름다움과 젊음을 유지하며 영원히 늙지 않는 삶을 사는 대신 자신의 초상화가 늙어간다는 내용이다. 주인공의 이면에 있는 타락과 부패, 추함을 온전히 어딘가에 감추고 아름답게 살고 싶은 욕망과 평범은 개나 주라던, 평생 아름다움을 추구한 한 광고인, 오스카 와일드 자신의 이야기인 거다.

호랑이는 가죽을, 광고인은 USP를 남긴다.

그의 USP는 죽어서도 계속된다. 들라크루아, 앵그르, 몰리에르, 샹폴리옹, 에디트 피아프, 이브 몽탕, 쇼팽, 모딜리아니, 프루스트, 짐 모리슨 등 수많은 예술가들이 잠들어 있는 파리 20구의 공동묘지, 페흐 라셰즈^{Père Lachaise}.

평범은 개나 줘 버리라던 말처럼 그의 무덤은 이곳에서도 단연 돋보인다. 오스카 와일드의 무덤은 하늘을 나는 벌거벗은 천사로 장식되어 있다. 무덤이 들어서자 검열 당국은 조각상의 성기를 나비 모양의 청동판으로 가려버린다. 공동묘지의 품위를 손상시킨다는 이유에서였다. 1961년에는 더한 일이 벌어진다. 누군가 조각상의 성기를 잘라 가져가 버린 거다. 역시나 평범하지 않다. 1990년대부터는 그를 추종하는 전 세계 사람들이 페흐 라셰즈를 방문해 키스 자국을 남긴다. 남녀가 따로 없다. 그의 무덤이 키스로 뒤덮인다. 행복하겠다. 죽어서도 최고의 셀럽이다. 아쉽지만 지금은 보호를 위해 유리 차단막이 설치돼 있다. 이제 방문객들은 입맛만 다신다.

파리, 페흐 라셰즈, 오스카 와일드의 무덤, 여전히 많은 사람들이 그의 무덤을 찾는다.

여기 그의 주옥같이 시크한 카피들을 함께 들어 보자. 금과옥조金科玉條다.

'어렸을 땐 인생에 돈만이 제일 중요한 줄 알았다. 나이 들어 보니, 진짜네.'
'누구나 친구를 응원한다. 그 친구의 성공만 빼고.'
'훌륭한 남자에겐 적이 없다. 물론 친구도 없다.'
'결혼에 성공하려면 서로 오해해야 한다.'
'적을 용서해라, 그것만큼 적을 짜증나게 하는 일이 없다.'
'자신을 사랑해라. 그게 평생 지속되는 유일한 로맨스다.'
'난 모든 것에 저항할 수 있다. 유혹만 빼고'
'너 자신이 돼라. 다른 사람들 모두 그랬으니까'

아일랜드, 더블린 메리온 광장, 오스카 와일드 동상, 대니 오스본, 2010, 화강암 바위 위 비스듬히 기대 인생 잘~ 놀다간다 씨~익 미소 짓는다. 참 간지난다.

6부 퍼스널 브랜드의 아이콘들

'삶은 진지하게 살지 않을 만큼 중요하다.'
'좋은 경험이었다고? 아니 실수였겠지!'

TIP 알아놓으면 떡이 되고 밥이 되는 '오스카 와일드'가 남긴 유산들

오스카 와일드의 관종 USP는 오랫동안 지속됐다. 이 남자가 파리 지하철 밖으로 그의 반려 개미핥기를 산책시키기 전까진! 스페인 초현실주의 화가 살바도르 달리 (Salvador Dalí)는 또 다른 퍼스널 브랜딩과 관종 USP의 대가다. 중요체크다.

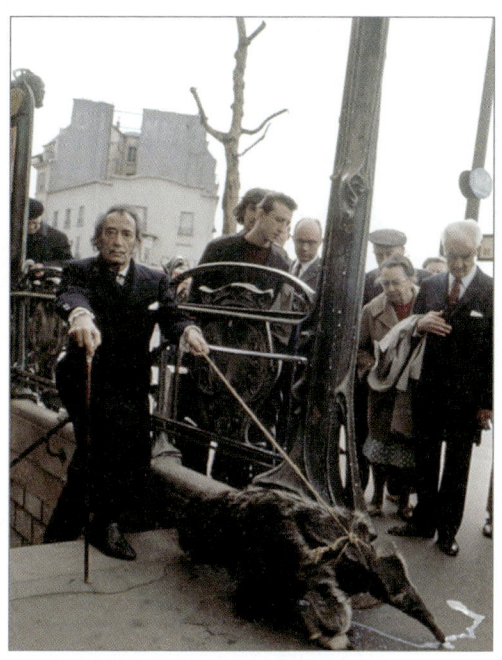

반려 개미핥기와 파리 산책 중인 **살바도르 달리**, 로버트 P. 데샤른, 1969, 관종의 시대, 자기 PR 광고의 끝판왕

살바도르 달리, 필립 할스만, 1954, 또 다른 관종 USP

2장
발상의 오픈런 :
코코 샤넬

'참나, 이걸 아이디어라고 가져왔어? 앙? 발상의 전환을 좀 해보라고!' 오늘도 잔소리다. 발상의 전환$^{Paradigm\ shift}$. 꼭 광고쟁이가 아니더라도 한 번쯤 들어 봤을 말이다. 아니, 어쩌면 너무 많이 들어서 오히려 진부한 말일지 모른다. 쉽게 말해, 익숙한 방식에서 벗어나 새로운 방식의 생각을 시도하라는 뜻이다. 그래야 더 좋은 아이디어를 찾을 수 있다는 거다. 말은 번지르르 멋있지만, 익숙하지 않은 새로운 생각을 한다는 게 뭔지, 내게 익숙한 것은 대체 또 뭔지, 뭐가 새로운 것인지조차 모를 때가 있다. 생각 자체를 싫어하거나 낯설어 하기도 한다. 사람이 다 그렇다. 발상의 전환이란 자신이 지금까지 믿고 있던 세계관을 허무는 작업이다. 고정된 관념을 전복시키고 전복된 땅 위에 다시 새로운 생각을 차곡차곡 쌓는 일이다. 말만으로도 어질어질하다.

영화 〈매트릭스〉의 네오가 가상 세계에서 깨어나기 위해 엄청난 용기를 내야 했던 것처럼, 헤르만 헤세의 소설 ≪데미안≫에 나오는 전설의 명카피 '새는 알에서 나오기 위해 투쟁한다. 알은 세계다. 태어나려는 자는 하나의 세계를 깨뜨려야 한다.'가 주는 울림처럼, 발상의 전환은 결코 쉽지 않다. 그래서 지구를 중심으로 온 우주의 기운이 뱅그르르 돈다는 '천동설'이 한낱 지구가 우주의 아주 쬐그만 일원이라는 '지동설'로 전환되기까지 천 년 이상 걸린 거다. 생각의 관점을 바꾼다는 게 그만큼 어렵고 힘들다. 그런데 이 어렵고 힘든 걸 해내고 또 해낸 광고인이 있다.

'무엇과도 대체할 수 없는 존재가 되려면, 늘 달라야 한다.^{In order to be irreplaceable one must always be different.}'는 멋진 카피의 주인공이다.

코코 샤넬(Coco Chanel)

샤넬^{Chanel}, 전 우주에서 이처럼 여성의 마음을 사로잡은 이름이 또 있을까? 가슴이 콩닥콩닥. 이름만 들어도 도파민이 마구마구 뿜어져 나온다. 사랑스럽다. 그녀를 가질 수만 있다면, 매장 앞에서 몇 날 며칠을 노숙해도 상관없다. 통장의 영혼까지 탈탈 털어 탐하고 싶다. 아! 사고 싶다. 샤넬의 기업 가치는 LG그룹과 맞먹는다. 매년 글로벌 브랜드 가치를 산정하는 브랜드 파이낸스^{Brand Finance}, 2023년 순위에서 LG 90위, 샤넬 98위다. 2024년은 어떨까? 샤넬 73위, LG는 100위권 밖이다. 맞다. 패션이 밥 먹여 주는 시대다.

그녀가 구라쟁이가 된 까닭은?

가브리엘 보뇌르 샤넬^{Gabrielle Bonheur Chanel}의 전기 작가들은 대부분 말한다. 그녀가 아주 심한 리플리 증후군^{Ripley Syndrome}이었다는 거다. 리플리 증후군은 사실을 왜곡하거나 허구의 이야기를 만들어 낸다. 믿어지는가? 전 세계 최고의 패션 제국의 여왕인 샤넬이 구라쟁이였다고? 왜일까? 프랑스 남서부 오베르뉴 지방의 장돌뱅이 바람꾼이 이 동네 저 동네를 돌아다니다 처녀 한 명을 꾀어 사내아이를 낳는다. 그 아이가 자라 장돌뱅이 바람꾼이 된다. 그 장돌뱅이는 이 동네 저 동네를 돌아다니다 소뮈르의 한 처녀를 꾀어 아이를 낳는다. 샤넬이다. 이래서 유전이 참 무섭다.

샤넬이 11세 때 어머니 잔 드볼이 죽자, 장돌뱅이 바람꾼 아버지 알베르 샤넬은 언니들과 함께 그녀를 수녀원에 곧바로 보내버린다. 남동생들은 인력 시장에 팔아 버린다. 세상 비정하다. 태어나서 단 한 번도 따뜻한 사랑을 받지 못한 채 이어진 궁핍한 생활과 자신의 아버지로부터 버려졌다는 사실, 이 불행한 개인사를 지우고 싶어였는지 샤넬은 주변인에게 철저히 자신의 과거를 숨겼다. 혹은 완전히 사실을 왜곡해 구라를 쳤거나. '다른 여자애들은 체념했지만 나는 달랐다. 나는 나 자신에게 몇 번이고 되뇌었다. 돈, 돈은 왕국의 문을 열 열쇠야. 나는 나의 자유를 사야 했다. 무슨 일이 있어도 자유를 사야 했다.' 가난과 사랑의 결핍이 그녀의 삶을 전환시킬 평생 목표를 만든다. 뭘까? 바로 돈과 자유다. 18세에 수녀원과 기숙학교를 나온 샤넬은 수녀원에서 배운 바느질 기술로 재봉사가 된다. 재봉사로는 돈과 자유에 대한 그녀의 욕망을 다 채울 수가 없었는지 곧바로 투잡, N잡러가 된다. 밤에는 카바레에서 팁을 받고 노래하기 시작한다. 이때부터 샤넬은 코코^{CoCo}로 불린다.

무슨 뜻일까? 그녀가 카바레에서 즐겨 부른 노래 '코코리코^{KoKoRiKo}' 때문이라거나 고급 매춘부를 일컫는 '코코트^{Cocotte}'에서 왔다는 이야기가 있다. 어쨌든, 일종의 스폰서 여인이었다는 거다. 노래 실력은 늘지 않고, 돈도 없어질 때다. 뭘 해야 할까? 쉬운 길을 택한다. 에티엥 발장이란 중년의 돈 많은 유부남을 만나 6년간 그의 성에서 함께 살게 된다. 잠만 재워 줬을까? 그럴 리 없다. 발장 덕분에 샤넬은 사교계와 상류층 문화, 패션을 빠르게 배워 나간다. 단순히 따라 하는 게 아닌 자신만의 스타일로 발상을 전환한다. 맞다. 자기 내재화다. 이때 최초의 여성용 승마 바지를 만든다. 엄청난 파격이었다. 아니, 겨우 바지 하나가 뭔 대수냐고? 천만의 말씀! 샤넬의 시대는 코르셋이 여성의 신체를 속박하고 억압하던 시대다. 가장 이상적인 여인의 허리 둘레를 18인치라고 하며 이에 따라 호흡 곤란, 장기 손상 등으로 사람들이 죽어 나가던 때다. 여성의 과하고 화려한 치장만이 당연했던 시대다.

한데, 샤넬은 짧은 머리에 남자처럼 바지를 입고 다녔다. '미쳤나?', '돼먹지 못한 천한 코코트라니' 비난과 무시를 당한다. 우리는 안다. 작용이 있으면 반작용이 있다. 샤넬의 차별화된 패션이 독특하고 매력적으로 보이기 시작한

〈코르셋 입는 여인〉, 피에르 카리에 뷜레즈, 1893, 18인치? 코르셋은 여성을 속박하고 억압했다.

다. 패션에 대한 자신감이 생긴 거다. 돈과 자유에 대한 열망은 그녀를 코코트로만 남게 하지 않았다. 발장의 성을 박차고 나온다.

이제 샤넬은 자신만의 모자 가게를 계획한다. 무엇을 했을까? 두 번째 남자를 만난다. 문학과 예술에 조예가 깊고 자수성가한 사업가 '아서 보이 카펠'이다. 그가 누군가? 바로 발장의 친구다. 막장이다. 1910년 그의 지원으로 캉봉 거리 21번지에 가게를 오픈한다. 캉봉 거리가 있는 파리 1구는 문화와 명품 산업의 중심지다. 가까이 튈르리 공원, 루브르 박물관, 팔레 루아얄, 오페라 극장 그리고 그녀가 훗날 평생을 산 리츠 호텔이 있는 방돔 광장이 있다. 맞다. 역세권이다.

1913년, 샤넬은 휴양 도시 '도빌Deauville'에 2호점을 연다. 때마침 제1차 세계 대전이 발발한다. '전쟁인데 무슨 얼어 죽을 패션 타령' 대부분의 매장이 문을 닫

는다. '아! 망한 건가?' 이때 카펠은 도빌의 매장을 계속 열어놓으라고 조언한다. 탁월한 광고 컨설팅이었다. 안전한 피난처로 여겨진 도빌에는 파리의 상류층, 스포츠 스타, 해외 귀족, 예술가들이 모여들었다. 돈 쓰고 싶은데, 문을 연 매장이 하나도 없었다. 오직 샤넬의 가게만 빼고, 어떻게 되었을까? 빙고. 대박이 난다.

선원용 저지와 바지를 입은 샤넬, 작자 미상, 1928, 여성의 바지는 자유와 독립의 상징이다. 샤넬은 여성의 바지를 대중화시켰다.

샤넬이 창조한 스타일은 기존 관습에 도전하는 패션이었다. 치마를 무릎까지 올리고, 재킷에는 주머니를 달았다. 남성복에나 쓰이던 소재와 색상을 여성복에 과감하게 도입한다. 일하는 여성들을 위해 여성용 바지를 선보였다. 여기에 잘록한 허리를 강조하지 않는 실용적 디자인의 '블랙 드레스'를 고안해 코르셋을 거부한다. 발상의 전환으로 샤넬이 창조한 디자인은 '썸띵 뉴Something New'를 찾던 여성들에게 폭발적 인기를 얻는다. 초대박이다. 전쟁이 기회가 된 거다.

샤넬 No.5, 쉿! 너만 주는 특급 선물이야~

카펠이 죽자 또 다른 남자가 샤넬 앞에 나타난다. 바로 제정 러시아에서 망명한 드미트리 대공이다. 샤넬과 짧은 만남 동안 그는 러시아 황제의 조향사였던 '에르네스트 보'를 샤넬에게 소개한다. 이 순간, 세계 어딘가에서 30초에 하나씩 팔려 나간다는 불멸의 아이템, 샤넬 No.5가 탄생하는 순간이었다. 여기에 샤넬은 또 한 번 발상을 전환한다. 혼합 알데하이드를 사용해 인공적인 향을 만든 거다. 기존 향수들은 자연의 향기만을 냈지만, 샤넬의 향수는 묘했다. 정확히 무슨 향인지 알다가도 모를 향으로 대중을 홀렸다. 게다가 향수에 최초로 자신의 이름을 따다 붙였다. '샤넬 No.5! 어라! 뭔가 새롭네', '세련되고 현대적인 걸' 사람들의 이목을 끌었다. 기존의 향수는 '금단의 열매', '비너스의 숨결' 같은 낯간지러운 이름이 대부분이었던 탓이다.

그렇다. 샤넬 No.5! 디자이너의 이름과 숫자의 조합은 샤넬 브랜드의 정체성과 현대성을 부여했다. 지금까지 듣도 보도 못한 새로운 브랜드 네이밍을 만든 탁월한 광고 전략가다. 또한 기존 향수병과 달리 각지고 모던한 디자인은 샤넬 No.5를 세상에서 가장 유명한 향수로 만들어낸다. 여기 탁월한 광고 디자이너 하나 더 추가요!

향기 마케팅$^{Aroma\ Marketing}$이란 향기를 이용해 대중에게 좋은 이미지를 심어 주는 감성 마케팅 기법이다. 샤넬은 비밀 작전을 펼친다. 셀럽들을 초대해 우아한 식사를 마련한 후, 은밀히 향수를 뿌려 마음을 사로잡았다. 게다가 매장 탈의실 등 곳곳에 향수를 뿌려 향기를 노출시켰다. 이 향이 세간의 이목을 끌 때쯤 셀럽들에게 슬쩍 향수병을 찔러 줬다. '너만 주는 특급 선물이야.' 아무리 돈이 많아도 구할 수 없는 '샤넬이 주는 특별한 향수'는 강력한 바이럴 광고가 되었고 대박을 터트린다.

드디어 샤넬 제국이 탄생한 거다. 여기에 또다시 발상을 전환한다. 뭘까? 자신의 이니셜을 로고^{Logo}로 만든다. 샤넬의 CC 로고다. 맞다. 역사상 최초로 디자이너 로고를 만들었으며 이 로고로 샤넬의 패션 왕국은 제국의 문장을 갖게 됐다. 자기만의 기호 체계를 만든 셈이다. 갖고 싶고 탐나게 만든 거다. 이제 뭘 할까? 세

코코 샤넬, 로저-비올레, 1936, 커스텀 주얼리를 한 샤넬, 가짜 보석을 진짜 보석처럼 명품으로 만든 신공을 부린다.

계 정복이다. 이게 바로 한국의 대형 백화점과 청담동 명품 거리에서 샤넬이 오픈런을 지배하게 된 이유다.

    1923년, 네 번째 남자를 만난다. 유럽에서 가장 부유한 유부남, 웨스트민스터 공작이다. 그와 사귀는 동안 샤넬은 '커스텀 주얼리$^{Costume\ Jewely}$'라는 것을 최초로 만들어 낸다. 이게 뭘까? 가짜 보석이다. '먹고 살기도 힘든데 보석이라니' 지금까지 보석은 귀족과 부자들의 전유물이었다. 샤넬은 값비싼 장신구를 패션의 영역으로 끌어들인다. 저렴한 인조 보석을 화려하게 연출했다. 어떻게 됐을까? 불티나게 팔려나간다. '가짜면 어때? 이쁘면 그만이지.' 이 얼마나 실용적이면서도 상업적인 광고인인가? 물론 아주 돈 많이 번 광고인이다. 또 그와 스코틀랜드 여행 중 영감을 얻어 트위드 소재를 활용한 패션 라인을 내놓는다. 맞다. 웨스트민스터 공작이 없었다면 지드래곤의 샤넬 트위드 재킷은 SNS에서 영영 보지 못했을 테다.

논란의 런웨이는 아직도 진행 중

샤넬은 코르셋으로부터 여성을 해방시킨 20세기 패션 아이콘이다. 좋은 점만 있을까? 천만의 말씀! 그럴 리가 없다. 그녀에 대한 명암은 여전하다. 우선 자신이 고용한 모델과 직원들에게 냉정하고 인색했다. '급료를 올려 달라고? 미친 거 아냐? 다들 이쁘니 애인을 찾으면 되잖아. 스폰서는 얼마든지 구할 수 있잖아.' 자신을 위해 일하려는 재능있고 유능한 여성들은 얼마든 구할 수 있다며 막말과 열정페이로 길들였다. 1936년, 직원들이 노동시간 단축, 임금인상, 단체계약, 도급제 폐지 등을 요구하자 파리 매장의 직원 300명을 전원 해고한다. 언론의 비난이 일자 인터뷰한다. 뭐라 했을까? '파업한 이유? 임금을 더 받고 싶어 그런 게 아니야! 내 얼굴을 더 자주 보고 싶어서 그런 거야.' 이쯤이면 정신승리다.

1939년, 열악한 처우 개선을 요구하자 매장을 전부 폐쇄하고 노동자 2천5백 명을 한꺼번에 해고한다. 갑질 중 상갑질을 일삼았다. 최악이다. 또 다른 명암은 나치의 협력자 '재판받지 않은 전범'이란 오명이다. 유대인들을 혐오한 반유대주의와 나치를 위한 스파이로 활동했다는 거다. 이유는 이렇다. 프랑스가 독일에 점령당했을 당시 한스 귄터 본 딩클라게라는 독일군 정보 장교와 사귄다. 발터 셀렌베르크 나치 친위대 소장과도 사귄다. 참 바쁘다. 전쟁 후 나치에 협력한 이들은 모두 처벌을 받았다. 하지만 샤넬만은 스파이 혐의와 재판을 피했는데 이게 다 인맥 덕이다. 친분이 두터웠던 윈스턴 처칠 Winston Churchill의 결정적 구명이 있었다고 한다. 맞다. 처칠 찬스! 사람 잘 사귀고서 볼일이다. 여론이 나빠지자 1944년 스위스 로잔으로 8년간의 망명을 떠난다. '몰랐으니까. 해방될지 몰랐으니까. 알면 그랬겠나?' 이놈이나 저놈이나 다 똑같다.

그녀 없는 파리는 어땠을까? 크리스찬 디올이 파리 패션계를 평정한다. 화려하면서도 여성의 실루엣을 돋보이게 하는 그의 새로운 스타일에 파리가 열광한다. 오직 한 사람 샤넬만 빼고. "디올? 저 인간은 여성에게 옷을 입히는게 아니

코코 샤넬과 윈스턴 처칠, 작자 미상, 1921, 사람 잘 사귀고 볼일이다.

야. 몸에 덮개를 씌우는 거지." 원색적으로 비난한다. 남 잘되는 꼴, 샤넬이 없는 패션계를 참을 수 없었던 거다.

결국 15년 만에 패션계 복귀를 결심한다. 1954년 디자이너로 패션쇼 무대에 다시 오른다. '여성을 해방시킨 실용적인 패션'이라는 광고 메시지와 함께. 그녀의 나이 71세의 일이다. 슬픈 예감은 틀린 적이 없다. 싸늘했다. 예견된 바다. 나치 부역의 과거와 맞물려 그녀의 무대에 대한 언론의 혹평이 쏟아졌다. 반면 미국에서는 '패션의 혁명'이라는 평가를 받으며 초대박을 친다. 할리우드 스타들에 의해 대유행하게 된 거다. 아! 사람 일 한 치 앞도 모른다. 다시 샤넬 제국이 전 세계를 지배하게 된 것이다. 짝퉁이면 뭐 어때! 믿거나 말거나, 샤넬은 어떤 품질이든 자기 작품의 모조품을 환영했다 한다. 왜 그랬을까? '나의 패션이 거리를 뒤덮으면 그만이다.' 그녀의 말처럼 샤넬의 패션은 전 세계의 거리를 뒤덮었다. 세상 모든 여성에게 패션의 아이콘인 자신을 언제든 모방하라는 의미가 아니었을까? 그것이 진짜든 가짜든.

〈코코 샤넬의 초상화〉, 마리 로랑생, 1923, 수취 거부된 그림, 샤넬은 평생 자신이 여성스럽게 비춰지는 것을 싫어했다.

TIP 알아놓으면 떡이 되고 밥이 되는 '코코 샤넬'이 남긴 유산들.

여담이다. 입생로랑, 엘마누엘 웅가로, 잔느 랑방, 피에르 발망 등 수많은 디자이너가 프랑스의 명예 군단 훈장 '레지옹 도뇌르'를 받았다. 샤넬의 디자이너였던 칼 라거펠트는 물론 죽을 만큼 싫었던 크리스찬 디올도 받은 이 훈장을 샤넬은 받지 못했다. '패션은 변하지만 스타일은 영원하다.'는 명카피를 남긴 그녀는 무덤에서 이런 말을 내뱉지 않을까? 훈장? 개나 줘 버려!

3장
너 참 나쁜 놈이구나! :
아돌프 히틀러

다이아몬드는 영원한 사랑이다.
롤렉스, 누군가는 따라가고 누군가는 앞서가도록 태어난다.
여성 흡연은 자유와 해방의 상징이다.
조국을 위한다면 입대하라.
하면 된다.

맥락도 없다. 논리도 없다. 그런데 계속 말하니 빠져든다. 프로파간다Propaganda다. 프로파간다는 일정한 의도를 갖고 세론世論을 조작하여 사람들의 판단이나 행동을 특정 방향으로 몰아가는 거다. 꼼수다. 의도가 있다는 거다. '에잇, 이깟 것도 못 사 줘? 사랑한다며?' 애인을 사랑한다면 다이아몬드를 사라. '너는 롤렉스 시계를 차게 운명 지어진 사람이야.' 계층을 나누고 차별한다. '조국을 위해 입대하라고?' 국뽕, 애국뽕이다. '하면 된다고? 되면 하는 게 백배 더 낫잖아!' 가학성 무모함이다.

"We Can Do It!" 포스터, 하워드 밀러, 1943

"I want you for U.S. Army" 포스터, 제임스 몽고메리 플로그, 1917

이게 다 선전, 선동이다. 광고, PR과도 비슷하지만, 잘못 사용하면 모두를 불행하게 만든다. '거짓도 천 번 말하면 진실이 된다.'라고 말하며, 악마 같은 언변과 잔꾀를 부린 인류 역사상 최악의 광고인들이 있다. 이들 선전, 선동꾼들을 만나 보자. 주의요망! 절대 현혹되지 말 것!

아돌프 히틀러(Adolf Hitler)

히틀러의 악행을 모르는 사람은 없다. 맞다. 독일 나치당의 지도자로, 1933년에 독일 총리직에 올라 대중의 불안과 불만을 선동해 제2차 세계 대전을 일으킨 전쟁 범죄자다. 선동과 프로파간다로 유대인을 600만 명이나 학살한 끔찍한 살인자다. 에라! 지옥에나 떨어져라! 히틀러는 아동 폭력 피해자다. 그의 아버지는 어린 자

히틀러의 프로파간다, 하인리히 호프만, 1927, 두 눈을 희번덕거리는 선전, 선동

히틀러의 프로파간다, 하인리히 호프만, 1930, 두 눈을 희번덕거리는 선전, 선동

식에게 신체적 폭력과 폭언을 일삼았고 가혹한 폭력과 심리적 학대는 그에게 큰 트라우마를 남겼다. 인격과 세상을 보는 관점에 영향을 준거다. 명심하자! 내 자식은 커서 꼭 히틀러 같은 사람이 되어야만 해! 희망한다면 학대해도 좋다!

히틀러는 화가를 꿈꿨다. 빈 미술 아카데미에 재수까지 하며 지원하지만 떨어지고 만다. 하마터면 미대 오빠일 뻔했다. 아무리 재능 없더라도 합격시켜 줬어야 옳았다. 그랬더라면 세상이 달라졌을 테다. 그러던 중 제1차 세계 대전이 일어나고 궁상맞은 무명 화가를 탈출하고 싶었는지 전쟁에 자원해 독일 민족주의자가 된다. 이때 독일만이 최고라는 정신 나간 생각을 품게 된다. 전쟁에서 독일이 패하자, 히틀러는 패망한 독일의 '구원자'라는 이미지 코스프레를 준비한다.

1921년, 나치당의 리더가 된 그는 하켄크로이츠라는 심볼을 만들고 자신과 나치를 브랜딩 한다. 대중 연설을 할 때는 외모, 제스처, 복장까지 철저히 계산했다. 독일의 구세주로 연출한 거다. 폭동을 일으켜 감옥에 갇히자 선동하는 책을 쓴다. ≪나의 투쟁≫이다. 책에서 인류 역사는 계급 투쟁이 아닌 인종 투쟁이며 인종은 순종으로 유지해야 한다. 잡종이 되면 그 민족은 망하고 북유럽 백인인 아리아 인종 즉, 독일인은 지구상에서 가장 우월하다. 다른 민족은 열등하고 그 중 유대인이 가장 열등하다. 공산주의도 나쁘다. 잃어버린 독일 땅을 찾자! 전쟁하자! 구세주인 나를 따르라! 이런 미친 주장을 한다. 이런 정신 나간 책을 과연 누가 보기나 할까? 한데 독일 국민이 열광한다. 그의 프로파간다에 설득당한 거다.

이제 그의 비뚤어진 신념과 선동은 비극을 향해 달렸다. 제2차 세계 대전과 홀로코스트^{Holocaust}다. 총통이 된 히틀러는 '독일 민족의 부활과 구원'이라는 핵심 광고 슬로건으로 대중을 동요시켰다. 청중을 압도하는 연설과 경이로운 선전 능력을 사람들은 카리스마라고 했다. 그렇다. 비뚤어진 카리스마였다. 전쟁이 일어나자, 독일 국민은 열광했다. 독일의 구세주 히틀러가 경제를 회복시키고, 강한 군대로 세계 정복을 할 것이라 믿었다. 독일 만세! 자부심을 느꼈다. 프로파간다가 이렇게 무서운 거다. 히틀러도 히틀러인데, 그렇다면 왜 독일 국민은 그토록 이성이 마비된 채 히틀러에 동조한 걸까? 여기 독일 국민을 집단 세뇌한 '악마의 혀'라 불린 남자가 있다.

히틀러의 이미지 메이커이자 지옥의 설계자

나치 독일의 선전부 장관인 파울 요제프 괴벨스^{Paul Joseph Goebbels}는 히틀러의 이미지 메이커이자 브랜딩 전문가, 마케팅 디렉터, 조작과 선동의 달인이었다. 독일 본 대학교와 하이델베르크 대학교에서 문학, 철학을 전공하고 박사 학위를 받는다. 지식인이었다. 맞다. 먹물이다. 제1차 세계 대전으로 고학력 실업자가 되던 중 히틀러의 《나의 투쟁》을 읽게 된다. 눈이 번쩍 뜨였다. 취준생 괴벨스에게 빛과 같은 희망이 보인 거다. 책을 읽자마자 괴벨스는 히틀러를 메시아라 생

SA 출석 소집에서의 괴벨스, 게오르그 파흘, 1934, 악마의 혀, 지옥의 설계자 괴벨스

각하며 신으로 여겼다. 독일 민족의 구원자, 구세주라 믿었고 즉시 히틀러와 나치의 광팬이 된다. 나치당원이 되자마자 과장된 제스처, 손짓과 몸짓, 거친 말투, 거침없고 단호한 연설로 군중을 선동한다. 즉흥 연설로 군중을 홀렸다. 틀림없다. 악마의 혀다. 죽이는 말발과 탁월한 연기 능력으로 이름을 날린다. 악마의 재능을 본 히틀러는 직접 괴벨스를 픽했다. 괴벨스는 뛸 듯 기뻤다 한다. 메시아와 접신接神했으니 오죽 좋았을까?

괴벨스가 히틀러에 대해 했던 말이다. '이 남자는 누구인가? 반은 인간이요 반은 신이다.' 제정신이 아니다. 충성을 맹세한다. 이후 그는 히틀러의 메시지를 다듬고 이미지를 연출했다. 히틀러의 연설과 퍼포먼스, 나치의 하켄크로이츠 등 시각적, 언어적 요소를 통해 대중이 나치에 매료되도록 했다. 여기에 언론과 미디어를 통제하고 활용한다. 괴벨스는 1927년 나치의 언론 기관지 ≪공격$^{Der\ Angriff}$≫을 창간한다. 발행 일주일 전 거리 곳곳엔 포스터가 붙었다. 새빨간 붉은색 포스터엔 커다란 느낌표 하나와 '공격'이란 말만 달랑 쓰여 있었다. 며칠 후 '공격은 7월 4일 시작된다.' 라는 두 번째 포스터가 붙는다. '대체 뭐지?' 사람들은 호기심을 느꼈다. 궁금해했다. 그렇다. 티저 광고다. 악마의 재능을 가진 그는 또 다른 선전기술로 독일 국민을 현혹한다. 1932년 선거에서 소형 레코드판 5만 장과 10분 분량의 선전 영화를 제작해 각 지방 도시에서 선전전을 벌였다. 맞다. 일종의 쇼츠 광고다. 내용은 뭘까? 히틀러가 독일의 구원자, 메시아라는 거였다.

6부 퍼스널 브랜드의 아이콘들

거짓도 천 번 말하면 진실이 된다.

　히틀러가 총리직에 오르자, 괴벨스의 프로파간다는 더 노골적으로 '언론은 국가 선전부서의 일부분이어야 한다.'고 했다. 나치에 반대하는 언론사는 모조리 폐간되고, 남은 언론사에게는 매일 정오 보도 지침을 전달했다. 이제 언론은 히틀러와 나치가 하는 말만 뻐꾸기처럼 뻐꾹뻐꾹거렸다. 괴벨스는 내친김에 문학과 예술 분야까지 줄 세운다. 나치에 정신 나간 4만여 명의 대학생과 국민들은 베를린 중앙광장에서 유대인과 정치적 반대파, 자유주의 작가들의 수많은 서적을 모두 불태워버렸다. 산처럼 쌓여 불타는 서적 앞에 모인 군중은 나치식 경례와 구호를 외쳤다. 단상에 오른 괴벨스의 선동에 사람들은 점점 광적으로 됐다.

베를린에서 서적을 소각하는 나치, 게오르그 파흘, 1993, 산처럼 쌓여 불타는 서적 앞에 모인 군중은 나치식 경례와 구호를 외쳤다. 정신 나간 캠프 파이어다.

정신 나간 캠프 파이어 파티였다. 독일을 정화한다는 말같지 않은 이유에서 였다. 맞다. 악마의 재능이다. 미술품 또한 독일 정신을 병들이고 퇴폐하다는 이유로 압수하고 불태워진다. 나치의 기준에 순수한 독일 예술만이 숭고한 예술이라는 거다. 남아나지 않았다. 씨를 말렸다.

히틀러에 대한 신격화는 이제 그 끝을 향해 갔다. 반복과 세뇌를 시전한다. 어떤 식이었을까? 방송과 영화다. 괴벨스는 먼저 라디오에 주목했다. 당시 라디오는 개발된 지 채 10년도 되지 않은 아주 따끈따끈한 최첨단 하이테크 매체였다. 그의 생각에 라디오는 나치의 메시지를 전파하고 국민을 완전히 장악할 수 있는 완벽한 선전도구였다. 오직 하나의 채널만 있는 유튜브인 셈이다. 세뇌를 위해 길거리와 광장에 '제국 스피커 기둥'을 설치하고 각 가정엔 '국민 수신기'를 보급했다. '띠띠띠~띠! 히틀러 총통께서는 오늘' 시보와 함께 히틀러의 연설이 흘러나왔다. 독일 국민은 언제 어디서나 '독일 민족의 구원자'의 정신 나간 목소리를 들을 수 있게 된 거다. 세뇌다.

자! 이제 최종 광고다. 나치 선전 영화 〈의지의 승리〉를 내놓는다. 기획, 제작, 배급 모두 괴벨스가 맡았다. 영화는 유대인 학살의 시작을 알리는 뉘른베르크 나치전당대회를 담았다. 압도적 군중, 대규모 퍼레이드, 일사불란한 행진, 흰자위를 희번덕거리는 정신 나간 히틀러의 연설이 주다. 괴벨스의 연출은 대규모 군중 속 히틀러를 메시아로 만들었다. 이제 독일 국민은 히틀러가 까딱하는 손가락에 완벽히 조종당한다. 여기에 독일인의 위대함을 보여 준답시고 〈올림피아〉를 제작한다. 1936년 베를린 올림픽 다큐 영화다. 올림픽의 시작은 언제나 성화 봉송부터다. 누가 만든 걸까? 맞다. 괴벨스다. 아테네에서 독일까지 릴레이 성화 봉송을 하며 독일 민족의 인종적 우월함을 알리겠다는 잔꾀였다. 올림픽 중계방송 역시 세계 최초. 최고의 피지컬이 아리아 인종이란 걸 알리려 한 거다. 한데 대회 마지막 금메달은 괴벨스의 잔머리를 빗나간다. 바로 손기정 선수 덕이다. 대한민국 손기정이 마라톤 금메달을 딴 거다. 쌤통이다.

베를린 독일 의회 회의, 하인리히 호프만, 1941, 괴벨스의 연출을 통해 히틀러를 메시아로 만들었다.

공포와 희망, 가스라이팅의 최후

'유대인과 유럽이 독일을 망친다. 히틀러와 함께 강한 독일을 되찾자.' 히틀러와 괴벨스는 대중의 공포와 희망을 동시에 자극했다. 가스라이팅이다. 이제 우리는 그 결과를 안다. 1939년 독일의 폴란드 침공으로 시작된 제2차 세계 대전은 1945년 히틀러와 괴벨스의 자살로 끝이 난다. 전쟁 기간 중 사망자는 5,000만 명이 넘었고 홀로코스트로 인한 희생자는 1,100만 명에 달했다. 유대인, 집시, 장애인, 동성애자, 정치범이 대부분이었다. 특히 유대인은 나치의 '최종 해결책'이란 정책 아래 600만 명이 대량 학살된다. 홀로코스트는 오직 빠르고 신속하게 사람을 죽일 목적으로만 만들어진 곳이었으며 아우슈비츠 수용소에서만 100만 명이 가스실에서 목숨을 잃는다. 끔찍하다. 그러니 절대 잊어선 안 된다. 모름지기 광고와 프로파간다는 한 끗 차이다.

나치 대규모 행진, 작자 미상, 1953, 나치, 영화 속 스타워즈 제국군이 아니다.

벙커에서 강제로 끌려나와 체포되는 엄마와 아이들, 작자 미상, 1943

6부 퍼스널 브랜드의 아이콘들

4장
20세기 가장 완전한 광고인 :
체 게바라

대중의 머릿속엔 '인식의 사다리'라는 게 있다. 포지셔닝^{Positioning}이란, 광고를 통해 이 사다리의 가장 위에 브랜드를 위치시키는 전략이다. 스마트폰 하면 제일 먼저 아이폰이 떠오른다. 콜라는 코카콜라, 라면은 신라면, 소주는 참이슬, 카페는 스타벅스다. 제일 먼저 생각나니, 물건을 살 때 당연히 1순위다. 그래야 많이 팔리고 돈도 많이 번다. 가장 위에 위치시켜야 하는 이유다. 포지셔닝이 완벽해지면, 브랜드 로열티$^{Brand\ Loyalty}$가 높아진다. 그러니 광고쟁이는 대중의 머릿속을 미칠 듯 오르내리며 일할 수밖에 없다. 로열티의 궁극의 끝은 브랜드와 자신을 동일시하는 거다. 물아일체^{物我一體}! 광고인은 언제나 물건과 자아를 일체시키려 한다. 어쩌면 불가능에 가깝지만, 머릿속에 브랜드 이미지를 각인시키기를 넘어서 대중의 몸에 이미지를 각인시킨 인물이 있다. 이제 그 인물을 찾아 사다리를 올라가 보자.

체 게바라(Che Guevara)

체 게바라, 당신은 어디선가 한번쯤 보았다. 체 게바라의 이 포스터는 전세계 어느곳에서나 만날 수 있다.

아르헨티나의 축구 영웅 디에고 마라도나와 불멸의 복싱 챔피언 핵주먹 마이크 타이슨 두 사람의 공통점이 뭘까? 빈민가 출신, 지랄 맞은 성격, 자기 통제는 개나 줘 버리는 삶, 스포츠 하나로 전 세계를 지배한 지존의 스타 그리고 체 게바라$^{Che\ Guevara}$다. 마라도나의 오른팔과 타이슨의 복부에 새겨진 위대한 게릴라, 브랜드 로열티가 얼마나 높으면 자신의 몸에 지워지지 않는 타투^{Tatoo}를 새겨 넣은 걸까? 인문인, 광고인의 중요 체크다. 20세기 현대사에서 체 게바라만큼 대중문화의 아이콘에 오른 역사적 인물은 찾아보기 힘들다. 체 게바라를 구글링해 보면 그의 얼굴이 프린팅된 티셔츠, 책, 영화, 팝아트, 그라피티, 배지, 지포라이터, 컵, 열쇠고리, 엽서, 우표, 속옷, 콘돔, 핸드폰 케이스 등 체 게바라만으로도 이베이 정도는 거뜬히 먹여 살릴 것만 같다. 게릴라이자 실패한 혁명가인 그에게 사람들은 왜 열광하는 걸까? 어떻게 이리도 포지셔닝 잘 된 걸까? 일단 잘생겼다. 그렇다. 잘생기고 볼일이다. 베레모를 쓰고 정면을 응시하거나 시가를 물고 있는 그의 사진을 보면 보그 잡지의 광고 모델로 당장이라도 픽업하고 싶을 정도다.

체 게바라는 아르헨티나의 유복하고 진보적인 가정에서 에르네스토 게바라라는 이름으로 태어난다. 어렸을 적 앓은 폐렴에 의한 중증 천식은 그를 평생 괴롭힌다. 그러면서도 평생 시가를 물고 다닌다. 역시 간지는 포기 못한다. 천상 광고인이다. 집안 좋고 잘생겼는데 공부마저 잘해서 의대에 입학한다. 세상 불공평하다. 재학 중 친구와 함께 오토바이로 라틴아메리카를 여행한다. 이때 라틴

아메리카의 경제상을 직접 보며 노동착취로 인해 빈곤한 삶을 살아가는 수많은 사람들을 만난다. 빈부격차로 인한 좌절로 하루하루 살아가는 사람들, 커피, 사탕수수, 바나나 농장의 노동자들과 광산의 광부들, 빈민가의 사람들을 만나며 충격에 빠진다. 고생 모르고 자란 자신과 180도 다른 삶을 보며 깊이 각성한다. 세상은 강의실이 아닌 길 위에 있다는 것을 깨달은 거다. 견문을 넓히는 게 이렇게 중요하다. 맞다. 젊을 때 여행은 돈 싸 들고라도 해야 하는 이유다.

졸업 후 과테말라에서 의사로 일하는데 이때 사회 개혁 정책을 펼치던 과테말라 좌파 정권이 무너진다. CIA의 사주를 받은 군부의 쿠데타 탓이다. 열 받는다. '지들이 뭔데, 남의 나라에 감나라 배나라인가' 제국주의, 제3세계에 대한 미국의 개입에 강한 반감을 갖는다. '양키 고 홈 Yankee Go Home' 미국에 대한 적개심을 품게 된 거다. '에라! 의사고 뭐고 내 갈 길 가련다.' 이후 의사 가운을 던지고 혁명가의 삶을 걷게 된다. 에르네스토 Ernesto 라는 이름 대신 '체'를 쓰기 시작한다. '체 Che'는 아르헨티나 스페인어에서 '어이', '이봐' 정도의 뜻이다.

게릴라의 지저스 크라이스트 슈퍼스타

괴테말라의 블랙리스트가 된 그는 멕시코로 망명한다. 이곳에서 변호사 출신 피델 카스트로 Fidel Castro 를 만나 쿠바 혁명을 위한 게릴라가 된다. 체 게바라의 혁명군 82명은 1956년 그란마호라는 8인승 보트 한 대에 몸을 싣고 쿠바에 상륙한다. 10배가 넘는 과적이다. 과해도 너무 과했다. 쿠바 해안에 도착했을 땐 겨우 12명만 살아남는다. 내 그럴 줄 알았다. 그런데 왜 쿠바였을까? 이유는 이렇다. 쿠바 역시 미국의 꼭두각시 군부 독재였다. 체 게바라는 쿠바 혁명이 성공하면 혁명의 불씨가 라틴아메리카 전역으로 확산될 거라 믿었다. 혁명의 물결로 빈곤과 억압이 타파될 거라 확신했던 거다. 12명의 그란마호 생존자들은 어떻게 됐

쿠바 아바나에서 열린 라 쿠브르 폭발 희생자 추모 행진, 1960, 체 게바라(왼쪽 세번째)와 리암 리슨을 닮은 피델 카스트로(왼쪽)

을까? 쿠바의 험준한 시에라 마에스트라 산맥에서 게릴라 활동을 펼쳤다. 세력은 조금씩 확장되었다. 체 게바라는 게릴라 활동의 당위성을 알리는 라디오 방송, 라디오 레벨레 Radio Rebelde 를 만들고 적극적으로 혁명의 메시지를 전파했다.

그렇다. 메스와 총을 든 광고쟁이였던 거다. 여기에 냉철한 판단력으로 게릴라전을 이끌었다. 게다가 사람들의 마음을 움직이는 카리스마로 혁명군의 2인자가 된다. 이게 다 잘생긴 외모 덕분이다. 진짜다. 1959년 쿠바 아바나에 입성하고 혁명을 달성한다. 쿠바 혁명정부의 2인자인 그는 피델 카스트로와 함께 쿠바의 정치와 사회 개혁을 선도했다. 쿠바 국립은행 총재와 산업부 장관을 겸했다. 그의 나이 31세 때다. 그러나 쿠바 경제가 무너진다. 어쩔 수 없었다. 쿠바의 자원과 인프라 부족, 미국의 경제봉쇄, 소련에 대한 지나친 경제 의존 탓이었다. 의사 출신인 그의 한계가 드러난 거다.

그러던 중, 쿠바 미사일 위기가 발생한다. 내용은 이렇다. 냉전 시대다. '건드리기만 해 봐, 너 죽고 나 죽고 아주 박살을 내 줄 테니.' 미국과 소련이 극도로 대립했다. 미국이 터키에 몰래 핵미사일을 배치한다. '어라! 이것들 봐라?' 소련도 가만 있지 않고 쿠바에 핵미사일 기지를 몰래 건설한다. 1962년 10월 미국이 화들짝 놀랐다. 미군 정찰기가 이를 발견한 거다. 쿠바가 어딘가? 미국과 엎어지면 코 닿는 곳이다. 미국의 코앞에 핵미사일이 배치된 거다. 미국과 소련은 13

일간 대치했다. 누가 먼저 핵단추를 누르냐의 초치기 눈치 싸움이었다. 다행히 존 F. 케네디 대통령과 흐루쇼프 총리 사이에 극적 협상이 타결된다. 하마터면 제3차 세계 대전 날뻔했다. 미사일 위기 후 쿠바에 대한 소련의 영향력이 더욱 강해진다. 체 게바라는 '사회주의 국가도 제국주의 국가와 다를 바 없다.'며 원색적으로 소련을 비난한다. 착취에 있어서는 소련도 미국과 같다는 거다. 이놈도 저놈도 다 꼴 보기 싫다는 거였다.

1965년, 돌연 다시 게릴라로 돌아간다. 쿠바에서 최고 권력자 자리를 스스로 내려놓는다. 또 다른 혁명을 위해 볼리비아로 미련 없이 떠난다. 쿨하기까지 하다. 왜 볼리비아였을까? 볼리비아는 라틴아메리카의 중앙에 위치한다. '혁명에 성공한다면, 남미 전체로 확산될 수 있다.' 혁명의 마중물이 될 거라 판단한 거다. 이때 '영원한 승리의 그날까지,Hasta la victoria siempre'라는 명카피를 남긴다. 캬~ 천상 광고인이다. 딱 여기까지였다. 1967년, 게릴라전 중 미국 CIA와 볼리비아 정부군에게 잡혀 총살당한다. 그의 나이 39세였다. 볼리비아 정권은 게릴라군의 사기를 떨어트리려 총살당한 그의 사진을 공개한다. 의도가 먹혔을까? '순교자다.', '아! 이건 피에타야.' 웬일인가? 오히려 예수와 비교되며 추앙받는 한 시대의 아이콘이 된다. 이를 지켜본 프랑스 실존주의 철학자이자 작가인 장 폴 사르트르Jean-Paul Sartre는 '우리 시대 가장 완전한 인간'으로 체 게바라를 칭했다.

리얼리스트를 꿈꾼 이상주의자

'리얼리스트가 되자. 그러나 가슴속에 불가능한 꿈을 가지자!Seamos realistas, realisemos lo imposible!' 체 게바라의 말이다. 이 시대를 살아가는 광고쟁이에게 이 보다 더 동기부여되는 광고 카피가 있을까? 이처럼 체 게라바는 그의 사후, 전 세계적인 체 게바라 열풍으로 다시 부활한다. 아르헨티나인 의사, 자신이 가진 모든 것을 버

체 게바라 "HOPE" 스타일 팝아트 포스터, 작자 미상, 시기 미상. 이제 체 게바라는 게릴라를 넘어 문화의 아이콘이다.

리고 혁명에 뛰어든 혁명가, 혁명의 성공 뒤 쿠바 정부 최고의 자리를 박차고 나와, 또 다른 혁명을 위해 마지막까지 혁명의 최전선에서 싸우다 죽어간 고결함이 대중에게 포지셔닝된 거다. 소문은 소문을 타고 확산됐다. 이게 바로 그의 얼굴이 새겨진 옷을 입고, 라이터를 켜고, 스케이트 보드를 타고, 콘돔을 사용하고 영원히 지워지지 않는 문신을 몸에 새겨 브랜딩하는 이유다.

> **TIP** 알아놓으면 떡이 되고 밥이 되는 '체 게바라'가 남긴 유산들
>
> 게릴라 마케팅(Guerrilla Marketing)이란 게 있다. 게릴라(Guerrilla)는 '소규모 전쟁'을 의미하는 스페인어 'guerra pequeña'에서 파생됐다. 게릴라 전투는 소규모 비정규전이나 저항 운동에서 사용되는 전략 중 하나다. TV나 대형 포털 등의 광고 미디어가 아닌 시간과 장소 제약 없이 공격적으로 이슈를 만들어 대중에게 브랜드를 각인시키는 광고 기법이다. 광고의 비정규 전투인 거다. 게릴라전이 늘 그렇듯 혁명에 성공할 수도 처형당할 수도 있다.

5장
패배를 거부한다..:
어니스트 헤밍웨이

슬픈 이야기를 하나 해야 겠다. 광고 만드는 직업은 늘 실패하는 게 일이다. 좋은 아이디어, 죽이는 아이디어를 찾았다! 유레카! 하는 순간, 젠장할! 누군가 이미 자신보다 훨씬 뛰어난 광고 아이디어를 내놓았다는 사실을 깨닫는다. 수명이 단축된다. 아이디어를 찾아 산기슭을 어슬렁거리는 하이에나가 되다 보면 번아웃에 이른다. 광고를 사랑했던 열정은 온데간데없고 이젠 광고가 지겹고 밉고 싫어진다. 아이디어를 찾아 어슬렁거리는 하이에나가 아닌, 산정 높이 올라 고고하게 빅 아이디어를 만드는 눈 덮인 킬리만자로의 그 표범이고 싶은데 말이다. 힘들다. 비극이다. 경쟁 프레젠테이션은 패배의 연속된다. 패배에 익숙해지면 자존감은 바닥을 친다.

이럴 땐 패배의 개념을 바꿔야 한다. 빅 아이디어로 100% 승리하겠다는 말도 안되는 욕심을 버리자. 야구에는 타석에 열 번 나와 세 번 안타를 치는 것, '3할의 예술'이란 말이 있다. 3할은 야구 선수에게 꿈의 타율이다. 세 번 승리한다는 건 반대로 일곱 번 패하는 거다. 일곱 번 져도 괜찮다는 거다. 일곱 번이나 졌는데 사람들이 열광한다. 와우! 이거 남는 장사다. 그것도 어렵다면, 패배를 거부해 보

자. 어떻게 하냐고? 하드보일드의 아이콘, 자신의 스타일만으로 온몸이 부서지도록 패배를 거부한 불꽃 같은 광고인에게 조언을 구해 보자. 패배를 거부한 위대한 작가에게 말이다.

병원복 타고난 상남자, 어니스트 헤밍웨이(Ernest Hemingway)

　뇌척수액이 흘러나오고 있었다. 비행기가 이륙 직후 폭발한 거다. 심각한 화상은 물론 머리를 심하게 부딪치면서 그의 머리에서 액체가 흘러나왔다. 폭발한 비행기는 우간다 남부 도시인 엔테베의 병원으로 향했다. 전날 심각한 비행기 사고로 헤밍웨이는 머리를, 아내 메리는 갈비뼈 두 개가 부러지는 부상을 당했다. 아내와 함께 콩고 상공을 저공 비행하다 전신주에 부딪혀 비행기가 추락했기 때문이다. 이틀 연속 비행기 사고라니, 운도 지지리 없었다. 1954년 1월, 기자들은 서둘러 헤밍웨이의 사망을 보도한다. 그러나 이틀 사이 두 번의 비행기 사고에도 그는 살아남았다. 그리고 사고 다음 달인 2월, 무슨 일 있었냐며 다시 바다낚시 여행을 떠난다. 그해는 헤밍웨이가 ≪노인과 바다≫로 노벨문학상을 받은 해이기도 했다.

　이번이 처음은 아니다. 20세기 미국 문학의 위대한 작가 어니스트 헤밍웨이는 글쓰는 삶 이외에 병원에서의 삶으로도 유명하다. 미국 일리노이주 오크파크의 보수적인 외과 의사 집안에서 태어난 헤밍웨이는 낚시와 사냥을 좋아하고 모험적 기질이 강했던 그의 아버지를 닮았고 무척이나 존경했다. 반면 그는 어머니의 장례식조차 참석하지 않을 정도로 사이가 좋지 못했다. 불효막심이다. 세계를 여행하며, 글을 쓰고 싶다는 꿈을 이루기 위해 고교 졸업 후 지역 신문사 ≪캔자스 시티 스타≫의 수습기자가 된다. 이때 헤밍웨이 자신만의 스타일 문체가 만들어진다. '짧은 문장을 써라. 첫 문단은 짧게 써라. 힘있게 써라. 긍정적으로 써라.' 맞다! 이게 바로 광고 카피라이팅의 원칙이다.

때마침 제1차 세계 대전이 발발한다. 참전하려 했으나, 시력 문제로 입대를 계속 거절당한다. 상남자 헤밍웨이에겐 자존심 긁히는 일이었다. 1918년, 가까스로 적십자사의 비전투 운전병으로 참전한다. 전쟁 영웅의 꿈을 안고 곧바로 이탈리아 북부 전선에 배치된다. 기쁨도 잠시, 입대 두 달 만에 최전선에서 적의 포탄에 맞아 심각한 부상을 당하고 만다. 그 와중에 동료 이탈리아 병사들을 구조하고 이 공로로 무공십자훈장을 받는다. 당시 그의 나이 열아홉 살 때다. 역시 젊음이 좋다. 두 다리의 부상은 생각보다 심각했다. 의사의 말 한마디에 따라 두 다리가 짤뚝! 잘리느냐 마느냐 하는 상황이었다. 다리와 발바닥에서 227개의 파편을 빼내야 했고 고통 속에 6개월간 입원해야 했다. 입원 중 여덟 살 연상의 미국인 간호사 아그네스를 만나 사랑에 빠진다.

당시의 경험을 모티프로 훗날 1929년 ≪무기여 잘 있거라≫를 발표한다. 모든 출발은 사랑이다. ≪무기여 잘 있거라≫는 전쟁의 참상과 허무에 관한 소설이다. 내용은 이렇다. 제1차 세계 대전에서 미육군 의무장교 프레데릭 헨리 중위는 이탈리아 북부 전선에서 야전병원 운전사로 참전 중 포탄에 맞아 두 다리에 상처을 입는다. 맞다. 이름만 바뀐 헤밍웨이다. 후송 후 입원한 병원에서 간호사 캐서린 버클리와 알콩달콩 서로 사랑에 빠진다. 캐서린의 임신을 안 헨리는 그녀와 함께 탈주하여 스위스로 도망친다. 출산 중 아이가 사산되고 그로 인한 후유증으로 캐서린도 불행한 죽음을 맞는다. 'Arms'은 '무기'를 의미

아프리카 사파리 여행 중 글쓰기에 몰두하는 헤밍웨이, 1953. 이때까지도 두번의 비행기 사고는 꿈에도 몰랐다.

하는 동시에 사랑하는 캐서린의 '품'을 뜻한다. 맞다. 이중 의미다. '사랑도 안녕! 전쟁도 안녕!' 사랑과 전쟁에 작별을 고하는 헤밍웨이식 반전反戰 광고인 거다.

파리를 사랑한 상남자

전후 미국으로 돌아와 건강을 되찾은 헤밍웨이는 시카고에서 다시 글을 쓰기 시작한다. 이때 해들리 리처드슨에게 첫눈에 반한다. 결혼한다. 22세 때다. '누난 내 여자니까, 너는 내 여자니깐.' 역시 여덟 살 연상이다. 결혼 후 곧바로 ≪토론토 데일리 스타≫의 해외 통신원으로, 파리에 이주한다. 헤밍웨이는 미국을 넘어 세계인의 삶을 살았다. 유럽 주요 도시를 가 보면, 어디서나 헤밍웨이가 밤낮 없이 앉아 글 쓴 집, 단골 맛집, 술집, 카페 등을 만나게 된다. 이는 파리 시절 그와 친분이 있던 파블로 피카소 Pablo Picasso와도 닮았다. 피카소 역시 헤밍웨이만큼 단골 맛집, 술집, 카페 등이 많았고, 헤밍웨이만큼 여자도 많았다. 둘 다 다채로운 경험과 취미 부자로 유럽 곳곳을 다니며 마일리지를 쌓은 탓이다. 피카소 이외에도 파리에 머무는 동안 거트루드 스타인, 에즈라 파운드, 스콧 피츠제럴드, 실비아 비치, 제임스 조이스, 호안 미로 등과도 어울리게 된다.

아무튼 이 덩치 큰 마초남은 1921년 파리에 도착해 통신원 생활과 글쓰기에 매진했다. 초보 작가의 열정을 하얗게 불태우며 영혼 한 줌까지 갈아 넣어 수많은 습작을 남긴다. 글이 잘 써진다. 장미빛 내일이 보인다. 우리는 안다. 이럴 땐 항상 조심해야 한다. 가슴에 비수가 날아와 꽂힌다. 날밤을 꼬박 새우며 광고 제안서를 만들었는데 컴퓨터가 갑자기 뻑 난다. 며칠간 공들인 회계 보고서가 한순간에 날아간다. 수개월 작업한 개발 프로그램이 증발해 버린다. 마감이 내일이다. 미칠 노릇이다. 더군다나 저장도 안 했고 복사본도 없다. 다들 이런 경험이 한 번쯤 있을 거다. 썼던 것을 다시 쓰는 것은 완전히 새로 쓰는 것보다 더 어렵고 고통스럽다. 그렇다. 멘붕이었다. 아내 해들리가 리옹 역에서 헤밍웨이의 모든 원고를 잃어버린다. 소식을 들은 헤밍웨이는 '괜찮아! 사본은 있으니까.' 했지만 사본 따위는 없었다. 잃어버린 가방에는 사본까지 전부 들어 있었으니까. 당시 그의 기분이 어땠을까? 절망이다. 글쟁이로의 모든 원고가 사라진 거다. 두 다리가 잘려 나간 심정이었다. 이래서 백업이 중요하다. 중요체크다.

위대한 작가를 꿈꾸었지만, 뜻대로 풀리지 않는 젊은 예술가들의 불안과 방황을 이야기한 그의 첫 장편소설 ≪태양은 다시 떠오른다≫는 이런 헤밍웨이 자신의 이야기다. 소설의 주인공 제이크 반스는 파리에서 해외 특파원으로 일하며 작가를 꿈꾼다. 제1차 세계 대전 당시 이탈리아 전선에 참전했다가 상처를 입는다. 맞다. 이름만 바뀐 헤밍웨이다. 반스와 썸 타는 사이인 브렛 애슐리는 자유연애를 하며 남자들과 방탕한 만남의 연속이다. 반스의 친구 콘, 빌, 브렛, 브렛의 애

≪태양은 다시 떠오른다≫ 초판, 1926, 헬레니즘 스타일의 책 디자인. 역시 광고인이다.

동료 예술가들과 놀러간 스페인 팜플로나, 산페르민 축제, 1925, 헤밍웨이의 소설은 언제나 자신의 삶에서 출발한다.

인 마이크 등 총 다섯 사람이 스페인 팜플로나에서 열리는 산페르민 축제에 참여해서 부어라 마셔라 미칠 듯이 술 마시고 싸우고 질펀하게 놀며 벌어지는 이야기다. 이 작품은 헤밍웨이에게 작가의 명성을 안겨 준다. 젊은 예술가들의 방황하는 냉탕 온탕의 이야기가 대중에게 제대로 먹힌 거다. 헤밍웨이는 이 작품을 통해 '잃어버린 세대'의 대표 작가로 등극한다.

유명 작가는 하늘의 계시를 받아 일필휘지로 술술 글을 쓸 것 같지만, 계시받은 광고인이 없듯 계시받은 작가도 세상에 없다. 이럴 때 예술가들은 슬슬 뮤즈를 찾게 된다. 예술가에게 흔히 영감을 불러 일으키는 대상 말이다. ≪태양은 다시 떠오른다≫를 집필할 무렵 그에게 뮤즈가 나타난다. 간지나게 말해 뮤즈지 그냥 바람난 거다. 잡지 ≪보그≫의 편집인인 폴린 파이퍼다. 1927년, 아내와 이혼한 헤밍웨이는 폴린과 결혼 후 미국으로 돌아가려 한다. 폴린이 간절히 원한 탓이다. 파리는 헤밍웨이에게 평생 잊을 수 없는 아름다운 시절이었다. 그는 죽는 그날까지도 파리를 그리워했다. 그의 유작 ≪움직이는 축제≫의 한 대목이다.

'파리는 내게 언제나 영원한 도시로 기억되고 있습니다. 어떤 모습으로 변하든, 나는 평생 파리를 사랑했습니다. 파리의 겨울이 혹독하면서도 아름다울 수 있는 것은 가난마저도 추억이 될 만큼 낭만적인 도시 분위기 덕분이 아니었을까요? 아직도 파리에 다녀오지 않은 분이 있다면 이렇게 조언하고 싶군요. 만약 당신에게 충분한 행운이 따라 주어서 젊은 시절 한때를 파리에서 보낼 수 있다면, 파리는 마치 움직이는 축제처럼 남은 일생에 당신이 어딜 가든 늘 당신 곁에 머무를 거라고, 바로 내게 그랬던 것처럼.'

캬~ 멋진 광고 카피다. '당장 여행가방 싸라. 파리로 떠나라.' 맞다. 헤밍웨이식 파리 관광청 광고다. 얼마나 파리를 떠나기 싫었는지 떠나기 전 또다시 큰 사고가 난다. 아파트 채광창을 고치던 중 채광창이 통째로 머리 위로 무너져 내렸다.

이마의 1/3을 꿰매야 했고 평생 동안 이 흉터를 안고 다녔다. 미국에서도 불행은 계속된다. 같은 해 우울증을 겪고 있던 그의 아버지가 권총 자살을 한다. 이때 헤밍웨이는 자신도 아버지와 같은 길을 걷게 될 것이라고 말했다.

패배를 모르는 상남자

1929년 출간된 ≪무기여 잘 있거라≫는 전후 문학의 걸작으로 인정받으며 작가로의 위상을 높였다. 그러나 성공도 잠시, 교통사고로 오른팔이 부러져 7주간 병원 신세를 지게 된다. 글을 써야 하는 오른손의 신경이 돌아오는 데까지 1년이 걸린다. 그로 인해 헤밍웨이는 심한 우울증의 고통에 시달리게 된다. 운도 지지리 없다. 운명은 자꾸 인생을 패하라 하는 듯했다. 단편 ≪킬리만자로의 눈≫의 모티프가 된 아프리카 케냐 사파리 여행에서 아메바성 이질로 탈장을 일으켜 배를 가르고 장을 세척해 다시 넣는 수술까지 받는다. 이쯤이면 그의 불행은 과학이다. 1940년 출간된 ≪누구를 위하여 종은 울리나≫는 스페인 내전을 배경으로 한 소설이다. 스페인 내전은 피카소 그림 〈게르니카〉의 모티프이기도 하다.

모른다고? 간단히 보자. 1936년, 오랜 정치 혼란 끝에 공화파, 좌파, 사회당, 공산당으로 이뤄진 인민전선 정부가 수립되자, 우파 파시스트인 프랑코가 군부 쿠데타를 일으키며 발발한 내전이다. 물론 단순한 내전이 아니었다. 유럽 각국과 미국, 소련은 공화파를, 독일과 이탈리아는 프랑코의 반란군을 지원하며, 세계 강국들이 이념을 걸고 맞선 대리전이었다. 한 국가의 내전이었지만 조지 오웰, 로버트 카파, 생택쥐페리, 앙드레 말로 등 전 세계 수많은 지식인이 스페인 내전에 참여한다. 공화주의와 파시즘, 이념과 사상의 전쟁이었기 때문이다.

소설 ≪누구를 위하여 종은 울리나≫는 스페인 내전 중 나흘간의 이야기다. 공화파 측으로 참전한 로버트 조던은 대규모 공습에 앞서 철교를 폭파하는 작전을 수행한다. 여기에 민병대의 협조를 받아야만 했는데 임무 수행 중 민병대 일원인 마리아와 사랑에 빠진다. 하여간 사랑이 무섭다. 로버트는 임무를 완수하지만, 부상을 당하고 동료들을 위해 자신을 희생한다. 1937년, 스페인 내전 특파원으로 참여한 헤밍웨이는 자신의 경험을 바탕으로 장편 소설을 내놓는다. 또 자신만의 경험이다! 이쯤이면 진짜 천재 광고인이다. 불멸의 소설을 집필할 때는 무엇이 필요할까? 이제 좀 감이 온다. 그렇다. 뮤즈다. 종군기자이자 작가인 마사 겔혼을 만난다. 맞다. 데자뷔! 이젠 기시감마저 든다. 폴린과 이혼하고 마사와 재혼한다. 이것도 병이다. 제2차 세계 대전이 발발하자 다시 특파원으로 참

쿠바, 핀카 비히아에서 《노인과 바다》를 집필 중인 헤밍웨이, 작자 미상, 1946

전한다. 이번엔 노르망디 상륙작전을 앞두고 런던에서 심각한 교통사고를 당한다. 어떻게 했을까? 머리에 57바늘을 꿰매고 상륙작전을 취재한다. 이후 폐렴에도 걸린다. 대단하다. 이때 ≪타임≫지 특파원인 메리 웰시를 만나 1946년 네 번째 결혼을 하게 된다. 정말 병이다. 이후 생의 대부분을 쿠바에서 머문다. 가족들과 떠난 보트 여행 중 심각한 뇌진탕을 당해 병원에 입원한 것 이외에도 이 기간에 심한 두통, 고혈압, 과체중, 당뇨에 시달렸다. 참 대단하다. '이제 한물간 고집 센 늙은 작가야.' 할 때쯤, 폐혈증으로 죽음의 고비를 넘나들면서 불후의 명작 ≪노인과 바다≫를 내놓는다. 패배를 모른다.

내용은 이렇다. 바닷가 마을, 여기 젊은 날 힘깨나 쓰던 노인이 있다. 독거노인이다. 언제였더라? 붉고기를 잡지 못한 지 벌써 84일째다. 살라오! 살라오! 사람들이 수군거린다. 살라오^{salao}, 스페인어로 운수가 막혀 버린 재수 없는 늙은이란 뜻이다. 진정한 도시어부로 자기 키만 한 작은 나무배를 타고 85일째 먼바다로 나간다. 히트다. 엄청나게 큰 청새치가 미끼를 문다. 먹고, 마시고 자지도 못 하고 사흘간의 사투 끝에 잡는다. 한데 웬일인가! 돌아오는 길에 상어 떼에게 습격을 받는다. 결국 뼈만 달랑 매달고 집으로 돌아온다. 노인은 말한다. '하지만 인간은 패배하도록 만들어지지 않았어, 인간은 파멸당할 수 있을지언정 패배하진 않아.' 맞다. 소설 속 산티아고 노인이 바로 헤밍웨이였던 것이다. 앞선 두

쿠바의 바다 낚싯배에서 헤밍웨이, 1950. 또 무슨 사고를 당했는지 이마와 코에 상처가 뚜렷하다. 상남자다.

번의 비행기 사고 후 같은 해 또다시 큰 부상을 입는다. 이번엔 산불이다. 온몸에 화상과 함께 두 개의 디스크 파열, 신장, 간 등 장기 파열, 어깨 탈구, 두개골 골절상을 당한다. 사고 때문이었을까? 패배를 모르는 위대한 작가 헤밍웨이는 이후 심한 우울증에 시달려 열정적이고 위험천만했던 삶을 스스로 마감한다.

대중들은 여전히 헤밍웨이의 글을 사랑한다. 왜일까? 헤밍웨이 글은 언제나 인간을 향하기 때문이다. 그는 늘 현실 속에서 글의 주제와 소재를 찾았다. 헤밍웨이는 말한다. "인생에 관한 글을 쓰려거든, 먼저 그 삶을 살아 보라." 죽는 날까지 패배를 몰랐던 어느 멋진 광고인의 말이다. 옳은 말이다. 그렇다. 광고는 언제나 인간을 향한다.

> **TIP** 알아놓으면 떡이 되고 밥이 되는 '헤밍웨이'가 남긴 유산들
> 헤밍웨이와 술은 떼놓을 수가 없다. 그의 소설 속 주인공처럼 젊은 날에는 샴페인, 위스키, 와인, 브랜디, 코냑, 압생트 등을 미칠 듯 마셨고 쿠바에 정착해서는 모히또와 다이끼리를 즐겼다. 아무리 술을 마셔도 다음 날 새벽에 어김없이 일어나 꾸준히 글을 썼다 한다. 술 광고나 숙취 해소제 광고 모델로 딱이다. 광고주님들 연락주세요!
> #무라카미_하루키 #모히또 #미드나잇인파리 #니들이_게맛을_알아?

나가며

망.할.놈.의 광고, 빌.어.먹.을 인문학

이런 빌.어.먹.을 'B'컷 같으니라고!

A컷과 B컷 사이! 광고를 만들다 보면, 언제나 갈등한다. 누가 보더라도 A컷이다. A컷을 선택해야 옳다. 폼나니까! 간지나니까! 그러니 당연하다. 그런데 갈등이다. 왜일까? B컷에는 A컷이 담아내지 못한 많은 이야기가 담겨있기 때문이다. 완벽한 A컷 뒤에는 잘려 나간 고민과 이야기가 있다. 그게 바로 B컷이다. 거칠고 어설프지만, 진실되고 생생하다. 초점을 벗어난 풍경, 예상치 못한 미소, 실패한 시도가 담겨 있다. 그 안에는 우리가 놓치기 쉬운 사람다움과 이야기의 본질이 숨어 있다. 이제 우리는 인류의 최초 시작부터 현재에 이르기까지 광고가 늘 함께했다는 사실을 알게 됐다. 믿으시라! 그러면 복되다! 광고는 A컷을 만들기 위한 수많은 B컷의 연속이다. 광고뿐 아니다. 한 사람의 인생도, 인류의 역사, 문화와 예술도 그렇다. 시답잖은 B컷의 연속이다.

나는 광.고.한.다 고로 존.재.한.다.

인류의 시작 이래 역사상 가장 많은 광고인이 활동하는 요즘이다. 당신은 광고쟁이다. 무슨 개풀 뜯는 소리냐고? 그렇지 않다. 광고는 뽐내기다. 당신은 이제 유튜브, 페이스북, 인스타그램, 블로그 등을 읽고 보고 피드를 남긴다. SNS를 통해 폼나고 이쁘고 간지 나게 사진과 영상을 올린다. 좋아요를 보며 광대승천한다. 아침에 눈을 뜨자마자 광고는 시작된다. 어떤 셔츠와 바지, 신발을 신을지

고민한다. '나는 어떤 사람인가?' 세상에 내보낼 광고 메시지를 찾는 거다. 친구, 연인과의 대화, 동료와의 회의, 가족과의 식사 자리에서도 당신은 메시지를 전한다. 말하고, 행동하고, 표정을 짓고, SNS에 사진을 올리는 매 순간이 자신을 광고하는 거다.

맞다. 바로 지금, 이 순간 우리는 끊임없이 브랜드를 만든다. 광고란 단순히 기업의 전유물이 아니다. 그것은 당신의 삶, 당신의 이야기를 세상에 펼쳐 보이는 가장 본능적인 행위다. 그렇다. 우리는 모두 광고하는 존재다. 광고는 우리가 누구인지, 무엇을 추구하는지 드러내는 존재 방식이다. 고로, 나를 세상에 드러내는 모든 활동이 바로 광고이자 존재 이유인 거다.

광고는 여전히 사. 람. 을. 향. 한. 다.

우리는 마침내 이 여행의 끝에 와 있다. 광고와 인문학의 경계에서, A컷과 B컷의 갈등 속에서, 그리고 간지와 구라 사이에서 부유하던 여정이었다. 광고란 무엇인가? 처음 던졌던 질문에 대한 답은 의외로 단순하다. 광고는 사람을 움직이게 하는 이야기다. 단순히 물건을 팔기 위한 수단이 아니라, 사람을 설득하고, 공감을 이끌고, 욕망을 자극하며, 가끔은 위로와 희망을 주는 이야기다. 광고는 삶을 팔지만, 동시에 삶을 비춘다. 이 책은 광고인의 시선으로 바라본 인간, 역사, 문화에 대한 작은 기록이었다. 거대 담론도, 낯간지러운 거창한 철학도 아니다. 그저 살아가며 마주친 B컷 같은 장면들, 광고판의 가장자리에 찍힌 사람들의 이야기를 엮은 B급 보고서다.

끝까지 읽어 준 독자 여러분에게 감사하다. 재수 3년 복 되리라! 여러분은 분명 광고를 조금 더 이해하고, 어쩌면 인간에 대해 더 많은 생각을 하게 되었을 것이다. 만약 이 책이 당신의 마음을 조금이라도 움직였다면, 그것이 바로 광고가 가진 힘이다. 그러니 이제, 당신만의 이야기를 만들어 보자. 까짓것 A컷이든, B컷이든 상관없다. 당신의 진심이 거기에 담겨 있으면 그만이다. 그것이 광고가, 그리고 삶이 사람에게 닿는 방식이다.

빌. 어. 먹. 을 광고, 그게 대체 뭔데? 그건 당신을 향한 이야기다.

끝. 으. 로 한없이 경박하고 지랄 맞은 광고인과 함께 살고 있는 짝꿍과 딸, 이정화, 이제나 그리고 친구들에게 고마움을 전한다. 컨텐츠 기획과 디자인에 도움을 준 박남구, 이제나, 정지윤에게도 감사하다. 아차차! 다시 말한다. 무엇보다 이 책은 광고와 사람과 인간성에 관한 B급 보고서다. 그래서 더더욱 좋은 출판사와 편집자를 만난 건 정말 행운이다. 제이앤제이제이 출판사와 박정연 편집자에게 감사하다. 쌩유!

참고 문헌

- 1일1페이지, 세상에서 가장 짧은 교양수업 365, 데이비드 S. 키더, 노아 D. 오펜하임, 위즈덤하우스, 2020
- 가만히 가까이, 유경희, 아트북스, 2017
- 가우디1928, 주셉 프란세스크 라폴스, 프란세스크 폴게라, 아키트윈스, 2017
- 곰브리치 세계사, 에른스트 H. 곰브리치, 비룡소, 2018
- 그리스로마신화, 토머스 불핀치, 혜원, 2016
- 그리스문명기행, 김헌, 아카넷, 2021
- 노인과 바다, 어니스트 헤밍웨이, 문학동네, 2012
- 누구를 위하여 종은 울리나, 어니스트 헤밍웨이, 시공사, 2015
- 데카메론, 조반니 보카치오, 동서문화사, 2016
- 도리언 그레이의 초상, 오스카 와일드, 열린책들, 2018
- 르네상스를 만든 사람들, 시오노나나미, 한길사, 2009
- 르네상스의 주역 메디치 가문 이야기, G.F. 영, 현대지성, 2017
- 메데이아, 에우리피데스, 지만지드라마, 2019
- 모던아트, 한스 베르너 홀츠바이트 외, 마로니에북스, 2018
- 무기여 잘 있거라, 어니스트 헤밍웨이, 열린책들, 2016
- 미술사의 결정적 순간, 리 체셔, 시그마북스, 2020
- 바이 디자인, 데얀 수직, 홍시, 2014
- 반고흐, 영혼의편지, 빈센트 반 고흐, 예담, 2019
- 발칙한 예술가들, 윌 곰퍼츠, 알에이치코리아, 2016
- 발칙한 현대미술사, 윌 곰퍼츠, 알에이치코리아, 2018
- 벨에포크, 아름다운 시대, 메리 매콜리프, 현암사, 2020

- 변신이야기, 오비디우스, 열린책들, 2018
- 비극의탄생, 프리드리히 니체, 열린책들, 2019
- 빈센트 반 고흐, 라이너 메츠거, 마로니에북스, 2018
- 사진에 대하여, 발터 벤야민, 위즈덤하우스, 2019
- 살로메, 오스카 와일드, 소와다리, 2019
- 새로운 세기의 예술가들, 메리 매콜리프, 현암사, 2020
- 생각의 탄생, 로버트 루트번스타인,미셸 루트번스타인, 에코의 서재, 2009
- 서양미술사, 에른스트 H. 곰브리치, 예경, 2017
- 세계문명기행, 우치우위, 미래M&B, 2001
- 세계사를 움직이는 다섯가지 힘, 사이토 다카시, 뜨인돌, 2009
- 세상의 건축, 수지 호지, 북커스, 2022
- 소크라테스의 변명, 플라톤, 문예출판사, 2019
- 스페인, 바람의 시간, 김희곤, 쌤앤파커스, 2015
- 스페인은 건축이다, 김희곤, 오브제, 2014
- 시학, 아리스토텔레스, 고려대학교출판부, 2015
- 신곡, 단테 알리기에리,열린책들, 2021
- 아이네이스, 베르길리우스, 숲, 2018
- 아주 사적인 미술 산책, 줄리언 반스, 다산북스, 2019
- 아트인문학 여행 스페인, 김태진, 카시오페이아, 2019
- 아트인문학 여행 파리, 김태진, 카시오페이아, 2017
- 알기 쉽게 풀어 쓴 일리아스 오디세이아, 호메로스, 아름다운날, 2018
- 역사, 헤로도토스, 숲, 2017
- 연옥의 탄생, 자크 르 고프, 문학과지성사, 2000
- 영혼의 미술관, 알랭드 보통, 문학동네, 2019
- 예술과 풍경, 마틴 게이퍼드, 을유문화사, 2021
- 오레스테이아, 아이스킬로스, 열린책들, 2012

- 오이디푸스 왕, 소포클레스, 을유문화사, 2011
- 욕망의 명화, 나카노 교코, 북라이프, 2019
- 유럽도시기행 1, 유시민, 생각의길, 2019
- 유럽사 산책 1, 헤이르트 마크, 옥당, 2011
- 전쟁과 평화, 레프 톨스토이, 을유문화사, 2019
- 철학의 역사, 나이젤 위버턴, 소소의책, 2019
- 첫인상 5초의 법칙, 한경, 위즈덤하우스, 2004
- 체 게바라 평전, 장 코르미에, 2000
- 체 게바라, 20세기 최후의 게릴라, 장 코르미에, 시공사, 2006
- 체 게바라, 일다 바리오, 해냄, 2004
- 카탈로니아 찬가, 조지오웰, 민음사, 2019
- 코코샤넬 세기의 아이콘, 론다 캐어릭, 을유문화사, 2020
- 태양은 다시 떠오른다, 어니스트 헤밍웨이, 시공사, 2012
- 파리는 날마다 축제, 어니스트 헤밍웨이, 이숲, 2012
- 파리는 언제나 축제, 메리 매콜리프, 현암사, 2020
- 프랑스혁명사, 알베르 소불, 교양인, 2020
- 프로파간다, 에드워드 베네이스, 공존, 2019
- 혼자 보는 미술관, 오시안 워드, 알에이치코리아, 2019
- Art, the definitive visual guide, Ross King, 2018
- Caravaggio, Schastian Schutze, Taschen, 2017
- Impressionist Art 1860-1920, Ed. Ingo F. Walther, Taschen2018
- Leonardo Da Vinci, Walter isaacson, Simon&Schuster, 2017
- Michelangelo, Frank Zollner, Christof Thoenes, Taschen, 2022
- Monet, The Triump of Impressionism, Daniel Wildenstein, Taschen, 2021

이미지 출처

p. 19 <빌렌도르프의 비너스> (CC BY 2.5)
- Venus von Willendorf, Matthias Kabel
- https://en.wikipedia.org/wiki/Venus_of_Willendorf#/media/File:Venus_von_Willendorf_01.jpg

p. 38 <아킬레우스의 승리> (CC BY 2.0)
- The Triumph of Achilles, fresco by Franz von Matsch in the Achilleion, Greece, Eugene Romanenko
- https://en.wikipedia.org/wiki/Achilles#/media/File:The_Triumph_of_Achilles_by_Franz_von_Matsch.jpg

p. 40 <오디세우스의 학살> (CC BY 3.0)
- Ulysse et Télémaque tuent les prétendants (Ulysses and Telemachus slaughter the suitors), 1812, Sailko
- https://en.wikipedia.org/wiki/Thomas_Degeorge#/media/File:Christophe_thomas_degeorge,_ulisse_e_telemaco_uccidono_i_pretendenti,_1812_(clermont_auvergne,_mus%C3%A9e_d'art_roger-quilliot).jpg

p. 94 <단테의 무덤> (CC BY-SA 4.0)
- Cenotaph for Dante, 1829, Francesco Bini
- https://en.wikipedia.org/wiki/Santa_Croce,_Florence#/media/File:Stefano_Ricci,_monumento_a_dante_alighieri,_1829,_01.jpg

p. 125 미켈란젤로 언덕에서 내려다 본 피렌체 (CC BY-SA 4.0)

- Panorama di Firenze, Wikibusters
- https://it.wikipedia.org/wiki/Firenze#/media/File:Panoramica_Firenze.jpg

p. 132 베키오 궁전 500인의 방 (CC BY 3.0)

- Salone dei Cinquecento. West Wall at left. East Wall at right. © Guillaume Piolle
- https://en.wikipedia.org/wiki/Palazzo_Vecchio#/media/File:Palazzo_Vecchio_-_grand_hall.jpg

p. 142 <시스티나 천장화> (CC BY-SA 3.0)

- The ceiling of the Sistine Chapel, Michelangelo
- https://en.wikipedia.org/wiki/Sistine_Chapel_ceiling#/media/File:CAPPELLA_SISTINA_Ceiling.jpg

p. 143 <다비드>확대 (CC BY-SA 4.0)

- David by Michelangelo (Detail), Florence, Galleria dell'Accademia, 1501-1504, Jörg Bittner Unna
- https://en.wikipedia.org/wiki/David_(Michelangelo)#/media/File:'David'_by_Michelangelo_FI_Acca_JBS_086.jpg

p. 152 <유디트와 홀로페르네스> (CC BY-SA 4.0)

- Judith Beheading Holofernes – Caravaggio
- https://it.wikipedia.org/wiki/Giuditta_e_Oloferne_(Caravaggio)#/media/File:Judith_Beheading_Holofernes_-_Caravaggio.jpg

p. 164 베르사유 궁전 (CC BY-SA 3.0)

- Vue aérienne du domaine de Versailles en France, ToucanWings
- https://fr.wikipedia.org/wiki/Ch%C3%A2teau_de_Versailles#/media/Fichier:Vue_a%C3%A9rienne_du_domaine_de_Versailles_par_ToucanWings_-_Creative_Commons_By_Sa_3.0_-_083.jpg

p. 165 베르사유 궁전 정원 (CC BY-SA 3.0)

- Jardins de Versailles vue de Parterre d'eau. Paolo Costa Baldi
- https://fr.wikipedia.org/wiki/Parc_de_Versailles#/media/Fichier:Versailles_view_from_the_Parterre_d'eau.jpg

p. 183 콩시에르주리 (CC BY-SA 3.0)

- The Quai de l'Horloge in the 1st Arrondissement of Paris. This image shows the Hôtel-Dieu Hospital, the Tribunal de Commerce, the Conciergerie and the Court of Cassation of France, Daniel Vorndran / DXR
- https://ko.wikipedia.org/wiki/%EC%BD%A9%EC%8B%9C%EC%97%90%EB%A5%B4%EC%A3%BC%EB%A6%AC#/media/%ED%8C%8C%EC%9D%BC:Quai_de_l'Horloge,_Paris,_%C3%8Ele-de-France_140320.jpg

p. 183 파리의 개선문 (CC BY-SA 3.0)

- The Arc de Triomphe (Arch of Triumph), at the center of the place Charles de Gaulle, Paris. Benh LIEU SONG
- https://ko.wikipedia.org/wiki/%EA%B0%9C%EC%84%A0%EB%AC%B8#/media/%ED%8C%8C%EC%9D%BC:Arc_Triomphe.jpg

p. 228 물랭 드 라 갈레트 (CC BY 2.0)

- Son of Groucho from Scotland, Moulin de la Galette, Paris, France.
- https://fr.wikipedia.org/wiki/Moulin_de_la_Galette#/media/Fichier:Moulin_de_la_Galette,_Paris_12_October_2012.jpg

p. 253 파리, 모네의 <수련> 연작이 전시된 오랑주리 미술관 (CC BY-SA 4.0)

- Brady Brenot, Water Lilies on display in the Musée de l'Orangerie in Paris
- https://en.wikipedia.org/wiki/Claude_Monet#/media/File:Mus%C3%A9e_de_L'Orangerie_Water_Lilies_Room.jpg

p. 267 <발자크> (CC BY-SA 2.0)

- Jeff Kubina, Monument to Balzac by Auguste Rodin at Place Pablo-Picasso, Paris
- https://en.wikipedia.org/wiki/Honor%C3%A9_de_Balzac#/media/File:Monument_to_Balzac.jpg

p. 272 <칼레의 시민> (CC BY-SA 3.0)

- Velvet et un auteur supplémentaire, Les Bourgeois de Calais devant l'hôtel de ville de Calais.
- https://fr.wikipedia.org/wiki/Les_Bourgeois_de_Calais#/media/Fichier:Calais_mairie_bourgeois_de_calais.jpg

p. 298 파리, 페흐 라셰즈, 오스카 와일드의 무덤 (CC BY-SA 3.0)

- Cat Dam, Inscription Oscar Wilde gravée sur son monument funéraire.
- https://fr.wikipedia.org/wiki/Tombe_d%27Oscar_Wilde#/media/Fichier:Tombe_d'Oscar_Wilde.jpg

참고문헌

p. 299 아일랜드, 더블린 메리온 광장, 오스카 와일드 동상 (CC BY 2.0)

- Oscar Wilde Memorial Sculpture in Merrion Square, Dublin, Stéphane Moussie from Lyon, France
- https://en.wikipedia.org/wiki/Oscar_Wilde#/media/File:Oscar_Wilde_Statue_(4503030408).jpg

p. 313 히틀러의 프로파간다, 1927 (CC BY-SA 3.0 de)

- Hitler posiert als Redner im Atelier seines Fotografen Heinrich Hoffmann. Propagandapostkarte, August 1927, Bundesarchiv, Bild 102-13774 / Heinrich Hoffmann / CC-BY-SA 3.0
- https://de.wikipedia.org/wiki/Adolf_Hitler#/media/Datei:Bundesarchiv_Bild_102-13774,_Adolf_Hitler.jpg

p. 313 히틀러의 프로파간다, 1930 (CC BY-SA 3.0 de)

- Hitler poses for the camera in September 1930, Bundesarchiv, Bild 102-10460 / Hoffmann, Heinrich / CC-BY-SA 3.0
- https://en.wikipedia.org/wiki/Adolf_Hitler#/media/File:Bundesarchiv_Bild_102-10460,_Adolf_Hitler,_Rednerposen.jpg

p. 315 SA 출석 소집에서의 괴벨스 (CC BY-SA 3.0 de)

- Goebbels bei einem SA-Appell, Berlin, 25. August 1934, Bundesarchiv, Bild 102-17049 / Georg Pahl / CC-BY-SA 3.0
- https://de.wikipedia.org/wiki/Joseph_Goebbels#/media/Datei:Bundesarchiv_Bild_102-17049,_Joseph_Goebbels_spricht.jpg

P. 316 베를린에서 서적을 소각하는 나치 (CC BY-SA 3.0 de)

- Nazi book burning in Berlin, 10 May 1933, Bundesarchiv, Bild 102-14597 / Georg Pahl / CC-BY-SA 3.0
- https://en.wikipedia.org/wiki/Joseph_Goebbels#/media/File:Bundesarchiv_Bild_102-14597,_Berlin,_Opernplatz,_B%C3%BCcherverbrennung.jpg

P. 318 베를린 독일 의회 회의 (CC BY-SA 3.0 de)

- Hitler announcing the declaration of war against the United States to the Reichstag on 11 December 1941, hiv, Bild 183-1987-0703-507 / unbekannt / CC-BY-SA 3.0
- https://en.wikipedia.org/wiki/Adolf_Hitler#/media/File:Bundesarchiv_Bild_183-1987-0703-507,_Berlin,_Reichstagssitzung,_Rede_Adolf_Hitler.jpg

〈23세 보들레르 초상화〉, 에밀 드루아, 1844

취하라, 끊임없이 취하라!

술에, 시에 혹은 미덕에, 그대 마음 가는 대로.

enivrez-vous, enivrez-vous sans cesse!

De vin, de poésie ou de vertu, à votre guise.

샤를 보들레르 (Charles Baudelaire, 1821-1867)

이제 당신에게 다음 광고를 맡긴다.

레디 액션!

저자협의
인지생략

1판 1쇄 인쇄	2025년 2월 5일
1판 1쇄 발행	2025년 2월 10일

지 은 이	이지행
발 행 인	이미옥
발 행 처	J&jj
정　　가	20,000원
등 록 일	2014년 5월 2일
등록번호	220-90-18139
주　　소	(04997) 서울 광진구 능동로 281-1 5층 (군자동 1-4, 고려빌딩)
전화번호	(02) 447-3157~8
팩스번호	(02) 447-3159

ISBN　979-11-92924-22-9 (03300)
J-25-02
Copyright ⓒ 2025 J&jj Publishing Co., Ltd